EBS **명강사**와 함께하는
SKY 고전 100선

대학으로
가는
길

EBS 명강사와 함께하는
SKY 고전 100선

대학으로
가는
길

이진희
김하규
김동린
지음

풀빛

들어가는 말

고전(古典)은 단지 오래전에 쓰인 책만은 아니랍니다. 그것이 쓰였던 과거에도 현대를 살아가는 우리에게도 소중한 가치가 있는 책을 말합니다. 고전을 읽다 보면 다양한 인간 군상들을 만나기도 하고, 치열한 역사의 현장에 서기도 합니다. 때로는 가슴이 따뜻해지는 인간애를 느끼며 눈시울을 붉히기도 하지요. 또 다양한 삶의 가치를 배우면서 시공을 초월한 영원한 진리에 대해 사색할 수 있는 시간도 가질 수 있습니다.

그런데 문제는 그런 고전을 우리 학생들이 어려워한다는 겁니다. 내신과 수능, 그리고 논술 공부 속에서 고전 독서는 후순위로 밀리기 일쑤입니다. 더군다나 요즘 독서, 토론, 논술이 점점 중요해지고 있어 고전에 대한 이해가 필수적으로 요구되고 있는 상황인데도 말이죠. 대학에 들어가기 위해서도 또 입학한 이후에도 동서양의 고전에 대한 이해는 반드시 선행되어야 합니다.

스무 해 넘게 고등학생들을 가르치면서 학생들이 보다 친근하게 고전에 접근할 수 있는 방법에 대해 고민하게 되었습니다. 때로는 도서관에서 때로는 서점에서 이 책 저 책을 뒤적여 보았습니다. 왜 학생들이 고전을 어려워할까? 제가 읽어도 내용이 어려워서 잘 이해가 되지 않는 책도 있었습니다. 줄거리에 대한 이해는 되지만 별다른 감흥이 없는 책도 있었습니다. 번역서의 경우 원문을 지나치게 충실하게 번역해서 딱딱하게 다가오는 책도 있었습니다.

학생들에게 유익하면서도 어렵지 않은 책, 꼭 이런 책이 있었으면 좋겠다는 생각을 했습니다. 고전을 읽기 전 또는 읽은 후에 한 번쯤 보면 '아! 이런 책이구나!'라고 고개를 끄덕일 수 있는 그런 책 말이죠. 그래서 교육방송에서 함께 강의했던 선생님들과 뜻과 정성을 모아 이 책을 준비하게 되었습니다.

먼저 학생들에게 가장 필요하다고 생각되는 100권의 목록은 서울대학교와 고려대학교, 연세대학교에서 권장하는 도서들 중에서 공통되는 것을 위주로 선정했습니다. 각 작품 설명에 본격적으로 들어가기에 앞서 핵심이 되는 원문을 소개해 작품의 분위기를 알 수 있게 하였습니다. 그리고 작가가 살았던 시대적 배경과 책을 집필한 동기를 살펴보았습니다. 전체적인 줄거리나 주요한 내용을 정리해 보았고, 책이 지닌 현대적 가치에 대해서도 짚어 보았습니다.

좀 더 일찍 준비했더라면 이제 대학생이 다 되어 버린 우리 두 딸들이 한창 공부할 때 많은 도움이 되었을 텐데, 하는 아쉬움이 들기도 합니다. 아무쪼록 이 책을 통해 동서양의 고전과 함께 시간여행을 하면서 대학생이 되기 위한 힘찬 한 걸음을 내딛길 진심으로 기원합니다.

2014년 2월
이진희

차례

001 - 037

064 - 087

PART 03
사회과학
−
사회를
바라보는
합리적인
눈

088 - 100

일러두기

1. 원문 사용을 허락해 주신 분들께 감사의 말씀 드립니다.
2. 인명 및 지명 표기는 국립국어원 원칙에 따랐습니다.
3. 이 책에 사용된 이미지는 위키미디어에서 퍼블릭 도메인으로
   저작권이 만료된 것을 사용하였습니다. 일부는 저작권자를 찾지 못했습니다.
   이미지의 저작권을 갖고 계시면 연락 주시기 바랍니다.

인간과
세계를
이해하는
첫걸음

001

삶, 그것은 의미도 목적도 없는 부조리한 것

사뮈엘 베케트, 《고도를 기다리며》

에스트라공 : 어디로 가지?

블라디미르 : 가까운 곳으로, 아무 데나.

에스트라공 : 아니, 여기서 먼 곳으로 가지.

블라디미르 : 그건 안 돼.

에스트라공 : 왜?

블라디미르 : 내일 다시 와야 하니까.

에스트라공 : 왜?

블라디미르 : 고도를 기다리려고….

전후 부조리 문학의 선구자

베케트(1906~1989)는 아일랜드 출신으로 프랑스에서 활동한 소설가이자 시인, 극작가이다. 대학 졸업 후 몇 년간 교단에 섰다가 2차 세계대전이 발발하자 레지스탕스로 활동했으며, 전쟁이 끝난 뒤 본격적으로 창작에 전념하였다. 처음에는 소설가로 출발했으나 《고도를 기다리며》가 성공하면서 극작가로 더 유명해진 그는 1969년 노벨 문학상을 수상하였다.

그 전까지 대부분의 희곡은 서사를 가지고 있거나 기승전결의 구조를 따랐던 반면, 《고도를 기다리며》는 기존의 형식을 완전히 탈피하여 부조리극을 실험하였다. 부조리극이란 인간의 삶이 본질적으로 의미나 목적이 없고 인간은 서로 의사소통이 불가능하다는 전제에서 기존의 극 형식이나 이론으로부터 완전히 벗어나 논리도 없고 뜻도 없는 말, 더 나아가 침묵을 통해 인간 존재의 의미 없음을 전달하는 일종의 전위극(아방가르드 시어터)이다. 베케트에 의해서 보다 많은 대중이 전위극에 한 걸음 더 다가설 수 있었다.

알 수 없는 존재에 대한 끝없는 기다림

《고도를 기다리며》는 전체 2막으로 구성되어 있다. 1막의 무대는 앙상한 나무 한 그루가 서 있는 시골길이다. 그 나무 아래서 부랑자인 블라디미르와 에스트라공은 고도가 오기를 기다린다. 기다리는 동안 그들의 대화는 도중에 끊어지고 반복되다가 돌연 다른 주제로 옮겨 가기도 한다. 그렇게 서로 대화를 나누려는 그들의 시도는 연이어 실패한다. 이때 폭력적인 포조와 그의 노예인 럭키가 등장한다.

포조는 긴 밧줄로 럭키를 매어 이리저리 끌고 다니면서 그에게 춤을 추라고, 생각하라고 고함친다. 포조와 럭키가 무대를 떠난 후 한 소년이 나타나서는 고도 씨가 오늘 밤에는 못 오고 내일은 꼭 온다는 말을 전하고 사라져 버린다.

2막은 그다음 날로, 모든 것은 전날과 크게 다르지 않다. 블라디미르와 에스트라공은 또다시 나무 밑에서 고도를 기다린다. 그들의 무의미한 대화는 끊겼다가 이어지고, 그들은 자살까지 생각하지만 실행에 옮기지는 못한다. 이때 포조와 럭키가 다시 나타난다. 하지만 포조는 장님이, 럭키는 벙어리가 되어 있다. 그들은 어제가 정말 어제였는지를 서로에게 묻는다. 블라디미르와 에스트라공은 해가 질 때까지 고도를 기다리지만 결국 그는 오지 않는다. 그리고 전날의 그 소년이 다시 나타나서 고도가 오늘은 오지 않지만 내일은 틀림없이 온다는 어제와 똑같은 말을 한다.

삶, 그것은 의미도 목적도 없는 부조리한 것

이 작품에서 주인공들의 일상은 고도라는 인물을 기다리는 것으로 시작해서 그가 오지 못한다는 소식을 듣는 것으로 끝난다. 그들에게 삶이란 알 수 없는 존재를 기다리며 벌이는 무의미한 유희일 뿐이다. 그렇다면 고도는 과연 누구일까? 베케트는 그 질문에 대한 답을 자신이 알았다면 작품에서 이미 밝혔을 것이라고 말했다. 일반적으로는 신, 희망, 행복, 미래, 자유, 죽음 등으로 해석되지만 결국 정답은 없으며, 다만 사람들이 지루한 일상을 견디게 해 주는 마음의 버팀목이 아닐까 짐작해 볼 따름이다.

특별한 이야기 구조를 갖추지 못하고 기승전결도 없는 이 작품이 큰 주목을 받은 이유는, 현대인이 겪는 의사소통의 어려움과 텅 빈 대화를 사실적으로 묘사했기 때문이다. 등장인물들은 물리적으로 같은 공간에 존재하지만, 정서적으로는 서로 단절되어 있다. 그래서 줄기차게 말을 내뱉음에도 불구하고 그들의 대화에는 서로 교감하는 알맹이가 전혀 없다. 그것은 의사소통을 위한 것이 아니라 그저 시간을 보내려는 말장난에 불과하다. 작가는 이처럼 인간의 삶이 본질적으로 의미나 목적을 지니지 않으며, 현대인들에게 진정한 의사소통은 불가능하다고 생각했다. 이를 표현하기 위해 그는 사실주의에 기반을 둔 기존의 희곡 형식을 따르지 않고, 서사 구조를 파괴한 부조리극을 쓰게 되었던 것이다.

《고도를 기다리며》는 부조리 문학의 시작을 알리는 작품이다. 소통이 되지 않는 세상에서 무의미한 대화를 이어 가며 미지의 존재를 기다리는 두 부랑자의 모습은 불확실한 구원에 대한 희망의 끈을 놓지 못하는 우리와 닮아 있다. 베케트는 이 작품에서 막연한 기다림을 지속할 뿐인 현대인들의 비극적 초상을 그려 냈다.

식민지 시대 농민들의
고난과 저항을 그려 내다

─── 이기영, 《고향》

'무엇 때문에 사는가? 놈들은 모두 조그만 사욕에 사로잡혀서 제 한 몸 생각하기에 여념이 없지 않은가? 그래서 말로나 글로는 장한 소리를 하지만 뱃속은 돼지 같은 꿀꿀거리는 동물이야! 그것들과 같이 일을 해 보겠다는 나 자신부터 같은 위인이 아닐까?' 그러다가도 어떤 박자로 열이 올라서 다시 일에 열중할 때는 금시로 그는 어떤 희망에 날뛰어서 낙관을 하게 했다. '그렇다! 그들도 사람이 아니가, 잘 지도하면 된다.' 마치 그는 숨 죽었던 모닥불이 한동안 검은 연기만 토하다가 별안간 불길을 확 내솟듯이 청년의 왕성한 '열정'이 모든 곤란을 무찌르고 일어났다.

사회주의 리얼리즘의 대표 작가

이기영(1895~1984)은 조명희, 한설야, 김남천과 어깨를 나란히 하는 카프의 대표적인 작가로 충청남도 아산에서 태어났다. 카프는 조선 프롤레타리아예술가동맹을 가리키는데, 예술을 무기로 삼아 조선 민족의 계급적 해방을 목표로 활동한 문학 집단이다. 그는 1924년 《개벽》에 〈오빠의 비밀 편지〉를 발표하여 등단한다. 이후 카프에 가

담해 작품 활동을 하는 한편 제4차 공산당 기관지 〈조선지광〉의 편집인으로 일한다.

이기영은 식민 치하의 농촌에 주로 관심을 기울였다. 그에게 농촌은 계몽의 대상이거나 관념의 영역이 아니라 우리 근대사의 주요한 모순이 가장 첨예하게 드러나는 현장이었다. 1931년 카프 1차 검거 때 구속되었던 그는 1933년 대표작인 《고향》을 발표한다. 일제강점기의 농촌은 청산되지 못한 봉건적 잔재들이 남아 있고, 아무리 땀 흘려 일해도 궁핍해지기만 하는 살림살이에 짓눌리던 궁핍과 고난의 현장이었다. 이기영은 경향문학의 관념성을 극복하고, 농민들이 처해 있던 가난과 고난의 현실상을 이 작품에서 그려 냈다.

이중 착취에 시달는 농민들의 고달픈 삶과 투쟁

동경 유학생 김희준은 학자금 때문에 학업을 중도에 포기하고 고향인 원터 마을로 돌아온다. 고향에는 철도가 놓였고, 이웃에 제사 공장이 들어섰다. 하지만 고향에 살고 있는 농민들의 삶은 일제의 식민지 수탈 정책으로 더욱 황폐화되어 있었다. 그는 농촌의 현실에 관심을 갖고, 마름 안승학으로 대표되는 지주 계급의 억압을 뿌리치기 위해 노력한다. 희준은 소작인으로 농사를 짓는 한편, 야학, 청년회, 두레 활동 등을 통해 농민을 계몽시키고, 농민의 힘을 모으려고 한다. 마침 마을에 홍수가 나자 마름에게 소작료를 낮추어 줄 것을 요청하지만 받아들여지지 않는다.

소작권을 관리하는 마름 안승학에게는 서울에서 여자고등보통학교에 다니는 갑숙이라는 딸이 있었다. 주인공 희준은 갑숙에게 영향을 미치며 친해지게 된다. 읍내의 상인 권상필의 아들 경호와 사랑하는 사이인 갑숙은 그와 깊은 관계가 된다. 안승학은 이 사실을 알고 분노하여 갑숙에게 칼부림까지 한다. 희준으로부터 영향을 받은 갑숙은 이를 계기로 가출하여 옥희라는 가명으로 제사 공장의 직공이 된다. 경호도 가출하여 생부를 찾고, 제사 공장 사무원으로 취직한다. 두레를 통해 단결한 소작인들은 희준을 중심으로 소작쟁의를 벌여 안승학과 맞선다. 이때 제사 공장에서도 옥희가 주도한 노동쟁의가 벌어지며, 희준은 이를 지원한다. 투쟁을 성공적으로 이끈 옥희는 마을의 소작쟁의를 돕기 위해 돈을 보내면서 자기 아버지를 굴복시킬 계책까지 알려 주는데, 그것은 자신과 경호의 관계를 소문내겠다고 위협하라는 것이었다. 옥희의 말을 따른 희준은 마침내 승리를 거둔다.

농민문학의 새로운 형식을 창출한 기념비적 작품
《고향》은 식민지 시대 농촌의 현실을 깊이 있게 파악하고 묘사한 소설로 염상섭의 《삼대》, 채만식의 《탁류》와 함께 1920~1930년대 소설을 대표하는 작품이다. 이기영의 문학적 성과는, 이전까지 주로 이론 중심에 머물렀던 경향문학을 실체화했고, 경향문학의 맹점인 관념성을 리얼리즘을 통해 극복해 나간 데서 찾을 수 있다. 또한 노동자를 중심축으로 다루었던 흐름에서 탈피하여 농민문학을 선보임으로써 경향문학의 지평을 넓혔다.
이 작품은 브나로드 운동이 한창이던 시기에 나왔다. 하지만 이기영은 그런 흐름에서 벗어나 문화운동으로서 농민 계몽이 아니라 경제 투쟁으로서 농민운동을 강조했으며, 소수의 지주가 대부분의 땅을 독점하는 토지 소유의 구조적 모순이 당대 농촌 현실의 가장 중요한 문제임을 인식했다.

이 작품은 당시 카프 내부에서 활발하게 논의되던 농민문학론, 사회주의 리얼리즘론의 실천적 결실로 평가되기도 했다. 작가는 이른바 혁명적 프롤레타리아의 이데올로기를 바탕에 깔고 노동쟁의와 소작쟁의의 양상, 그리고 양자의 결합, 프롤레타리아 계급의 지도자상을 보여 주는 데 역점을 두었다.

《고향》은 〈조선일보〉에 연재되었던 이기영의 장편소설로 식민지 시대 일제와 지주에 의한 이중 착취에 시달리는 농민들의 궁핍과 고통을 거짓없이 그려 내고 있다. 사회주의 리얼리즘이라는 작가의 이념이 잘 드러난다는 점에서 의미 있는 이 작품은 일제 강점기 카프 문학의 가장 빛나는 성취라는 평가를 받는다.

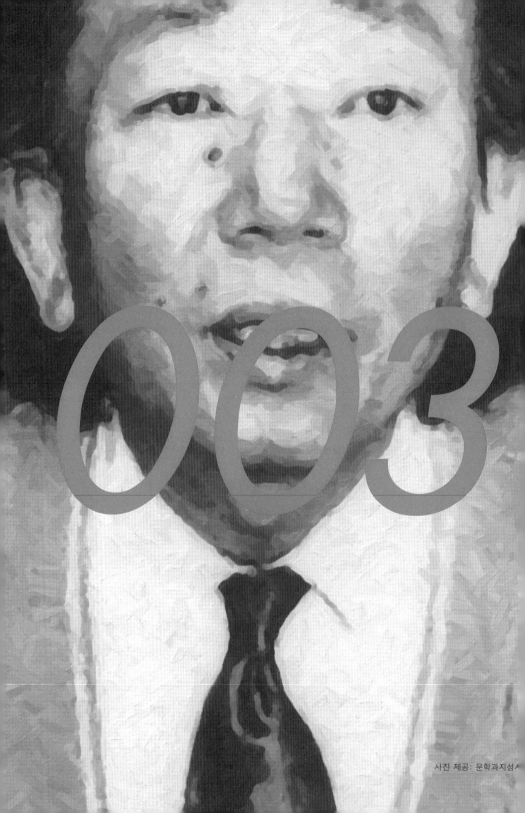

003

남과 북의 대립을
정면으로 파헤친 최초의 소설

최인훈, 《광장》

이런 사회, 그런 사회로 가기도 싫다. 그러나 둘 중에서 하나를 골라야만 한다. 박헌영 동지가 체포되었다 하오. 전해 듣게 된 그 흉한 소식. 아버지! 그는 막다른 골목에 몰린 짐승이었다. 그때 중립국에 보내기가 서로 사이에 말이 맞았다. 막다른 골목에서 얼이 빠져 주저앉을 참에 난데없이 밧줄이 내려온 것이었다. 그때의 기쁨을 그는 아직도 간직한다. 설득자들 앞에서처럼 시원하던 일이란 그의 지난날에서 두 번도 없다.

이데올로기를 넘어 제3의 길을 모색한 현대문학의 거장

최인훈(1936~)은 두만강 변의 국경도시 함경북도 회령에서 태어나 1950년 한국전쟁 중에 가족들과 함께 월남했다. 그 시절을 살았던 대부분의 사람처럼 그도 전쟁과 분단, 독재라는 현실을 온 몸으로 체험했다. 4·19혁명 덕분에 발표할 수 있었던 소설 《광장》은 분단이라는 현실 속에서 고민하는 작가의 모습이 투영되어 있다. 그는 한국전쟁 전후 남과 북의 현실과 이데올로기를 세계사의 맥락에서 이야기한다. 또한 진정한 지식과 사랑은 어떠한 환경에서 가능한가라는 물음이 이데올로기를 토대로 한 세계관과 단단히 결합되어 있음을 보여 준다. 이러한 문제의식은 그 뒤에 나온 《크리스마스 캐럴》, 《회색인》, 《서유기》 등으로 이어졌으며, 일제 강점기 때 나온 박태원의 소설에서 제목을 빌린 《소설가 구보 씨의 일일》에서는 분단 시대를 사는 지식인의 모순과 갈등을 솔직하게 그려 냈다는 평가를 받는다.

진정한 광장을 찾는 청년의 삶

이명준은 어머니가 죽고 아버지가 박헌영을 따라 월북하자, 홀로 서울에 남아 아버지의 친구 집에서 대학을 다닌다. 남로당의 고위 간부인 아버지와 달리 이데올로기에 무관심했던 그는 어느 날 아버지가 대남 방송에 자주 나온다는 이유로 경찰에 불려가 고문을 당한다. 이 사건을 계기로 그는 남한의 부조리한 상황과 타락한 현실에 환멸을 느끼고 이상적인 사회를 기대하며 밀항선을 타고 북으로 간다.

그는 아버지의 주선으로 〈노동신문〉 기자로 일하게 된다. 그러나 북은 '진정한 의미의 광장'이 아니었고 허구 속에 구호만이 난무하는 '텅 빈 광장'이었다. 그는 아버지에게 말한다. "이게 무슨 인민의 공화국입니까? 저는 살고 싶었던 겁니다. 보람 있게 청춘을 불태우고 싶었습니다. 정말 삶다운 삶을 살고 싶었습니다. 남녘에 있을 때, 아무리 둘러보아도, 제가 보람을 느끼면서 살 수 있는 광장은 아무 데도 없었어요. 아니, 있긴 해도 그건 너무나 더럽고 처참한 광장이었습니다. 그런데 이곳엔 무거운 공기만이 있을 뿐입니다." 그곳에서의 삶에 좌절하던 그는 병문안을 온 국립극장 소속의 무용단원 은혜와의 사랑에서 이념의 무의미함을 다소나마 보상받고 돌파구를 찾는 듯했지만, 이마저도 은혜의 유학과 더불어 끝나고 만다. 그러던 차에 한국전쟁이 일어나 그는 인민군 장교로 전쟁에 참전하고, 낙동강 전선에서 간호장교가 된 은혜와 상봉한다. 그녀와의 사랑은 남과 북 모두에 실망한 그가 마지막으로 기댈 수 있는 구원의 문이었지만, 그녀는 유엔군의 폭격으로 비극적인 죽음을 맞이하고 그는 포로가 된다.

이명준은 포로수용소에서 끔찍한 좌우 갈등을 겪고, 석방되는 과정에서 남과 북 둘 중 어디를 택해야 할지 몰라 갈등하던 차에 제3국을 선택할 수 있다는 인도주의적 결정에 따라 중립국 인도를 선택한다. 그는 인도로 향하는 배 위에서 갈매기를 바라보며 사랑했던 은혜와 그녀의 배 속에 있던 아이가 날아다니는 환각을 보고, 푸른 바다가 남과 북에서 볼 수 없었던 진정 자신이 추구했던 광장이라고 여겨 바다에 몸을 던진다.

인간의 조건을 탐색하며 문학의 새 지평을 열다

한국전쟁 막바지에 포로 교환 문제가 휴전협정의 최대 관건이 되었다. 그런데 그들 중에 남에 잔류하지도 북으로 돌아가지도 못한 19명의 포로가 배를 타고 인도를 거쳐 남미까지 갔었다.《광장》의 모티프는 아마도 이와 같은 역사적 사실이었을 것이다. 이 작품은 당시 금기시되었던 남과 북의 대립을 정면으로 파헤쳤다는 점과 분단 상황에서 처음으로 이데올로기 문제를 다루었다는 점에서 문학사적 의의가 있다.

주인공 이명준의 죽음은 1950년대 치열한 이데올로기 갈등의 현장에서 어느 한쪽을 선택하도록 강요받은 지식인이 극단적인 상황으로 내몰리는 과정을 보여 준다. 인간다운 삶에 대한 끝없는 희망과 도전이 죽음으로 꺾이고 마는 모습을 통해 작가는 우리 사회의 경직된 대립 구도를 강렬하게 비판하고 있다. 지금까지도 남북이 군사적으로 대치하고 있는 가운데 목숨을 걸고 북한을 탈출하는 이들의 사연을 접하면서, 우리는 이 소설의 내용이 여전히 현재진행형임을 절감한다.

《광장》은 남북한의 이데올로기를 동시에 비판한 최초의 소설이자 전후문학을 마감하고 1960년대 문학의 지평을 연 작품으로 평가된다. 여기서 작가는 남북한의 문제를 '밀실'과 '광장'이라는 공간 개념을 통해 인간 존재의 문제와 연결하고 있다. 밀실은 자신만의 내밀한 개인적 공간이며, 광장은 사회적 삶의 공간을 의미하는데, 인간에겐 누구나 이러한 두 가지 측면의 삶이 동시에 필요하다고 작가는 말하고 있다.

꿈으로 풀어낸
인간의 욕망과 이상

—————— **김만중, 《구운몽》**

"제자 성진은 행실이 부정하오니, 스스로 저지른 죄오라 누구를 원망하고 누구를 탓하겠나이까? 마땅히 만족함이 없는 세계에 있으면서 윤회하는 재앙을 받은 것이거늘, 스승께서 하룻밤의 허망한 꿈을 불러 깨우시어 성진의 마음을 깨닫게 하여 주시니, 스승의 깊은 은혜는 천만 겁을 지나도 가히 갚지 못할 줄로 아나이다."

"네가 흥을 타고 갔다가 흥이 다하여 돌아오니 내 새삼 무슨 간여할 바 있으리오? 또 네 말을 들은즉 '꿈과 세상을 나누어 둘이라' 하니 이는 아직도 네가 꿈을 깨지 못했느니라. 옛날에 장주(莊周)가 나비가 된 꿈을 꾸었다가, 다시 나비가 장주로 화하니 어떤 것이 참인가를 분별치 못했다 하니 어제의 성진과 소유 있어 어느 것이 참이며, 어느 것이 허망한 꿈이뇨?"

유배 생활 중 일생을 마친 조선 최고의 문필가

김만중(1637~1692)은 조선 시대의 문신이자 소설가로 호는 서포(西浦)이다. 병자호란 때 강화도에서 순절한 김익겸의 유복자로 홀어머니 밑에서 자랐다. 그래서 평생을 자식 뒷바라지에 헌신한 어머니에 대한 효성이 지극했다.

그가 살았던 17세기는 임진왜란과 병자호란을 겪으면서 사회에 많은 변화가 일어나던 시기였다. 조선 초기의 붕당 정치는 상호 견제 속에서 공존을 도모하는 양상을 보였으나, 현종 때 두 차례의 예송 논쟁을 통해 서인과 남인의 대립이 격화되었고, 숙종 때 환국을 거치면서 특정 당파가 권력을 독점하는 일당 전제화 추세가 나타났다. 당시 서인에 속했던 김만중은 치열한 정쟁을 피할 수 없었고, 자주 유배 길에 올라야 했다. 갑인예송에서 서인이 패하자 관직을 박탈당했고, 1687년 경연에서 장숙의 일가를 둘러싼 언사 때문에 선천에 유배되었으며, 기사환국이 일어나 서인이 몰락하자 남해의 절도에 유배되었다. 《구운몽》은 그가 선천에서 유배 중에 연로한 어머니의 한가함과 근심을 덜어 주기 위해 쓴 작품으로 알려져 있다.

덧없는 부귀영화 너머의 이상 세계를 꿈꾸다

《구운몽》은 한문목판본, 국문방각본, 국문필사본, 국문활자본 등 많은 이본이 있으며, 판본에 따라 1책에서 4책까지 다양하게 전해진다. 인간의 부귀영화와 공명은 모두 일장춘몽에 불과하다는 주제를 주인공 양소유와 여덟 선녀의 삶을 통해 흥미롭게 표현했다. 형산 연화봉에 은거하는 육관대사의 제자 성진이 스승의 명으로 동정 용왕에게 사자로 갔다가 대접을 받고 술에 취해 돌아오던 길에 여덟 선녀를 만나 수작을 건다. 절에 돌아온 그는 불도에 회의를 품고 선녀들을 그리다가 대사의 꾸지람을 듣고는 지옥으로 끌려가, 염라대왕이 가엾게 여겨 용서를 받고 다시 인간세계로 보내진다.

그는 회남 땅 양 처사의 아들 양소유로 환생하여 여덟 선녀의 후신인 여자들을 차례로 만나 인연을 맺는다. 그는 하북의 삼진과 토번의 난을 평정하고 그 공으로 승상이 되어 위국공에 책봉되고 부마가 된다. 온갖 부귀영화를 누리던 그는 나이가 들자 벼슬을 버리고 종남산에 가서 사는데, 하루는 생일을 맞아 산에 올라 가무를 즐기다가 영웅들의 무덤을 보고 8명의 아내와 인생의 무상함에 대해 얘기를 나눈다. 그때 나타난 노승의 설법을 듣던 중 꿈에서 깨어나 본래의 자기 모습으로 돌아온다. 대사는 서역으로 떠나고, 성진과 선녀들은 도를 닦아 극락세계로 간다.

서민, 양반, 왕에 이르기까지 모두가 사랑한 고전소설

《구운몽》은 하룻밤 꿈을 통해 인생의 덧없음을 보여 주는 몽자류 소설의 효시다. 주인공이 세상의 온갖 부귀영화를 누리는 꿈을 꾸고 깨어나서 커다란 깨달음을 얻는다는 내용인데, 현실에서 꿈으로, 다시 현실로 돌아오는 환몽 구조로 되어 있다. 이 작품은 이후의 소설에 커다란 영향을 미쳐 《옥루몽》, 《옥련몽》 등 이를 모방, 개작하거나 변형한 아류작들이 계속 나오게 되었다. 따라서 《구운몽》은 지금까지 나온 수많은 환몽 구조 소설의 원형이라고 할 수있으며, 독자들에게 큰 감동과 교훈을 주는 고전소설의 백미로 손꼽힌다.

조선 시대의 다른 작품들이 중국 소설의 아류라는 혹평을 받는 경우가 많지만, 《구운몽》은 중국과 우리나라의 여러 설화들을 차용하면서도 그것을 능가하는 데 성공한 작품이라고 평가된다. 이 때문에 소설의 독자층이 매우 제한적이었던 그 당시에도 일반 서민부터 양반, 심지어 왕에 이르기까지 전 계층의 사람들이 즐겨 읽었다고 한다. 그런 점에서 이 소설은 귀족 문학에서 평민 문학으로 넘어가는 과도기의 작품으로 평민 문학의 기초를 다지는 데에도 공헌했다고 할 수 있다.

《구운몽》은 김만중이 유배지에서 연로한 어머니를 위로하기 위해 쓴 소설로 한국 고대문학의 선구적인 작품이다. 구운몽이란 제목은 주인공 성진과 여덟 선녀를 구름에 비유하여 9명의 등장인물들이 꾼 꿈이라는 뜻이다. 현실에서 꿈으로, 다시 현실로 돌아오는 환몽 구조가 '인생의 덧없음'이라는 주제와 유기적으로 맞물리며 현세와 선불계를 넘나드는 기상천외한 이야기들로 독자에게 큰 즐거움을 선사한다.

005

인간이 만든 신에 대한
무한한 상상력의 보고

───── 《그리스 로마 신화》

에피메테우스에게 상자가 하나 있었는데, 거기에는 상서로운 물건들이 들어 있었다. 판도라는 무엇이 들어 있는지 너무나 알고 싶어 뚜껑을 열고 그 안을 들여다보았다. 그러자 곧 인간을 괴롭히는 분노, 좌절, 고통 등 무수한 재앙들이 한꺼번에 쏟아져 나오는 것이 아닌가. 판도라는 깜짝 놀라 재빨리 뚜껑을 덮으려 했으나 이미 상자에 들어 있던 것은 모두 날아가고, 오직 하나만이 맨 밑바닥에 남아 있었다. 바로 희망이었다.

입에서 입으로 전해진 신들의 이야기

대부분의 신화가 그러하듯 《그리스 로마 신화》도 최초의 지은이는 알려져 있지 않다. 다만 밤하늘의 별자리를 바라보면서 신들의 이야기를 들려주던 목동들의 노래에서 비롯되었다고 알려져 있을 뿐이다. 이러한 신화의 내용은 여러 해 동안 많은 사람들의 입에서 입으로 전해지고 책에서 책으로 이어지면서 이야기의 틀이 변형되었다. 이 과정에서 내용이 다듬어지고 불분명했던 인과관계가 체계적으로 자리 잡게 되었다. 때로는 없던 내용이 추가되고, 때로는 있던 내용이 없어지기도 하면서 점차 정리된 것이 현재의 《그리스 로마 신화》이다.

그러니 작가는 알려지지 않았다 해도 이야기를 엮은 사람은 있게 마련이다. 대표적인 인물이 바로 《신화의 시대》를 쓴 토마스 벌핀치이다. 미국 출생으로 하버드대학교를 나온 그는 평생 은행원으로 살았지만 신화에 관심이 많아서 번역을 맡게 되었는데, 그가 옮긴 책이 전 세계적인 베스트셀러에 올라 유명해졌다. 그의 서술은 읽기 쉽고 문장이 생생하며 쓸데없는 군더더기가 없다는 평가를 받는다.

인간이 빚어낸 신에 대한 다채로운 이야기

《그리스 로마 신화》는 한편으로는 인간의 능력을 초월한 신들의 이야기이다. 하지만 다른 한편으로는 인간의 감정을 고스란히 지니고 있는 지극히 인간적인 신들의 이야기이다.

제우스는 아버지인 크로노스와 싸워 이겨 주신(主神)이 되었고, 제우스와 암피트리온의 아내 알크메네 사이에서 태어나 제우스의 아내가 된 헤라의 지독한 미움을 받은 헤라클레스는 가장 힘이 세고 뛰어난 무인으로 성장하였다. 황금 양피를 찾으러 떠난 이아손과 아르고스 원정대는 수많은 고난을 극복하고 잃어버린 보물과 아름다운 공주를 찾아 그리스로 돌아왔다. 오이디푸스는 아버지를 죽이고 어머니와 결혼할 운명을 타고난 비운의 신이었으며, 아가멤논의 가문은 조상의 죄로 인해 후손이 대를 이어 신들의 저주를 받았다. 아킬레우스는 이름 없이 오래 살기보다 영웅으로 요절하여 영원히 세상에 기억되기를 택해 트로이 전장에서 몸을 사리지 않았다.

오르페우스는 밝은 세상을 눈앞에 두고 뒤를 돌아보아 사랑하는 에우리디케를 두 번이나 잃었으며, 피그말리온은 자신이 만든 조각과 사랑에 빠지게 되었다. 프시케는 비너스의 질투와 큐피드의 애정을 한 몸에 받은 선택받은 공주였으며, 아탈란테는 바람보다 빠른 발로 구혼자들을 물리친 처녀 사냥꾼이었다. 아이네이스는 함락된 트로이를 뒤로하고 이탈리아로 건너가 로마의 시조가 된다.

서양 문화와 예술의 뿌리

그리스 로마의 신들은 중세의 유일신이었던 전지전능한 하느님과 달리 인간과 상당히 유사한 면이 있다. 중세의 신학적 사고로 보자면 어떻게 신이 아내가 아닌 다른 여자와 바람을 피우고 저주를 퍼부으며 폭력을 행사하고 질투를 할 수 있겠는가! 뿐만 아니라 《그리스 로마 신화》는 세월이 상당히 지난 오늘날에도 여전히 읽는 재미가 있다. 다양한 신들의 군상들은 흡사 다양한 인간 군상을 보는 듯하기 때문이다. 그리스 로마의 신들, 예를 들어 포세이돈은 바다의 신, 디오니소스는 술의 신인 것처럼 자신들이 주관하는 분야에서는 인간의 능력을 뛰어넘는 초월적 힘을 지녔지만 지극히 인간적인 감정과 정서를 간직하고 있어 절대자인 중세의 신과 다르게 친근한 느낌을 준다. 이러한 여러 신들의 변화무쌍한 이야기는 흥미진진하다.

신화에 등장하는 신들의 이야기는 때로는 서양 문학의 모티프가 되었으며, 때로는 예술의 소재가 되었다. 따라서 서양 문화와 문학을 이해하기 위해서는 《그리스 로마 신화》를 아는 것이 필수적이

다. 인간이 빚어낸 상상력의 보고인 신화는, 항상 사람들의 깊은
관심의 대상이었고 인간의 이상과 간절한 희망, 삶의 모습을 대변
했기 때문이다.

《그리스 로마 신화》는 인간의 능력을 초월한 신들의 이야기이자 인
간의 감정과 정서를 지닌 지극히 인간적인 신들의 이야기이다. 인간
의 이성과 욕망, 절대적이고 초월적인 것에 대한 동경이 담겨 있으
며, 무한을 추구하는 유한한 존재인 인간의 내면이 반영되어 있다.

인간의 정념과 욕망에 내재한
비극성, 진실은 무엇인가

─────── **아이스킬로스 외, 《그리스 비극》**

애들아, 너희들은 어디 있느냐? 이리 오너라. 같은 어머니에게서 태어난 나의 이 손들이 닿는 곳으로. 그런데 이 손들이 한때는 밝았던 너희 아비의 두 눈을 이렇게 보지 못하게 만들어 놓았구나. 애들아, 너희들의 아비는 보지도 알지도 못하고 자신이 태어난 바로 그곳에서 너희들의 아비가 되었구나. 너희들을 위해서라도 나는 울고 있다. 내 비록 너희들을 보지는 못하지만, 너희들이 장차 사람들로부터 강요받을 쓰라린 생활을 생각하기 때문이다. 어떠한 시민들의 모임에 가든, 어떠한 축제에 가든 너희들은 축제 행렬에 끼이기는커녕 눈물을 흘리며 집으로 돌아올 것이다. 그리고 너희들이 시집갈 나이가 되면 애들아, 나의 자식들과 너희들의 자식들에게는 치명적인 비난이 퍼부어질 텐데, 어떤 사내가 감히 위험을 무릅쓰고 이런 비난을 떠맡겠느냐.

기원전 5세기 전후에 활약한 비극 작가들

《그리스 비극》의 대표 작가로 아이스킬로스(B.C. 525~B.C. 456), 소포클레스(B.C. 496~B.C. 406), 에우리피데스(B.C. 480~B.C. 406)를 꼽을 수 있다. 이들은 모두 기원전 5세기 전후에 활약한 작가들로 당시는 그리스의 폴리스 공동체가 문화적으로 가장 성숙한 시기였다.

아이스킬로스는 인간의 오만에 대한 신의 응징을 중심 주제로 삼아, 신들은 죄지은 자에게 당대가 아니면 다음 세대에라도 반드시 응징한다는 메시지를 강조한다. 소포클레스는 비극을 통해 그리스의 전통적 가치관을 재현하려 했다. 에우리피데스는 인간의 욕망과 폭력성, 사랑과 증오, 인종 갈등, 남녀 갈등 등에 초점을 맞추어, 인간의 정념과 억제할 수 없는 폭력에 내재한 비극성을 깊이 있게 통찰하고 있다.

디오니소스 제례 때 야외극장에서 거행된 가면극

현재 전해지는 그리스 비극은 모두 33편으로, 아이스킬로스는 〈오레스테이아〉, 〈아가멤논〉 등 7편, 소포클레스는 〈안티고네〉, 〈오이디푸스 왕〉 등 7편, 에우리피데스는 〈메데이아〉, 〈헤라클레스〉, 〈헬레네〉 등 19편을 저술하였다. 이 중 소포클레스의 〈오이디푸스 왕〉과 〈안티고네〉의 내용은 다음과 같다.

〈오이디푸스 왕〉

오이디푸스는 자신의 운명을 거부하고 떠돌이 생활을 하던 중 스핑

크스의 수수께끼를 풀고 테베의 왕이 되어 왕비와 결혼하였다. 하지만 나라에 창궐한 역병과 관련된 선왕의 살인자를 찾는 과정에서 자신이 아버지를 죽이고 어머니와 결혼한 사실을 알았고, 자신에게 주어진 운명은 절대로 피할 수 없다는 참담한 현실에 직면해 결국 제 눈을 찔러 장님이 된 채 방랑 길을 떠난다.

〈안티고네〉

오이디푸스와 이오카스테 사이에서 태어난 에테오클레스와 폴뤼네이케스가 있다. 오이디푸스가 방랑의 길을 떠난 이후 형제는 왕권 다툼으로 결국 서로를 죽이고 자신도 죽는다. 새로 테베의 왕이 된 크레온은 다른 나라와 연맹하여 조국을 공격한 폴뤼네이케스의 시신은 에테오클레스와 달리 매장을 못하게 하고 들짐승과 날짐승의 먹잇감이 되도록 방치하라는 명령을 내린다. 하지만 폴뤼네이케스의 여동생이었던 안티고네는 왕명을 어기고 오빠의 장례를 치르는 것이 가족의 도리라고 여겨 시신을 수습해 매장한다. 하지만 왕명을 어긴 죄로 크레온에게 끌려가게 된다. 그녀는 죽은 혈족의 장례를 치르는 것은 왕명보다 더 중한 도덕적 의무라고 주장하면서 담담하게 사형 판결을 받아들인다.

아테네 문명의 우월성에 대한 증명

그리스 비극의 등장인물은 주로 탁월한 능력을 지닌 고대 영웅들이었고 주 무대는 아테네가 아닌 다른 나라였다. 아테네가 아닌 다른 곳에서 일어나는 비극적 경험을 통해 그리스인들은 아테네 문명의 우월성을 경험했고 자신들이 아테네 밖으로 축출될 경우 무서운 운명과 맞닥뜨릴 수 있다는 암시를 받았다. 모두 함께 모이는 제례 의식은 아테네 밖의 야만 세력에 대항할 수 있는 힘을 다지는 계기가 되기도 하였다.

이러한 비극은 억압되어 있는 인간의 부정적인 감정을 쏟아 내는 배출구를 제공했고, 인간들이 현재 겪고 있는 고통과 고뇌에서 벗어나고 싶은 충동, 힘든 자아를 벗어던지고 싶은 욕망, 사회적 규제와 제약에서 탈피하고 싶은 욕망을 해소하는 카타르시스를 제공하는 기능을 하였다. 오이디푸스는 피할 수 없는 운명 앞에서도 굴복하지 않음으로써 뼈아픈 고통을 겪는다. 안티고네는 조국을 배반한 혈육의 시신을 수습하고 그것이 목숨을 걸어야 하는 일임을 알면서도 결연히 자신의 뜻을 관철하다가 결국 어두운 석굴에 갇혀 생을 마감하게 된다. 작가는 주인공을 통해 고통받는 나약한 인간이 아니라 강인한 의지로 고통을 감내하면서 절대 고독 속에서도 자신의 인생을 당당히 펼쳐 가는 인간을 그려 내었다. 《그리스 비극》은 인류의 예술과 사상, 종교, 역사 등에 큰 영향을 미쳤다.

《그리스 비극》은 고대 아테네에서 매년 4월에 진행되던 디오니소스 제례에서의 연극 경연을 위해 창작되었다. 아테네가 아닌 다른 지역을 배경으로 고대 영웅들을 주인공으로 삼은 비극은 아테네 내부의 결속을 다지는 계기를 마련해 주었고, 동시에 인간의 욕망과 감정을 분출하는 배출구인 카타르시스의 기능을 수행하였다. 뿐만 아니라 '인간은 무엇인가'라는 물음을 제기하면서 인간 존재에 근본적인 질문을 던지고 있다는 평가를 받는다.

007

사진 제공: 인권연대 김원 회원

지옥에 살면서 천국을 꿈꾸는
난장이 가족의 이야기

조세희, 《난장이가 쏘아 올린 작은 공》

사람들은 아버지를 난장이라고 불렀다. 사람들은 옳게 보았다. 아버지는 난장이었다. 불행하게도 사람들은 아버지를 보는 것 하나만 옳았다. 그 밖의 것들은 옳지 않았다. 나는 아버지, 어머니, 영호, 영희, 그리고 나를 포함한 다섯 식구의 모든 것을 걸고 그들이 옳지 않다는 것을 언제나 말할 수 있다. (…) 우리의 생활은 전쟁과 같았다. 우리는 그 전쟁에서 날마다 지기만 했다.

빈부와 노사의 대립을 극적으로 제시한 작가

조세희(1942~)는 1965년 〈경향신문〉 신춘문예에 당선되어 문단에 나온다. 그러나 10년 동안 작품 활동을 하지 않다가 유신체제가 절정에 이른 1975년 다시 펜을 들고 고통받는 하층민 일가의 삶을 그린 연작소설을 쓰기 시작했다. 이것은 1978년에 총 12편으로 마무리되어 《난장이가 쏘아 올린 작은 공》이라는 한 권의 작품으로 묶여 나왔다.

그는 1980년 국내 최대의 민영 탄광인 동원탄좌 사북영업소에서 어용 노조와 임금 인상 폭에 항의해 광부들이 일으킨 노동쟁의가 일어나자 현장의 실상을 기록하여 책으로 펴내는 등 줄곧 노동자들의 생생한 삶의 현장을 찾아다녔다. "사람이 태어나서 누구나 한번 피 마르게 아파서 소리 지르는 때가 있는데, 그 진실한 절규를 모은 게 역사요, 그 자신이 너무 아파서 지른 간절하고 피맺힌 절규가 《난장이가 쏘아올린 작은 공》"이라고 그는 말한다.

하늘 아래 몸 누일 방 한 칸 없는 철거민의 비극

《난장이가 쏘아 올린 작은 공》은 산업화 시대에 어울리지 않게 날품팔이로 생계를 꾸려 가는 '난장이' 아버지를 비롯해 어머니, 두 아들 영수와 영호, 그리고 막내딸 영희 등 다섯 식구로 이루어진 한 가족의 이야기다. 그들은 사회로부터 소외된 낙원구 행복동이라는 동네에서 고달프게 살아간다. 그래도 희망을 잃지 않으려고 노력하지만, 재개발 사업으로 인한 철거 계고장을 받는 순간 위기에 처한다. 다른 주민들 역시 사정은 마찬가지인데, 어느 날 철거는 간단히 끝나 버리고, 그들의 손에는 아파트 입주권만 남겨진다.

그러나 입주권이 있어도 정작 아파트를 살 돈이 없는 행복동 주민들은 시에서 주겠다는 보조금보다 약간의 돈을 더 받고 거간꾼들에게 입주권을 판다. 난장이 가족도 그렇게 할 수밖에 없는데, 빚을 갚고 났더니 남은 돈이 없어 결국 거리에 나앉을 처지가 된다. 그러자 영희는 집을 나가 투기업자 사무실에서 일하며 그와 함께 생활한다. 그러던 중 그에게 순결을 빼앗긴 그녀는 그의 가방에서 입주권과 돈을 훔쳐 행복동 동사무소로 향한다. 서류 신청을 마치고 가족의 행방을 찾기 위해 이웃집 신애 아주머니를 찾아간 그녀는 아버지가 벽돌 공장 굴뚝에서 자살했다는 소식을 전해 듣고 사회를 원망하며 절규한다.

여전히 현재성을 잃지 않는 고발 문학의 개가

이 작품은 행복과는 거리가 먼 '낙원구 행복동'의 소외 계층을 대표하는 난장이 가족의 삶을 통해, 도시 재개발 뒤에 가려진 빈민들의 아픔을 그리고 있다. 여기서 '난장이'는 1970년대 우리나라의 경제구조 속에서 억압받고 소외된 계층의 '작아진 삶'을 불구의 신체를 통해 보여 주는 상징적 기호라고 할 수 있다. '난장이'는 산업사회의 그늘에서 오로지 생존을 위해 버둥거리면서도 하늘에 희망이라는 이름의 '작은 공'을 쏘아 올린다. 그러나 티끌만큼의 여지도 허용하지 않는 이 세상에서 그의 그런 노력은 전부 무위로 돌아가고, 그는 절망한 나머지 공장 굴뚝에서 투신자살함으로써 불행했던 생을 마감한다.

작가는 이 작품을 통해 1970년대 한국 사회가 안고 있던 경제적 불평등의 문제를 남김없이 폭로한다. 이 소설이 오랜 시간 동안 꾸준히 읽히는 이유는 바로 여기서 제기된 문제들이 지금까지도 해결되지 않은 채 계속 이어지고 있기 때문이다. 사회 고발의 성격을 띠면서도 낭만적 서정성을 놓치지 않았으며, 서술자 시점의 자유로운 이동, 과거와 현재를 넘나드는 기법, 환상과 사실의 병치, 시적 환상 등이 잘 결합되어 있는 이 작품은 사실주의 소설이 주류를 이루던 당시 문단에 신선한 충격을 주었다.

《난장이가 쏘아 올린 작은 공》은 1970년대 한국 사회의 모순에 본격적으로 접근하고 있다. 난장이로 상징되는 못 가진 자와 거인으로 상징되는 가진 자의 대립 속에서 난장이들의 불행과 비극은 비단 경제적인 면뿐만 아니라 삶 전반에 걸친 문제였다. 이 비극적 현실은 정도의 차이는 있지만 여전히 현재진행형이라고 할 수 있다. 이 소설은 우리나라에 산업화가 본격적으로 진행된 이후 거의 최초로 자유와 더불어 평등의 이념을 다룬 작품이다.

아름다운 시로 승화된
민족의 현실과 이상

한용운, 《님의 침묵》

님은 갔습니다. 아아 사랑하는 나의 님은 갔습니다. / 푸른 산빛을 깨치고 단풍나무 숲을 향하야 난 적은 길을 걸어서 참어 떨치고 갔습니다. / 황금의 꽃같이 굳고 빛나든 옛 맹서는 차디찬 띠끌이 되야서, 한숨의 미풍에 날어갔습니다. / 날카로운 첫 '키쓰'의 추억은 나의, 운명의 지침(指針)을 돌려 놓고, 뒷걸음쳐서, 사러졌습니다. / 나는 향기로운 님의 말소리에 귀먹고, 꽃다운 님의 얼골에 눈멀었습니다. / 사랑도 사람의 일이라, 만날 때에 미리 떠날 것을 염려하고 경계하지 아니한 것은 아니지만, 이별은 뜻밖의 일이 되고 놀란 가슴은 새로운 슬픔에 터집니다. / 그러나 이별을 쓸데없는 눈물의 원천을 만들고 마는 것은 스스로 사랑을 깨치는 것인 줄 아는 까닭에, 걷잡을 수 없는 슬픔의 힘을 옮겨서 새 희망의 정수박이에 들어부었습니다. / 우리는 만날 때에 떠날 것을 염려하는 것과 같이, 떠날 때에 다시 만날 것을 믿습니다. / 아아 님은 갔지만은 나는 님을 보내지 아니하얏습니다. / 제 곡조를 못 이기는 사랑의 노래는 님의 침묵을 휩싸고 돕니다.

식민지 시대를 누구보다 치열하게 살았던 정력적 인간

한용운(1879~1944)은 충청남도 홍성에서 태어났다. 열네 살에 결혼해 아들 하나를 두었으나 몇 년 후 출가해 승려가 되었고, 이때 만해라는 법명을 얻는다. 출가 전에 이미 동학농민운동에 가담한 적이 있던 그는 불교 연구와 대중화 작업에 전념하면서 항일 저항운동에도 힘을 보탠다. 1910년 한일불교동맹조약을 철회시키는 데 앞장섰으며, 1919년 3·1운동 때는 민족 대표 33인의 한 명으로 일본 정부에 의해 체포, 수감된다.

3년간의 옥살이를 마치고 나와서는 민립대학 설립운동과 물산장려운동에 참여하고, 각종 강연회에서 연설하는 등 사회 활동을 활발히 했다. 그리고 감옥에서부터 쓰기 시작한 시들을 발표하여 1926년 시집 《님의 침묵》을 펴낸다. 그 후에도 신간회 창설에 깊숙이 관여하고, 조선불교청년회를 이끌었으며, 불교 잡지를 운영하는 등 다양하고 활발한 활동을 펼쳤다. 죽기 전까지 비타협적인 자세로 조국의 독립을 위해 애쓴 그는 조선총독부를 시야에 두지 않으려고 북향으로 지은 성북동의 자택에서 병으로 세상을 떠났다.

특정 대상에 한정되지 않는 추상적 개념으로서의 임

《님의 침묵》의 서문 〈군말〉에서 시인은 이렇게 적었다. "'임'만이 임이 아니라, 기룬 것은 다 임이다. 중생이 석가의 임이라면, 철학은 칸트의 임이다. 장미화의 임이 봄비라면, 마시니의 임은 이태리다. 임은 내가 사랑할 뿐만 아니라, 나를 사랑하나니라. 연애가 자유라면 임도 자유일 것이다. 그러나 너희는 이름 좋은 자유에 알뜰한 구속을 받지 않더냐. 너에게도 임이 있느냐. 있다면 임이 아니라 너의 그림자니라. 나는 해 저문 벌판에서 돌아가는 길을 잃고 헤매는 어린 양이 기루어서 이 시를 쓴다."

이처럼 임이란 무엇이든 될 수 있으며, 그것은 개별적으로 파악되는 것이 아니라 상징을 통해 직관적으로 파악된다. 즉 임은 애인인 동시에 조국이자 부처인, 아니 그 모두가 한데 어우러진 추상적인 개념이다. 따라서 그 구체적인 모습을 확인하기 어려운데, 바로 이 점이 시인 고유의 형이상학이라고 할 수 있다.

회자정리, 거자필반의 철학에서 비롯된 낙관적 세계관

한용운이 이룩한 문학적 업적은 그의 불교 개혁 사상이나 독립사상, 그리고 그 실천과 결코 무관하지 않다. 그의 문학 세계는 시에서 출발해 시조와 한시, 소설로까지 확대되었으나, 오늘날 가장 높이 평가되는 것은 바로 그의 유일한 시집 《님의 침묵》이다. 당시 문단 밖에 있었던 그는 다른 어느 작가보다도 더 절실하게 민족의 현실과 이상, 그리고 그것을 실현하는 데 필요한 주체적 자세를 노래했으며, 이를 풍부한 시적 이미지로 형상화해 민족 문학의 수준을 한층 끌어올렸다.

제목인 '님의 침묵'은 당시의 민족적 상황을 상징하는 것으로 해석되는데, 시인은 시적 주체인 '나'가 이별한 임의 부재를 통해 오히려 진정으로 그 존재를 깨닫게 된다는 변증법적 진리를 이야기하는 동시에 둘이 새로운 합일에 이를 수 있다는 낙관적 인식을 드러내고 있다. 그러기 위해서는 우선 임에 대한 철저한 복종이 요구되며, 복

종함으로써 비로소 자유로워질 수 있다는 '복종과 자유의 변증법'
으로까지 나아간다. 형식적인 측면에서 그의 시는 은유와 역설을
자유롭게 구사하는 한편, 틀을 완전히 벗어난 산문의 형태임에도
운율이 자연스럽게 드러나 근대 자유시의 완성에 크게 기여한 것으
로 평가받는다.

《님의 침묵》은 식민지 시대를 누구보다 열정적으로 살았던 만해 한
용운의 삶과 정신이 깃들어 있는 시집이다. 여기에 수록된 시들은
그 시대에 대한 투철한 역사의식과 그것을 행동으로 옮기는 삶의 태
도를 전혀 투박하지 않은 아름다운 언어로 노래한다.

10명의 젊은 남녀가 10일간
주고받는 100편의 이야기

조반니 보카치오, 《데카메론》

나를 비난하는 사람들은 숙녀들의 환심을 사려고 애쓰는 내가 밉다는 것입니다. 그러나 숙녀들을 좋아하는 나의 타고난 본성을 어쩌겠습니까? 나는 숙녀를 좋아하고 그네들의 사랑을 받으려고 노력합니다. 이는 틀림없는 사실로서 인정하는 바입니다. 나는 대체 그것이 무엇이 나쁘냐고 묻고 싶습니다. 만일 그들이, 숙녀분들이 때로 허락해 주는 사랑에 넘친 입맞춤, 달콤한 포옹…, 그리고 형언하기 어려운 우아함과 정숙함에 조금이라도 도취될 만한 사람들이라면 내가 나쁘다는 말을 하지 못할 것입니다.

인문주의의 문제의식을 가장 잘 구현한 작가

보카치오(1313~1375)는 이탈리아 피렌체 근처의 체르탈도에서 사생아로 태어났다. 그가 근대소설의 선구자로 평가받는 이유는 《데카메론》 때문이다. 보카치오는 단테에게서 많은 영향을 받았으며, 젊은 시절 화려한 피렌체, 나폴리에서 방종한 생활을 했는데 이를 통해 《데카메론》의 내용이 되는 갖가지 에피소드를 모을 수 있었다. 이 작품을 쓸 즈음 피렌체는 페스트의 공포가 만연했다. 《데카메론》은 문단의 냉담한 평가와는 달리 일반인에게 엄청난 반향을 불러일으켰다. 인쇄술도 없었고, 종이도 귀한 시대에 설화 형식의 단편 문학이 퍼진 것이다. 그는 문학이 종교적 속박에서 벗어나 인간을 이야기해야 한다고 생각하여 이를 실천했다. 또한 신과 인간의 관계 속에서 평가받는 인간이 아닌 그 자체로 훌륭한 예지력을 갖춘 독립적 인간형을 찬양했다. 보카치오는 인간의 문제, 인간을 중심으로 한 당시 인문주의의 문제의식을 가장 잘 구현한 계몽적 인문주의 작가이다.

페스트의 위협 속에서 피어난 사랑

《데카메론》은 페스트가 창궐한 1348년 어느 날 피렌체의 산타 마리아 대성당에서 일곱 명의 젊은 여인네들과 세 명의 청년들이 우연히 합석하게 되면서 이야기가 시작된다. 18~28세의 젊은이 10명은 페스트의 재앙이 덮친 도시에서 시골로 피신한 사람들이다. 그들이 10일 동안 매일 서로 돌아가며 이야기를 들려주는 형식으로 100편의 이야기가 탄생한다. 이 이야기를 통해 보카치오는 왕, 성직자, 평민, 상인 등 다양한 인물과 사건을 통해 인간의 삶을 입체적으로 표현하고 있다. 과장된 이야기와 사실적 이야기, 희극과 비극, 풍자와 진지함, 타락과 도덕성이 함께 어우러져 있는데, 남편과 아내의 주도권 싸움, 남편을 속이는 아내, 속임수와 잔혹함의 희생자들, 운명에 흔들리는 인간, 운명을 이겨 내는 위트와 재주, 파멸로 향하는 사랑 등이 주 내용이다.

이 모든 것을 하나로 묶어 주는 주제가 있으니, 바로 사랑이다. 자기에 대한 사랑이든 남에게 받거나 주는 사랑이든, 선하거나 악하게 표출된 사랑이든, 아무튼 사랑이라는 주제가 전체를 관통한다. 여기에 나오는 수많은 인물은 사랑의 힘으로 행동하고 살아간다. 사랑은 그들의 삶을 역동적으로 만들 뿐만 아니라 땅과 바다, 숲, 태양이 작열하는 사막, 폭풍우가 몰아치는 바다, 밤이면 이상한 일이 일어나는 도시의 흔한 뒷골목들까지도 생생히 볼 수 있도록 해 준다. 《데카메론》에서 사랑은 늘 고결하지는 않다. 때로는 더러운 술수의 일환이기도 하고, 지저분한 욕정으로 치달리며 비극적인 결말을 맞이하기도 한다.

100편의 이야기에서 인간의 삶은 쉽게 사라지는 만큼 더 뜨겁게 사랑해야 할 대상이 된다. 그래서 재능과 도전 의식으로 자신의 불행을 언제라도 뒤집는 낙천적이고 투지에 찬 개인들을 곳곳에서 발견할 수 있다. 이는 이탈리아 르네상스의 전면적인 특징이었으며, 당대의 인간이 추구한 구원의 내용이었다. 《데카메론》은 지상의 구원을 꿈꾼 흔적이며, 이런 면에서 르네상스 시대의 사람들이 희구했던, 지상의 구원을 향한 열망의 예고편이었다.

중세여 안녕, 신세계여 오라

《데카메론》은 일종의 우화집이다. 에로틱한 주제부터 비극적인 주제까지 다루고 있으며, 기지, 재담, 짓궂은 장난, 세속적인 비법 전수 등이 등장한다. 그중 가장 중요한 요소는 사랑과 지혜이다. 사랑을 주제로 한 이야기에서는 인간의 누를 수 없는 욕망이 때때로 냉정히 억제되고, 여러 가지로 위장되어 표현된다.

단테의 《신곡》에 견주어 이 작품을 '인곡(人曲)'이라고도 하지만, 단테는 높은 이상을 내걸고 중세에 경고를 한 데 반하여, 보카치오는 현실을 냉정하게 받아들이면서 대상으로부터 거리를 두고 미소와 풍자를 섞어 묘사했다. 단테에 정통했던 보카치오는 《신곡》에서와 마찬가지로 완전함을 뜻하는 100편의 이야기를 엮어 내고 있다. 이미 뿌리부터 흔들리기 시작한 중세의 가치관과 질서는 페스트의 창궐로 인해 종말을 향해 치닫고 있었다. 《데카메론》은 중세 사회에 만연한 위선에 대한 조롱 섞인 작별 인사이자 새로이 도래할 역동적이고 감각적인 신세계에 대한 환영사라 할 수 있다.

《데카메론》이 나온 14세기 유럽에서는 라틴어로 된 운문이 수준 높은 문학으로 인정받고 있었다. 하지만 그런 시기에 보카치오는 민중의 언어였던 이탈리아어와 민중의 표현 방식으로 문학작품을 쓰며 문학의 새 지평을 열었다. 이 책은 오락적, 문학적 인기를 넘어 르네상스 시기의 문학적 경향을 보여 주는 중요한 역사적 문서이다. 페스트가 휩쓸고 지나간 자리에서 다시 '인간'을 외친 보카치오의 용기가 있어 르네상스는 더욱 빛날 수 있었다.

진정 중세에 살고 싶었던
어느 근대인의 모험담

미겔 데 세르반테스, 《돈키호테》

"눈을 크게 뜨고 똑바로 쳐다봐! 저건 분명 거인이야. 너 싸울 생각을
하니 겁이 나는 모양이구나! 그러면 너는 저리 비켜 있어. 내가 혼자서
한바탕 싸우는 동안에, 너는 거기서 기도나 올리고 있거라!" 돈키호테는
말을 마치자마자 로시난테에게 박차를 가하였다. 산초는 그만 당황하여
"앗, 주인님, 아니 기사님! 그게 어디 거인입니까? 그건 풍차란 말이에
요. 주인님, 위험해요!" 하고 목이 터져라 외쳤으나, 돈키호테는 아랑곳
하지 않고 풍차를 향해 달려 나갔다.

오로지 돈키호테를 위해 태어난 작가

세르반테스(1547~1616)는 스페인의 수도 마드리드에서 태어났다. 하급 귀족 출신의 가난한 의사 집안에서 자라며 제대로 된 교육을 받지 못한 그가 애초부터 작가를 지망했던 것은 아니다. 그 시대의 여느 청년들처럼 군인으로 출세하길 꿈꿨던 그는 스물두 살 때 이탈리아 추기경을 따라 로마로 가서 1571년 오스만 제국과의 레판토 해전에 참전했는데, 이때 입은 부상으로 평생 왼팔을 쓰지 못하게 되어 '레판토의 외팔이'라는 별명을 얻었다.

고향에 돌아와서 생계를 이을 방법이 마땅치 않자 글을 쓰기 시작했으나 1585년에 발표한 첫 소설 《라 갈라테아》는 별반 호응을 얻지 못했다. 이후 다행히 세비야에서 말단 관리로 취직하여 일과 집필을 병행했는데, 1605년 드디어 《돈키호테》가 큰 성공을 거두면서 작가로 이름을 날리게 된다. 그로부터 10년 뒤에 속편까지 발간된 이 작품은 희망과 좌절, 이상과 현실의 갈등이라는 주제를 깊이 있게 다루고 있으며, 스페인은 물론이고 전 세계를 통틀어 근대소설의 시초로 여겨진다. 《모범소설집》과 같은 다른 작품들도 있지만, 역시 《돈키호테》를 빼고서는 그를 설명할 수 없으며, 이와 관련해 미국의 문학평론가 해럴드 블룸은 다음과 같이 말했다. "세르반테스는 글 쓰는 방법을 알았고, 돈키호테는 행동하는 방법을 알았다. 이 두 사람은 오로지 서로를 위해 태어난 하나다."

중세에 살고 싶었던 근대인의 요절복통 모험담

〈전편〉

스페인 라만차 지방의 한 시골 지주는 기사도 문학에 대한 관심과 집착이 대단해서 결국 나중에는 판단력을 잃고 현실을 소설 속의 세계와 착각하기에 이른다. 자신이 '돈키호테 데 라만차'란 이름의 기사이고, 이웃에 사는 농부의 딸은 둘시네아 공주라며 목숨을 바쳐 그녀를 지키겠다고 다짐한다. 그리하여 '로시난테'라는 볼품없는 말을 타고 혼자 길을 떠난 그는 용감하지만 무모한 시도로 갖은 고생을 하다가 고향으로 돌아온다. 그를 맞이한 고향 사람들은 그게 다 기사도 문학 때문이라고 생각해 소설책들을 전부 불태워 버린다. 친구와 가족들의 눈을 피해 도망친 돈키호테는 가난한 이웃집 농부인 산초 판사를 구슬려 시종으로 삼고 다시 모험을 시작한다. 그리하여 풍차가 거인이라며 달려들었다가 크게 다치는가 하면 공주를 납치해 가는 마법사라면서 수도사들과 싸움을 벌이기도 한다. 이런 엉뚱한 사건들의 연속으로 그는 상처투성이의 초라한 몰골이 되어 우마차에 실린 채 고향 집으로 귀환한다.

〈속편〉

또다시 길을 나선 돈키호테와 산초는 이미 전편을 읽은 사람들이 그들을 알아봐서 가는 곳마다 유명 인사 대접을 받는다. 사람들은 그들의 기행에 호응하여 맞장구를 쳐 주거나 함께 동참한다. 한편 그들은 기회가 날 때마다 자기들 행세를 하고 다니는 가짜 속편 (실제로 전편의 대성공 이후 가짜 속편이 나왔는데, 그 역시도 상업적인 성공을 거두자 이에 격분한 세르반테스가 진짜 속편을 쓰게 되었음)을 비난하며 자신들이 진짜라고 주장한다. 앞서와 마찬가지로 그들 일행은 다양한 사건 사고를 경험하지만, 더 이상 위험에 빠지지는 않는다. 결국에 고향으로 돌아온 돈키호테는 드디어 정신을 차리고는 비석에 자기 이름을 새기지 말라는 유언을 남긴 채 노환으로 사망한다.

유머와 풍자, 해학으로 가득 찬 최초이자 최고의 근대소설

《돈키호테》는 세계 문학사에서 가장 익살스러운 작품 중 하나로 평가된다. 스페인의 펠리페 3세는 한 젊은이가 포복절도하는 모습을 보고 그가 '이성을 상실했거나 아니면《돈키호테》를 읽고 있는 것'이라고 말했을 정도이다. 소설 속의 다양한 유머와 풍자, 해학은 독자들로 하여금 작품에 쉽게 접근할 수 있도록 해 준다. 세르반테스는 근대 이전의 다양한 이야기 형식, 예를 들면 민담과 우화, 예화 같은 것들을 하나로 묶어 긴 분량의 읽을거리를 만들어 냈는데, 여기에는 현실 세계에 대한 사실적 묘사와 역사의 주체가 신이 아닌 인간이라는 새로운 가치관이 담겨 있다. 따라서 이 작품을 읽는다는 것은 중세의 가치 체계가 서서히 붕괴되고 근대사회가 도래하던 시점에 사람들이 겪은 정신적 변화를 문학적으로 체험하는 일이기도 하다.

전형적인 스페인 사람의 기질을 지닌 돈키호테는 1588년 무적함대가 영국에 패하면서 상처 입은 스페인의 자존심을 상징하는 면이 있지만, 그가 보여 주는 불굴의 도전 정신은 스페인의 새로운 도약을 의미하기도 한다. 그러나 이 작품의 가치는 결코 특정한 시공간에 한정되지 않으며, 작가의 자기 성찰을 통해 예술적으로 표현된 인간애는 현재까지도 그 빛을 발하고 있다.

《돈키호테》는 자신의 이상을 향해 거침없이 나아가는 한 인물에 관한 이야기이다. 작품 전체에 익살과 풍자가 넘치지만, 가혹한 패배를 겪을지라도 용기와 고귀한 뜻은 조금도 꺾이지 않는다는 주제만큼은 결코 가볍지 않다. 약점 많은 주인공을 통해 현실의 인간을 그린 이 작품은 최초의 근대소설로 평가된다.

이 땅의 모든 억압받는
이들에게 바치는 대서사시

빅토르 위고, 《레미제라블》

"아아, 나는 참으로 불쌍한 인간이다!" 장 발장은 가슴이 찢어지는 고통과 아픔을 느끼며 울기 시작했다. 19년 만에 처음으로 흘리는 눈물이었다. 그는 실로 오랫동안 울었다. 뜨거운 눈물을 흘리며 울고, 흐느끼며 또 울었다. 그러는 동안 머릿속이 점차 맑아졌다. 그토록 절실히 복수를 계획하며 기다렸던 석방, 주교의 집에서 있었던 일, 그리고 소년에게서 40수를 빼앗은 것 등등 모든 기억이 선명히 되살아났다. 그렇게 몇 시간이나 울었을까? 울고 나서 그는 어찌했을까? 대체 어디로 간 것일까? 누구도 아는 사람이 없었다. 다만 한 가지 확실한 것은 바로 그날 밤 그르노블을 왕래하던 마부가 새벽 3시쯤 디뉴에 도착하여 주교관 앞을 지나고 있을 때 어둠 속에서 기도를 드리듯 돌바닥에 끓어앉아 있는 한 사나이를 보았다는 사실뿐이다.

공화주의의 수호자이기를 자처한 프랑스의 국민 작가

위고(1802~1885)는 프랑스 동부의 브장송에서 태어났다. 일찍이 작가로서 명성을 얻은 그는 스물세 살에 이미 왕실로부터 문학적 공로를 인정받아 레지옹 도뇌르 훈장을 받았다. 당시 지배적인 문예 사조였던 고전주의에 대항해 낭만주의 운동을 주도해 승리로 이끌었지만, 1843년 작품의 실패와 큰딸 부부의 죽음으로 실의에 빠진 나머지 10여 년간 작품 활동을 거의 중단한다. 대신에 그는 주로 정치에 전념하여 국민회의 의원으로서 무상 교육과 투표권 확대를 위해 힘쓰다가 1851년 루이 나폴레옹(나폴레옹 3세)이 쿠데타로 집권하자 국외로 추방당한다.

벨기에와 영국 등을 전전하며 거의 20년에 걸친 망명 생활을 하는 동안 그는 다시 집필에 몰두할 수 있었는데, 《징벌 시집》, 《명상 시집》, 《세기의 전설》, 《레미제라블》과 같은 대표작들이 전부 이 시기에 나왔다. 이후 파리로 돌아온 그는 국민 작가라는 영예를 누리며 비교적 평온한 만년을 보낸다. 그의 장례식은 200만 명이 운집한 가운데 국장으로 치러졌고, 유해는 팡테옹에 안장되었다.

불행한 사람들도 행복할 권리가 있을지니

무식하고 가난한 시골 사람 장 발장은 어린 조카들이 굶어 죽을 지경에 이르자 빵 한 덩이를 훔치다 붙잡혀 무려 19년이나 감옥에 수감된다. 마침내 출소한 그를 사람들은 차갑고 두려운 시선으로 멀리하는데, 오직 미리엘 주교만이 그에게 하룻밤 숙식을 제공하는 호의를 베푼다. 세상에 대한 원망으로 가득 차 있던 장 발장은 그곳에서 은그릇을 훔쳐 달아나다가 또다시 체포돼 끌려온다. 그러나 예상 밖으로 주교는 그것을 본인이 직접 주었다며 그를 감싸고, 장 발장은 그런 주교의 행동에 크게 감동하여 새사람이 되기로 마음먹는다.

그 후 마들렌으로 이름을 바꾼 그는 한 도시에 정착해 사업가로 성공한 한편, 자신의 공장에서 일하던 팡틴과 같은 어려운 처지의 사람들에게 부단히 온정을 베풀면서 인심을 얻은 결과 시장의 자리에까지 오른다. 하지만 처음부터 끈질기게 그를 뒤쫓던 자베르 경위가 결국 그의 정체를 밝혀 내고, 간신히 도피한 그는 죽은 팡틴의 딸 코제트를 양녀로 삼아 키우며 조용히 살아간다. 그러던 와중에 코제트가 민중 봉기에 앞장선 청년 마리우스와 사랑에 빠지면서 장 발장은 그를 죽음의 위기에서 구해 내어 둘을 맺어 준 다음 얼마 안 있어 숨을 거둔다. 자베르 경위 역시 인간적인 양심과 직분에 따른 책임감 사이에서 갈등하던 끝에 센 강에 스스로 몸을 던진다.

이 땅의 모든 억압받는 이들에게 바치는 대서사시

세상으로부터 저주받은 한 인간이 어떻게 사랑의 위대함을 깨닫고 또 실천하게 되는지를 장엄하게 그려 낸 이 작품은 빅토르 위고가 젊은 시절부터 마음속에 품어온 이야기를 17년에 걸쳐 써 내려간 세기의 걸작이다. 우리에게는 주인공의 이름으로 더 잘 알려지기도 한 이 작품은 1862년 처음 출간된 이후 '프랑스에서 성경 다음으로 많이 읽힌 책'이라고 일컬어질 정도로 대중적인 성공을 거두었으며, 뮤지컬과 영화로도 거듭 만들어져 큰 주목을 받았다.

소설 속에는 대혁명 이후의 19세기 프랑스 사회가 잘 묘사돼 있는데, 워털루 전쟁, 왕정복고, 민중 봉기 등 주요한 역사적 사건들을 배경으로 당시 민중들의 생활상이 생생하게 그려지며, 당대를 풍미하던 철학과 사상 또한 상세하게 설명된다. 그러면서도 단순히 특정한 시공간에 한정되지 않는 인류 보편의 가치, 즉 억압받는 사람들을 향한 사랑과 자유에 대한 열망이라는 메시지를 담고 있기 때문에 오늘날까지도 수많은 독자들의 가슴에 큰 울림을 준다.

《레미제라블》은 타인들의 오해와 편견으로 인해 고통받던 한 사람이 우연히 사제의 사랑을 경험함으로써 세상에 대한 미움과 증오심을 버리고, 자기희생과 속죄를 통해 성인(聖人)으로 거듭난다는 내용의 이야기이다. 여기에는 역사, 사회, 철학, 종교를 비롯해 인간사의 모든 희로애락이 녹아 있어 한 세기가 넘도록 전 세계인의 사랑을 받고 있다.

죽음과 마주하여 진정 삶에
도달한 젊은이의 이야기

토마스 만, 《마의 산》

"이건 무슨 조각이죠?" 그가 작은 목소리로 물었다. "정말 잘 만들어졌
네요. 과거에도 이런 고뇌하는 모습이 있었나요? 오래된 것이겠죠?" "14
세기 작품이에요." 나프타가 대답했다. "아마 라인 강 지방의 조각일 텐
데, 감동받으셨나요?" "몹시오. 이걸 보고 감명받지 않을 사람은 없을
겁니다. 정말이지 생각도 못했습니다. 이렇게 추악한 동시에 아름다운 것
이 있으리라고는요."

"영혼의 세계와 표현의 세계에서 나온 작품은 언제나 아름답기에 추
악하며 추악하기에 아름다운 거죠. 그건 법칙입니다. 우린 정신의 아
름다움을 다루지 육체의 아름다움을 다루지는 않아요. 육체의 아름
다움은 절대적으로 어리석기 때문이죠. 추상적이기도 하고요." 나프타
가 말했다.

독일 문학을 세계적인 수준으로 끌어올린 소설가

만(1875~1955)은 독일의 소설가이자 평론가이다. 사상적인 깊이, 높은 식견, 잘 다듬은 언어 표현, 짜임새 있는 구성 등에 있어서 20세기 독일 최고의 작가로 알려져 있으며, 노벨 문학상, 괴테 상을 비롯하여 여러 상을 받았다. 그의 작품 세계는 《부덴브로크 가의 사람들》, 《마의 산》, 《파우스트 박사》 등 실로 다양하다. 그는 소설뿐만 아니라 평론에도 탁월하여 문학, 예술, 철학, 정치 등 다방면에 걸쳐 우수한 평론과 수필을 많이 남겼다.

그는 19세기 말을 방불케 하는 붕괴와 환멸의 감상에서 벗어나려고 몸부림치던 작가였다. 성실하게 자기 자신과 당대의 상황에 관해 글을 써 왔기 때문에 그의 작품은 자전적인 요소가 짙다고 할 수 있다. 만은 예술과 생활이라는 문제를 계속해서 다루었지만, 초기 작품에서 보이는 구원할 길 없는 우울과 환멸은 점차 만년의 작품에 이르러 조화와 해결의 길로 돌아서게 된다. 《마의 산》은 작가가 1912년에 구상하여 1924년에 완성한 대표작으로 일생의 문제인 죽음과 생이라는 주제가 방대하게 펼쳐진다.

죽음과의 교감을 통해 삶에 도달하는 젊은이

《마의 산》은 2부 7장으로 구성된 장편소설이다. 한 젊은이가 스위스 산속 결핵 요양소에 입원 중인 사촌을 방문했다가 오히려 자신이 결핵임을 알게 되어 결국은 그곳에서 7년간 머무르다 다시 세속으로 돌아오는 이야기다. 이 과정에서 젊은이는 삶과 죽음, 건강과 질병, 유한과 무한, 진보와 보수, 동양과 서양, 고전주의와 낭만주의, 정신과 육체, 인간과 자연처럼 서로 대립하면서도 의존하는 문제들에 눈을 떠 간다.

1907년 여름, 청년 한스 카스토르프는 사촌 요아힘을 문병하기 위해 알프스 산중 다보스에 있는 베르크호프라는 국제 요양원을 찾아간다. 요아힘과 함께 지내는 동안 원장, 조수, 유럽 각지에서 모여든 환자들을 알게 된다. 그중에서도 특히 친해진 사람이 이탈리아 사람인 세템브리니와 유태인 나프타였다. 훌륭한 언변으로 진보적 합리주의를 말하고, 자유와 이성의 존엄을 불어넣는 세템브리니와 광신적인 눈빛으로 중세 교회의 신비 사상을 찬미하는 나프타, 이 두 사람을 교사로 삼은 카스토르프의 정신은 점점 무언가에 물들어 가고 있었다.

하지만 이보다 더 강렬한 인상을 준 것은 러시아 출신 쇼샤 부인의 신비로운 아름다움이었다. 건강했던 청년은 점점 야릇한 관능의 퇴폐적인 세계를 동경하게 되었다. 삶과 죽음, 정신과 육체, 사랑의 정념 등을 명상하면서 어느덧 죽음에 도취하는 심연에 끌려 들어가고 있었던 것이다. 이상하게도 자신이 오래전에 앓았던 폐병이 재발하여 그 또한 요아힘과 같이 요양 생활을 시작한다. 어느 사육제 날 저녁, 그는 쇼샤 부인 앞에 무릎 꿇고 사랑을 고백한다. 그녀는 부드럽게 그를 바라보았으나 두 사람 사이에는 아무런 일도 일어나지 않는다. 카스토르프는 이곳에서 많은 죽음을 목격한다. 요아힘도 얼마 안 가 병세가 악화되어 죽는다. 그의 영혼은 이러한 죽음에 신비한 위엄과 더불어 깊은 친근감을 느꼈지만, 동시에 죽음이 몸서리날 정도로 추하게 여겨졌다.

그런데 이 요양소에 페페르코른이라는 인물이 나타나 그에게 강렬한 생명력을 불어넣어 준다. 어느 날 눈 덮인 산속에서 혼자 스키를 타며 방황한 그는 위태롭게도 죽음의 문턱에까지 다다르는데, 이때 꿈에서 깨어나 비로소 "죽음의 모험은 삶 속에 있으며, 그것이 없으면 삶은 가능하지 않"다는 사실을 깨닫는다. 그 무렵 산 밑에서는 청천벽력과도 같이 1차 세계대전이 발발한다. 그 산에서 벌써 7년이란 긴 세월을 보낸 카스토르프는 강한 충격을 받은 듯 그제야 마의 심연을 벗어나 전장의 포연 속으로 뛰어든다.

20세기 유럽의 철학, 문학, 사상을 집대성한 걸작

《마의 산》은 완성하는 데 12년이나 걸린 작가의 대표작이다. 주인공 카스토르프가 요양 중인 사촌 요아힘을 방문하던 중 자신도 폐병 진단을 받고 산 주변을 떠돌다가, 전쟁이 일어나자 절망을 극복하고 현실로 돌아온다는 내용의 소설이다. 이 작품에서 작가는 무너져 가는 시민 계급의 안일을 고발하고 있는데, 세기말 시민사회의 공허가 이렇게 철저히 표현되고, 유럽 사회의 붕괴 과정이 이토록 명료하게 묘사된 작품은 찾아보기 쉽지 않다.

이 소설은 한 청년의 개인적인 경험을 토대로 유럽 사회의 사상 문제를 다루고 있다. 이는 주인공 카스토르프의 내면의 기록이라기보다 19세기 말의 퇴폐적인 경향에서 빠져나와 삶의 긍정성을 모색하려고 몸부림치던 당시 사회의 모순에 대한 기록이라 할 수 있다. 작가가 몰두했던 그 시대의 고뇌는 일시적이거나 부분적인 현상이 아니라 시간과 공간을 초월한 범세계적인 현상이었다. 그렇기 때문에 그는 조국 독일뿐만 아니라 어느 나라에서나 큰 공감을 얻었다.

만은 가장 독일적이면서도 세계적인 문제를 다룬 작가였다. 유례를 찾기 힘든 그의 고귀한 휴머니즘은 지금처럼 혼돈에 휩싸인 혼탁한 시대에 우리의 길을 밝혀 준다. 오늘날 현대인들은 바닥이 보이지 않는 절망과 환멸 속에서 구원을 찾아 헤매고 있는데, 이는 삶과 죽음, 육체와 영혼의 이중성 속에서 살 길을 찾기 위해 노력한 그의 고뇌와 상통한다.

《마의 산》은 토마스 만이 12년 만에 완성한 대작으로, 내용이나 형식 면에서 근대 독일 문학 최고의 소설이라고 할 수 있다. 스위스의 한 요양소를 무대로 1차 세계대전 전야에 열병을 앓던 서구의 정신 상황과 시대의 문제를 풍부한 성찰과 아이러니로 표현했다. 뿐만 아니라 연금술과 신화적 요소 등을 도입한 상징적이고 정교한 구성으로 20세기 소설 양식의 발전에 크게 공헌하였다.

식민지 시대 민족의 운명을 짊어진
젊은이들의 삶과 사랑

─────── 이광수, 《무정》

"과학(科學)! 과학!" 하고, 형식은 여관에 들어와 앉아서 혼자 부르짖었다. 세 처녀는 형식을 본다. "조선 사람에게 무엇보다 먼저 과학을 주어야겠어요. 지식을 주어야겠어요." 하고, 주먹을 불끈 쥐며 자리에서 일어나 방 안으로 거닌다. "여러분은 오늘 그 광경을 보고 어떻게 생각하십니까." 이 말에 세 사람은 어떻게 대답할 줄을 몰랐다. 한참 있다가 병욱이가, "불쌍하게 생각했지요." 하고 웃으며, "그렇지 않아요?" 한다. 오늘같이 활동하는 동안에 훨씬 친해졌다. "그렇지요. 불쌍하지요! 그러면 그 원인이 어디 있을까요?" "물론 문명이 없는 데 있겠지요, 생활하여 갈 힘이 없는 데 있겠지요." "그러면 어떻게 해야 저들을… 저들이 아니라 우리들이외다…. 저들을 구제할까요?" 하고 형식은 병욱을 본다. 영채와 선형은 형식과 병욱의 얼굴을 번갈아 본다. 병욱은 자신 있는 듯이, "힘을 주어야지요? 문명을 주어야지요?" "그리하려면?" "가르쳐야지요? 인도해야지요!" "어떻게요?" "교육으로, 실행으로."

시대를 앞서 간 작가이자 변절한 지식인의 대명사

이광수(1892~1950)는 평안북도 정주 출생에 호는 춘원(春園)이다. 일본 와세다대학교에 다니던 그는 1919년 도쿄 유학생들의 2·8 독립선언을 주도한 후 상하이로 망명, 대한민국 임시정부의 기관지인 〈독립신문〉 주간을 지냈으며, 1921년 귀국한 뒤에는 동아일보 편집국장과 조선일보 부사장을 역임했다. 10대 후반부터 꾸준히 작품을 발표해 온 그는 1917년 〈매일신보〉에 《무정》을 연재했다. 또 최남선과 함께 신문학 운동을 전개하여 근대문학의 토대를 닦는 데 기여하기도 했다. 그러나 상하이에서 홀로 귀국할 때부터 변절자로 의심받았던 그는 1937년 수양동우회 사건 이후로 조선총독부의 정책을 대놓고 옹호하는 등 노골적인 친일 행보를 보여 당시는 물론이고 오늘날까지도 논란의 대상이 되는 작가이다. 그의 작품들은 대중적이고 계몽적이며 이상주의적인 경향을 보인다. 작품으로는 《마의태자》, 《단종애사》, 《흙》, 《유정》, 《사랑》 등 60여 편의 소설과 시, 수필, 평론, 논설 등이 있다.

식민지 시대 민족의 운명을 짊어진 젊은이들의 삶과 사랑

일본 유학을 마치고 돌아와 경성학교에서 영어를 가르치는 이형식에게 옛 스승인 박 진사의 딸 영채가 찾아온다. 박 진사는 고아였던 형식을 데려다 자식처럼 키우면서 형식을 사윗감으로 여기기까지 한 은인이다. 그런 그가 개화 운동을 벌이다가 체포되어 감옥에서 세상을 떠나자 영채는 기생이 되었고, 오랫동안 형식의 행방을 수소문하다 드디어 이번에 다시 만나게 된 것이다. 하지만 형식은 이미 김 장로의 딸 선형에게 호감을 갖고 있던 터라 영채에 대한 연민 앞에서 혼란스러워한다. 그사이 경성학교의 학감 일당에게 강간을 당한 영채는 절망에 빠져 자살할 생각으로 서울을 떠나는데, 평양행 기차에서 우연히 알게 된 일본 유학생 김병욱의 설득으로 마음을 고쳐먹고 신여성으로서의 새 삶을 시작한다. 한편 영채의 유서를 읽은 형식은 그녀를 찾아 평양까지 가지만 결국 만나지 못하고, 돌아와서 선형과 결혼한 뒤 미국 유학을 준비한다. 병욱의 호의로 함께 유학길에 오른 영채는 기차에서 미국으로 떠나던 형식과 선형을 마주친다. 형식은 또다시 애정과 의리 사이에서 갈등하고, 영채와 선형은 불협화음을 일으킨다.

그들이 탄 기차가 삼랑진에서 일어난 물난리로 인해 도중에 멈추었는데, 네 젊은이는 지금까지의 복잡한 감정들을 잊고 즉석에서 수재민을 위한 자선 음악회를 연다. 민족이 처한 어려움 앞에서 개인적인 감정은 모두 사라지고, 그들은 각자 민족의 장래를 책임질 역군으로서의 사명을 되새긴다.

구어체로 쓰인 최초의 근대 장편소설

《무정》은 우리나라 최초의 근대 장편소설로, 이광수는 이 작품에서 우리말 구어체를 주로 사용함으로써 자신이 신문학 운동을 통해 주장하던 언문일치를 제대로 구현하였다. 또한 특유의 간결한 문체로 주제 의식을 밀도 있게 전달하는 것도 이 작품에서 눈여겨볼 점이다. 물론 전지적 시점을 통한 따른 작가의 지나친 개입은 이 작품이 여전히 고대소설의 틀을 벗지 못했다는 것을 말해 준다. 하지만 문체의 획기적인 변모는 이 작품이 근대 소설의 이정표임을 확인시켜 준다.

작품의 제목인 무정(無情), 즉 정이 없다는 것은 더 이상 조선의 전통에 대한 미련을 갖지 않겠다는 뜻으로 해석할 수 있다. 주인공 이형식은 서구 문물을 받아들인 근대적 인물로 그에게 전통이란 부정하고 극복해야 할 대상이다. 그가 고아로 등장하는 것도 그러한 맥락에서 작가의 의도된 설정으로 보인다. 즉, 무정은 조선에 대한 부정과 탈출이며 근대를 향한 작가의 단호한 결의인 것이다.

이렇게 소설의 표면적 주제는 근대 문명에 대한 지향이지만, 그 이면에는 전통과 근대의 충돌이 자리한다. 기차에서 만난 형식과 선형, 영채 사이의 삼각관계는 단순한 애정 문제만이 아니라 서로 다른 시대적 가치의 대립을 상징한다. 작가는 이러한 대립을 삼랑진 수해 앞에서 민족 계몽주의라는 이상을 통해 인물들이 화해하는 것으로 해소한다. 하지만 이것은 실현 가능한 대안이 아니라 작가의 관념에서 비롯된 이상적 해결 방식이라는 점에서 한계를 지닌다.

《무정》은 우리말 구어체로 쓰인 최초의 장편소설이다. 기존의 봉건적인 제도와 가치관을 비판하고, 근대로 이행하기 위한 계몽의 필요성을 역설하기 위해 민족의 계몽과 개화라는 대의 앞에서는 서로 간의 갈등도 다 해소됨을 말하고 있다.

문학과 예술의 역사에 대한
최초의 저작

아르놀트 하우저,《문학과 예술의 사회사》

예술 사상 가장 위대한 작품들 가운데 강제와 독재 아래 창조된 것들이 허다한 것은 사실이다. 고대 근동 지방에서는 예술이 무자비한 폭군 정치의 비위를 맞춰야 했고 중세에는 엄격한 권위주의적 문화의 요구에 응해야만 했다. 그러나 같은 강제와 검열 행위라 해도 시대가 달라지면 그 의미와 효과가 달라지게 마련이다. 오늘의 상황과 과거의 상황 간의 가장 중요한 차이는 우리가 시간적으로 프랑스 대혁명과 19세기 자유주의 이후에 살고 있으며 우리가 생각하는 모든 사상과 우리가 느끼는 모든 충동이 이 자유주의에 젖어 있다는 점이다.

《문학과 예술의 사회사_현대편》(A. 하우저 지음, 백낙청 옮김, 창비, 1974, 260쪽)

해박한 지식을 바탕으로 문학과 예술사를 정리한 학자

하우저(1892~1979)는 헝가리 출신의 예술 사회학자이자 교수이다. 작은 도시의 유태인 가정에서 태어나 부다페스트, 베를린, 파리, 빈의 대학에서 미술사를 공부하고 부다페스트대학교에서 미술사를 강의하였다. 지외르지 루카치, 카를 만하임, 발라츠 등과 함께 '일요서클'이라는 지식인 모임을 형성했고 이를 통해 지식 기반을 쌓았다. 1차 세계대전 후 중부 유럽을 휩쓸었던 혁명의 소용돌이 속에서 정치에 관여하기도 했지만 혁명정부가 무너진 후 긴 망명 길에 오르게 된다. 그는 이탈리아, 독일, 오스트리아, 영국으로 유랑하면서 다양한 체험을 바탕으로 해박한 지식을 쌓은 후 40대 후반에 《문학과 예술의 사회사》를 집필하기 시작하여 50대 중반에 완성하였다.

선사시대부터 현대까지, 인류 문학 예술의 발자취

《문학과 예술의 사회사》는 선사시대부터 현대까지의 문학과 예술의 역사를 풀어낸 책으로 총 네 권이다.

1, 2권은 선사시대, 고대 오리엔트의 도시 문화, 고대 그리스와 로마, 중세, 르네상스, 매너리즘, 바로크 시대를 다루고 있다. 하우저는, 구석기시대부터 중세까지 미적 관심은 실용적 목적 때문에 생겨났다고 보았다. 예를 들면 고대 동굴벽화의 수렵 장면은 원시 시대의 주된 경제생활을 재현함으로써 고대인들로 하여금 수렵을 장려하는 기능을 수행하였다. 원시시대의 종교 제의 역시 예술을 위한 예술이 아니라 제사 의식의 수단이라는 측면이 강했다. 중세 그리스도교 예술도 하느님을 경배하고 그리스도교를 찬양하는, 그리스도교에 종속된 성격을 지녔다.

반면 르네상스로 시작된 근대 예술은 종교에서 해방되어 인간성의 부활을 외치며 자율성을 지니게 되었다. 하우저는 여기서 인간 존재에 대한 근본 물음을 던지면서 보편적인 인간이 추구해야 할 가치를 탐색했다.

3, 4권은 로코코와 새로운 예술의 태동, 계몽 시대의 예술, 낭만주의, 자연주의, 인상주의, 영화의 시대를 다루고 있다. 이 시대는 자본과 권력의 지배가 강화되어 사회 모순이 심화되었고, 예술은 이러한 사회 부조리를 묘사하면서 이에 저항하는 양상을 보였다. 특히 현대사회에 만연된 인간 소외 문제와 해법을 예술을 통해 탐색하려 했다고 저자는 정리한다.

사회사적 관점에서 서구 문학과 예술의 역사를 체계적으로 고찰하다

《문학과 예술의 사회사》는 서구 문학과 예술의 역사를 사회사 관점에서 저술한 책이다. 작가는 문학, 음악, 미술, 건축, 영화 등을 넘나들면서 각종 예술의 의미와 성격을 분석하고 있다. 시대의 지배적인 예술 양식이나 예술 작품은 사회적 조건과 양상에 따라 달리 등장한다는 사실을 폭넓은 지식과 역사적 안목을 바탕으로 설명하고 있다. 예를 들면 새로운 예술 양식이 등장하는 사회적 조건, 서로 다른 예술 양식 사이의 연관성, 고급 예술과 대중 예술의 관계, 예술 작품과 이를 수용하는 사람들의 관계와 시대에 따른 변화 과정 등을 설명하고 있다.

하우저는 이런 설명을 통해 예술 작품이 순전히 사회적 조건에 의해서만 결정되지는 않는다는 점을 분명히 밝히고 있다. 예술은 형식과 내용, 심미적 가치와 사회적 여건 등이 시대와 사회의 성격에 따라 서로 융합하고 갈등하는 복잡한 과정을 통해 형성된다고 주장하였다. 이 책은 문학과 예술에 대한 하우저의 해박한 지식과

일관된 신념, 그리고 개별 작품에 대한 날카로운 분석이 담겨 있다
는 평가를 받는다.

《문학과 예술의 사회사》는 문학과 예술의 역사를 선사시대, 중세, 르
네상스, 매너리즘, 바로크, 로코코, 고전주의, 낭만주의, 자연주의,
인상주의, 영화의 시대로 나누어 고대부터 현대에 이르기까지 기술
한 책이다. 여기에는 예술 작품을 포함한 인간의 모든 행위가 사회적
인 성격을 지니며, 이들은 상호작용을 통해 형성된다는 하우저의 일
관된 신념이 반영되어 있다.

갑자기 벌레가 되어 버린 남자
악몽 같은 현실을 마주하다

프란츠 카프카, 《변신》

"그럼 이제 어쩐다?" 하고 자문하며 그레고르는 어둠 속을 둘러보았다. 머지않아 그는 자신이 좀처럼 꼼짝할 수 없게 됐음을 발견했다. 그것이 놀랍지는 않았다. 여태 이렇게 얇고 작은 다리를 갖고 실제로 몸을 움직일 수 있었다는 것이 오히려 부자연스럽게 생각됐다. 그는 제법 편하다고 느꼈다. 온몸이 아프기는 했지만, 고통은 차츰 줄더니 마침내 완전히 사라져 버린 듯했다. 그의 등에 박힌 썩은 사과와 온통 부드러운 먼지로 뒤덮인 언저리에 대한 감각도 어느덧 거의 느껴지지 않았다. 그는 감동과 사랑의 마음으로 가족들을 떠올렸다. 그가 없어져야 한다는 생각은 아마도 그 자신이 누이동생보다 훨씬 더 강하게 했을 것이다.

생전에는 인정받지 못한 실존주의 문학의 선구자

카프카(1883~1924)는 체코의 수도 프라하에서 태어나 생의 대부분을 그곳에서 살았다. 중산층 유태인 가정의 장남이었던 그는 유년기엔 아버지와 불화를 겪었고, 만년에는 결핵과 우울증에 시달렸다. 현대 문명이 야기한 인간성의 상실, 현대인이 느끼는 불안과 소외감, 그리고 인간의 실존 그 자체를 다루는 카프카의 작품 세계는 1차 세계대전을 전후로 몹시 혼란스러웠던 시대 상황 속에서 형성되었다. 그의 작품들은 이처럼 혼란한 시대의 구조적 문제를 막다른 골목으로 치달은 현대인의 악몽에 비유하며, 부조리한 삶을 사는 인간의 실존적 체험을 극단적으로 표현했다. 20세기 초 실존주의 문학을 대표하는 사르트르와 카뮈는 이런 그를 선구자로 높이 평가하였다.

아침에 눈을 떠 보니 자신이 벌레가 되어 있다면?

의류 매장의 판매원으로 일하며 고된 일상을 반복하던 그레고르는 어느 날 아침에 자고 일어나니 커다란 벌레로 변해 있는 자신을 발견한다. 출근 시간이 지나도록 방에서 나오지 않는 그를 찾아간 가족들과 직장 상사는 그런 그의 모습에 큰 충격을 받는다.

가족의 생계를 홀로 책임지던 그가 더 이상 일을 못하게 되자 아버지는 새로 직장을 구하고, 집에 하숙을 친다. 그는 줄곧 자기 방에만 틀어박혀서 절대로 모습을 드러내는 일이 없었는데, 하루는 우연히 방에 들어온 어머니가 그를 보고 실신해 버린다. 이를 오해한 아버지는 홧김에 그에게 사과를 집어 던지고, 그것이 등에 박혀 생긴 상처가 한 달이나 그를 괴롭힌다.

얼마 후 밖에서 들리는 여동생의 바이올린 연주에 감동해 거실로 기어 나간 그레고르는 하숙인들의 눈에 띄어 화를 부른다. 그들은 여태까지 속았다며 하숙비를 한 푼도 못 내겠다고 말한다. 지친 가족들은 이제 그를 그만 포기해야겠다는 결론에 도달하고, 다시 방으로 돌아온 그는 다음 날 아침 죽은 채로 발견된다. 가족들은 그 사실을 하느님께 감사드리며 다 같이 나들이를 간다.

소외와 부조리로부터 자유로워지는 길은 죽음뿐

이 작품은 아주 단순하고 명료한 언어로 불확실한 현대인의 삶을 그리고 있다. 작가는 도저히 출구를 찾을 수 없는 삶 속에서 불안한 의식과 구원을 향한 꿈을 지닌 채 살아가는 우리 인간에 관해 이야기한다.

비현실적이기 때문에 더욱 충격적인 주인공의 변신은 온갖 압박에 시달리는 일상으로부터 벗어나고 싶은 욕망에서 비롯되었다고 할 수 있다. 카프카의 작품에 종종 등장하는 동물들은 그러한 작가 자신의 내면을 투영하는 예술적 도구인 셈이다. 그러나 변신한 후에도 여전히 직업에 대한 불만과 결근으로 인한 불안에 사로잡혀 있는 주인공의 모습은 현대 사회에서 일어나는 자기 소외가 무엇인지를 잘 보여 준다. 아울러 작가는 여기서 가족의 의미를 재조명하면서, 구성원이 곤경에 처했는데도 돕기는커녕 외면하고 학대하는 주인공의 가족들을 통해 인간 소외가 극단으로 치닫는 부조리한 현실을 고발하고 있다.

헝가리 출신의 세계적인 작가 밀란 쿤데라는 카프카의 작품을 "검은색의 기이한 아름다움"이라고 평했다. 어떠한 선택의 여지도 없이 벼랑 끝에 내몰린 인간의 실존을 묘사한 이 소설도 결국 주인공의 죽음으로 끝이 난다. 그러나 그 죽음을 통해 비로소 그가 소외를 극복하고, 가족들 역시 심리적 부담을 떨쳐 버린다는 점에서 이는 역설적으로 자유를 의미하는 것으로 해석할 수 있다.

《변신》은 모든 것이 불확실한 가운데 자신과 타인으로부터 소외된 채 살아가는 현대인의 불안한 의식을 형상화한 실존주의 문학의 대표적인 작품이다. 이 소설이 발표된 후 서구 문학사의 중심축이었던 사실주의의 단단한 벽이 조금씩 균열을 일으키기 시작했다.

인간의 끝없는 욕망이 빚어내는
삶의 비극에 관한 보고서

—— **귀스타브 플로베르,《보바리 부인》**

엄마는 생각했다. 남편인 샤를이 하는 말은 너무도 무미건조해서 거기에는 그 어떤 감동도, 웃음도, 몽상도 없다고. 이 사내는 정말 무엇 하나 가르쳐 줄 것도 없고, 무엇 하나 아는 것도 없으며, 자신이 그에게 바라는 것도 전혀 없다는 사실을. 하지만 남편은 그녀가 행복하다고 믿고 있었다. 그런데 그녀는 아무런 흔들림 없는 이 평온과 그의 태연한 둔감함, 그리고 그녀 자신이 그에게 안겨 주고 있는 행복 자체에 대해 그를 강하게 원망하고 있었다.

부르주아를 혐오한 사실주의 문학의 대가

플로베르(1821~1880)는 프랑스의 소설가다. 의사였던 아버지로부터 냉철한 관찰력을, 어머니로부터는 몽환적이고 낭만적인 기질을 이어받은 그는 당시 실제로 일어난 사건에 착안하여《보바리 부인》을 쓰게 되었다. 자신이 살았던 19세기 프랑스를 위선과 모순으로 가득 찬 사회라고 여겼던 그는 이 작품을 통해 부르주아들이 지닌 천박한 현실주의를 사실적인 필체로 폭로하고자 했다. 또한 현실과 이상 사이에 아무런 연결 고리도 찾을 수 없었던 주인공 엠마를 통해 그 전까지 온 유럽을 휩쓴 낭만주의가 초래한 문제점을 지적하였다. 이 작품이 출간된 후 유부녀의 불륜이라는 자극적인 소재를 이용해 대중적인 도덕률을 위반했다는 이유로 검찰에 의해 기소되었으나, 당당히 무죄 판결을 받아 세간의 이목을 집중시키기도 했다. 플로베르는 객관적 사물을 있는 그대로 정확하고 섬세하게 묘사하는 사실주의 문학의 완성자로 알려져 있으며, 이후에 에밀 졸라와 모파상 같은 자연주의 작가들에게 큰 영향을 미쳤다.

허상만을 좇다가 스스로 파멸해 버린 그녀

부유한 농가에서 태어나 지극히 평범하게 자란 엠마 보바리는 어릴 적부터 낭만주의 소설을 많이 읽은 탓에 결혼에 대한 환상을 갖고 있었다. 이런 그녀에게 이혼 경력이 있는 시골 의사 샤를이 적극적으로 다가와 둘은 마침내 결혼한다. 그러나 실제 결혼 생활은 그녀가 꿈꾸던 것과는 너무나 달랐고, 그녀의 마음은 남편과 자신이 처한 현실에 대한 불만족으로 가득했다. 어느 날 남편과 함께 상류층의 무도회에 참석한 뒤로 그러한 마음은 더욱 커져 신경증으로까지 번진다.

결국 아내의 성화에 못 이긴 샤를은 도시로 이사하고, 그곳에서 엠마는 레옹이란 청년과 서로 호감을 주고받지만, 그가 파리로 유학을 떠나면서 더 깊은 관계로 이어지지는 못한다. 대신 그녀는 로돌프라는 남자의 유혹에 빠져 그에게 한껏 농락당하다가 버림받고 마는데, 그 상처로 인해 마음의 병을 얻는다. 그러다가 우연히 레옹을 다시 만나 앞서 이루지 못했던 사랑을 불태운다. 하지만 분수에 맞지 않는 방탕한 생활은 그녀를 파산으로 내몰고, 레옹을 비롯한 모든 남자들에게 도와달라고 요청하지만 거절당하자 절망에 빠져 결국 음독자살한다. 샤를은 그녀의 주검 앞에서 진심으로 슬퍼하고 비통해하지만, 우연히 유품을 정리하다가 아내의 애정 행각을 뒤늦게 알게 되어 분노와 모멸감을 이기지 못하고 그 역시 자살하고 만다.

끝없는 욕망이 빚어내는 삶의 비극에 관한 보고서

《보바리 부인》은 실화를 소재로 플로베르가 4년 넘게 매달린 끝에 완성한 작품으로, 현실에 만족하지 못하고 끊임없이 환상을 좇는 여주인공을 통해 충족될 수 없는 인간의 욕망과 그로 인한 갈등, 그리고 파멸에 이르는 과정을 사실적으로 묘사하고 있다. 내용 면에서 이 소설은 도덕적이고 훈화적인 측면이 도드라지지 않으면서 그 시대가 지닌 모순과 문제점을 드러내고 있다. 작가는 새롭게 사회 지배층으로 부상한 부르주아계급의 허위와 위선을 꼬집고, 당대를 풍미하던 낭만주의 사조의 부정적 영향을 지적하고자 했기 때문이다.

이 작품은 내용보다 오히려 형식적인 면에서 이전의 소설들과는 차별되는 특징을 보인다. 그것은 등장인물의 의식을 통해 보고 들은 것만을 기술하는 주관적 시점을 반복적으로 사용하고, 한 에피소드 내에서 인물과 화자의 시점을 오가는 서술 방식인데 당시로서는 매우 독특한 것이었다.

이 작품에서 주인공이 지닌 성향과 태도는 단지 그녀만의 문제는 아니어서 그것을 학문적으로 설명하기 위해 그녀의 이름을 딴 '보바리즘'이란 심리학 용어가 생겨났다. 일상의 권태를 극복하지 못하고, 자신의 처지를 비관하며, 자기 삶을 보다 주도적으로 일구어 내지 못하는 무기력한 그녀, 허황된 꿈속에서 헤어나지 못한 채 불행하게 삶을 마감하는 엠마의 모습은 현대인과 상당 부분 닮아 있다.

《보바리 부인》은 현실의 일상과 환상 속 이상 사이의 간극을 메우지 못한 한 여인이 무료한 결혼 생활을 견디지 못하고 불륜을 저지르다가 사치와 방탕한 생활로 파산하게 되자 결국 자살하고 만다는 내용의 소설이다. 이 작품을 통해 부르주아계급의 천박함을 폭로하고자 했던 플로베르는 19세기 사실주의 문학의 완성자라고 불리운다.

한 가문의 역사를 통해 본
식민지 조선의 고뇌

염상섭,《삼대》

"지금 이 판에 별안간 치산이란 당한 일입니까? 치산만 한대도 모르겠습니다마는, 서원을 짓고 유생들을 몰아다 놓으시렵니까? 돈도 돈이거니와 지금 시대에 당한 일입니까?" 상훈이는 아까보다 좀 어기를 높여서 반대를 하였다.

"잔소리 마라! 그놈, 나가라니까 점점 더하고 섰고나. 내가 무얼 하든 네가 총찰이란 말이냐? 내가 죽으면 동전 한 닢이라도 너를 남겨줄 테니 걱정이란 말이냐? 너는 이후로는 아무리 굶어 죽는다 하여도 한 푼 막무가내다. 너는 없는 셈만 칠 것이니까⋯."

*치산 : 산소를 매만져서 다듬음. *총찰 : 모든 일을 총괄하여 살핌.

자연주의·사실주의 문학의 개척자

염상섭(1897~1963)은 서울 종로에서 출생하여 보성중학교를 거쳐 일본 게이오대학교 사학과에 입학했으나, 3·1운동에 가담한 혐의로 체포되어 감옥 생활을 한 뒤 귀국했다. 1920년 〈폐허〉의 동인으로 문학 활동을 시작했으며, 1921년 〈개벽〉에 우리나라 최초의 자연주의 작품으로 평가되는 〈표본실의 청개구리〉를 발표했다. 초기에는 자연주의 계열의 작품을 썼으나, 이후 당대 현실을 사실적으로 그리는 작품을 많이 남겼다. 염상섭은 당시 문단에서 양대 세력을 형성하고 있던 민족주의와 사회주의 사이에서 중립 노선을 견지하고자 노력했다. 1931년 〈조선일보〉에 연재한 《삼대》는 식민지 현실을 배경으로 가족 내의 세대 갈등을 그려 낸 염상섭의 대표작이다.

조씨 일가를 통해 들여다본 1920년대의 사회상

《삼대》는 1920년대 서울의 이름난 만석꾼 조씨 일가를 배경으로 하여 조부(조의관)와 아버지(조상훈), 그리고 아들(조덕기)로 이어지는 3대의 가족사와, 일제 강점기 청년들의 고뇌 등을 사실주의 기법으로 그려 내고 있다. 봉건성을 상징하는 할아버지 조의관은 돈과 명예욕을 가장 중요한 가치로 생각한다. 아버지 조상훈은 외국 유학생으로 기독교 신자가 되었으나, 애욕과 금전욕에 사로잡혀 분열적인 면모를 보이며 타락한다. 봉건적 할아버지와 반봉건 반근대적인 아버지 사이에서 중도적인 입장을 취하는 아들 조덕기는 사회주의자 김병화 같은 이질적인 타인과의 관계 속에서도 중도적 모습을 보인다. 조의관의 죽음과 함께 재산 상속 문제가 중요하게 대두되고, 이와 관련하여 주변 인물들의 추악상이 드러남으로써 소설은 절정을 이룬다.

한편 이야기의 다른 한 축을 이루는 젊은 사회주의자들 간의 불신과 갈등이 잔인한 테러로 이어지면서 소설의 긴장감을 드높인다. 친구 병화의 소개로 덕기가 돌보고 있는 필순은 불의의 테러로 아버지를 잃는다. 사회주의자 병화가 추구하는 인간의 길, 필순 아버지의 불행한 일생 등을 통해서 새로운 삶을 전개하려는 뜻이며, 변모해 가는 역사적·사회적 상황에서의 세대교체가 분명하게 드러난다. 《삼대》는 장편인 만큼 다수의 인물들이 얽힌 다양한 사건들로 서사가 진행되는데, 주로 조씨 일가의 삶을 통해 3·1운동을 전후한 시대상을 사실적으로 그린 작품이다.

한국 신문학사의 대표적인 가족사 소설

이 작품은 1920년을 살아가는 3대의 이야기를 통해 당대의 현실을 사실적으로 그리고 있다. 1930년대는 근대소설이 안정된 틀을 갖추기 시작한 시기로, 《삼대》는 이기영의 《고향》, 홍명희의 《임꺽정》, 이상의 《날개》 등과 함께 이 시대를 상징하는 소설이다. 이 작품은 당대의 사회사를 한 가문의 이야기를 통해서 보여 준, 한국소설사에서 대표적인 가족사 소설이다. 일반적인 가족사 소설은 시대순으로 기술되나 이 작품은 세 세대 간의 대립을 묘사하고 있다. 작가는 조씨 3대를 통하여 3·1운동이 끝난 1920년대 식민지 현실을 파노라마 기법으로 그려 보인다. 돈의 주변에 기생하는 인물들의 타락상과 구세대의 시대착오적이고 위선적인 삶을 고발한다. 그러면서 덕기와 병화로 대표되는 새로운 세대에 희망을 걸고 있는 《삼대》는 염상섭이 40여 년의 작가 인생 동안 쓴 200편의 작품들 중에서 단연 돋보인다.

《삼대》는 일제 강점기 서울을 배경으로 가족 3대의 세대 갈등을 표현한 염상섭의 대표작이다. 서울의 중산층 집안인 조씨 일가에서 일어나는 재산 싸움을 모티프로 하여, 다양한 등장 인물들을 통해 1930년대 이념들의 상호 관계와 유교 사회에서 자본주의사회로 변화하는 당대의 현실을 매우 생동감 있게 그려 냈다.

설원을 배경으로 펼쳐지는
3인 3색의 사랑

───── **가와바타 야스나리, 《설국》**

거울 속에는 저녁 풍경이 흐르고 있었다. 등장인물과 배경은 제각
각이었다. 투명한 덧없음을 말하는 인물과 흐릿한 땅거미의 풍경이
섞여 이 세상과는 별개의 세계를 그리고 있었다. 처녀의 얼굴 한가
운데로 산야의 등불이 켜졌을 때, 시마무라는 표현할 수 없는 아
름다움을 느끼며 설레었다.

일본 최초의 노벨 문학상 수상자

야스나리(1899~1972)는 오사카 출신의 소설가로 일본 최초의 노벨
문학상 수상자이다. 두 살에 부모님을, 이어서 할머니를, 그리고 열
다섯 살에 누나와 할아버지를 잇달아 저세상으로 보낸 아픔을 겪
었고, 체질도 병약해 이로 인한 서글픈 감성이 작품마다 묻어 나온
다. 이것은 사실 《설국》을 집필할 당시 일본의 정치적·사회적 분위
기와 무관하지 않다. 만주사변의 발발과 함께 커져만 가는 일본의
군국주의적 야심을 서구 열강들이 압박해 가는 상황이었고, 1929
년에 일어난 세계공황의 여파는 일본 경제에도 큰 타격을 주었다.

그는 일자리를 찾아 도시로 나온 시골 처녀들의 귀향에 주목했고, 여기서 모티프를 얻어 《설국》을 집필하게 된다. 소설의 배경은 터널이 개통된 지 얼마 안 된 지역으로 근대 문명의 혜택을 받지 못한 오지인 탓에 아직 퇴색되지 않은 일본 전통문화의 정수를 발견할 수 있는 장소였고, 이 책을 통해 눈 내리는 일본의 지방을 상징하게 되었다.

설원을 배경으로 펼쳐지는 3인 3색의 사랑

끝없이 펼쳐진 설원, 시마무라는 부모의 유산에 기대어 취미인 서양 무용을 비평하는 일 외에 별로 하는 일 없이 지내고 있는 유부남이다. 그는 설국의 온천장으로 고마코라는 관능적이고 매혹적인 기생을 찾아가곤 했다. 그녀는 원래 기생이 아니었다. 스승의 집에 머물면서 바쁠 때만 가끔 손님을 접대했는데, 그가 두 번째 방문했을 때는 기생이 되어 있었다. 스승의 뜻에 따라 고마코는 병치레가 잦은 스승의 아들을 부양해야 하는 처지에 놓였다. 고마코는 그의 아들에게 전혀 애정이 없었지만, 스승과의 인연과 의리 때문에 아들을 돌보고 있을 따름이었다. 시마무라는 자신에 대한 고마코의 열정적이고 애처로운 감정을 순순히 받아들이지 못하고 냉정한 시선으로 관망만 하여 그녀의 속은 타들어 갈 뿐이다.

설국으로 가는 열차 안에서 시마무라는 아름답고 정결한 소녀 요코와 동행하게 되었다. 그는 고마코와 요코에게 동시에 사랑을 느낀다. 요코는 스승의 아들을 간호하고 있었는데, 그 아들을 냉담하게 대하는 고마코를 참을 수 없었다. 시마무라가 도쿄로 돌아가는 날 고마코는 배웅을 나왔다. 요코가 달려와 스승의 아들이 위독하다며 빨리 돌아가자고 했으나 고마코는 손님을 전송해야 한다면서 가지 않았고, 스승의 아들은 요코의 간호를 받으며 결국 숨을 거두었다.

시마무라가 마지막으로 고마코를 방문했을 때, 마을 사람들이 영화를 보고 있는 창고에서 불이 났다. 화재 현장으로 달려가 보니 창고 2층에서 요코가 떨어져 죽어 있었다. 이는 서로 증오하는 사이였던 요코로 인해 고마코가 마음의 짐을 안고 살아야 한다는 것을 암시한다.

동양적인 애수를 아름답게 형상화하다

《설국》은 기승전결이 뚜렷한 여타 소설들과는 다르다. 왜냐하면 처음부터 완결작으로 구상한 것이 아니라, 12편의 단편을 모아 연작 형태의 중편으로 완성했기 때문이다. 작가는 소설의 무대가 되는 곳을 그저 설국이라고만 하지 지명을 명확하게 제시하지 않는다. 물론 나중에 그곳이 니가타 현 에치고의 유자와 온천이라는 사실이 밝혀지기는 하지만, 처음에는 독자들로 하여금 상상의 나래를 펼치도록 만들었다. 이 작품은 천지가 눈으로 뒤덮인 온천장을 무대로 일대의 자연, 사람들의 인심, 풍속과 풍물 등을 아름답게 그리고 있다. 삶이라는 인간의 업에서 생겨난 슬픔이 빚어내는 지고의 미를 상징적으로 그려 내고 있으며, 동양적인 애수를 아름답게 형상화했다는 평가를 받고 있다.

야스나리는 서양의 다다이즘, 표현주의, 초현실주의 같은 전위적인 예술사조와도 관련이 있다. 그가 전개한 신감각파 운동은 소박한 현실 묘사와 재현에 치중했던 종래의 일본 문학을 탈피하여 현실을 주관적으로 파악하고 지적으로 재구성해 감각적으로 창조하려 했다. 일본의 고전 문학이 추구한 전통 정서를 계승한 그는 이 작품을 통해 동양에서 두 번째로 노벨 문학상을 수상했으며, 스웨덴 한림원은 "자연과 인간 운명에 내재하는 존재의 유한한 아름다움을 우수 어린 회화적인 언어로 묘사했"다고 수상 이유를 밝혔다.

《설국》은 하얀 눈밭이 끝없이 펼쳐진 온천장을 배경으로 무위도식하며 시간을 보내는 시마무라, 열정이 넘치는 고마코, 지고지순한 요코가 펼치는 3인 3색의 사랑 이야기이다. 이 작품은 자연의 아름다움을 잘 묘사했고, 감각적인 문체가 돋보인다는 평가를 받는다.

사느냐 죽느냐,
이것이 문제로다

윌리엄 셰익스피어, 《**햄릿**》(셰익스피어 4대 비극)

사느냐 죽느냐, 이것이 문제로다. 참혹한 운명의 화살을 참는 게 장한 것인가? 아니면 고난의 파도를 두 손으로 막는 게 장한 것인가? 죽는다. 잠잔다. 다만 그것뿐이로다. 잠들면 모든 것이 끝날 텐데. 육체의 고통, 마음의 번뇌라면 차라리 죽음이 좋으련만. 잔다. 그럼 꿈을 꾸겠지. 이것이 문제로다. 생의 굴레에서 벗어나 영원한 잠에 빠지면 어떤 꿈을 꾸게 될까? 이 생각을 하면 죽음을 망설일 수밖에. 그러나 바로 그 망설임 때문에 인생은 내내 불행한 것일 터. 칼한 자루면 깨끗이 끝낼 수 있는 것을. 그 누가 이런 무거운 짐을 지고 평생을 신음하며 식은땀을 흘리겠는가. 죽음 이후의 불안과 한번가면 영영 돌아오지 못할 세계가 나의 결단을 방해하는구나. 이 때문에 우리 모두는 비겁한 겁쟁이가 되는구나.

영국이 아끼고, 전 세계가 사랑하는 작가

영국의 소도시 스트랫퍼드에서 출생한 셰익스피어(1564~1616)는 고등교육을 받지는 못했지만 기본적인 수준의 라틴어와 그리스어를 배웠고, 많은 양의 독서를 통해 과거의 역사를 배경으로 한 다양한 작품들을 쓸 수 있었다. 1592년경부터 배우 겸 극작가로 활동하기 시작했으며, 수많은 시와 희곡을 집필하여 생전에 이미 작가로서 최고의 명성을 누렸다. 그가 주로 활동했던 시기는 엘리자베스 1세 치하의 문예 부흥기였는데, 이러한 시대적 배경이 그에게 풍부한 문학적 자양분으로 작용해 《로미오와 줄리엣》, 《햄릿》, 《리어 왕》, 《한여름 밤의 꿈》, 《베니스의 상인》 등과 같은 작품들을 탄생케 하였다. 그의 작품은 라틴어가 지배적이었던 당시에 킹 제임스 성경과 함께 영어의 위상을 높이는 데 크게 기여하기도 했다. 이런 그를 두고 19세기 영국의 사상가 토머스 칼라일은 "셰익스피어를 (그 당시 최대 식민지였던) 인도와도 바꾸지 않겠다"고 했을 정도로 그는 영국의 자랑이자 자존심으로 여겨진다.

복수에는 성공하지만, 결국 살아남은 자는 아무도 없었다

덴마크의 왕자인 햄릿은 어느 날 부왕인 아버지가 갑자기 세상을 떠나고, 삼촌 클라우디우스가 왕위를 계승하면서 자기 어머니를 다시 왕비로 맞이하는 것을 지켜보며 몹시 혼란스러워한다. 그즈음 왕궁에는 밤마다 부왕의 모습을 한 유령이 나타났는데, 그는 햄릿에게 동생이 자신을 독살한 것이라고 폭로한다. 사태의 전말을 깨닫고 복수를 다짐한 햄릿은 클라우디우스의 의심을 피하기 위해 일부러 미친 척 행동하고, 그로 인해 사랑하는 오필리아와도 멀어진다. 그러나 여전히 확신이 부족했던 햄릿은 왕과 왕비를 떠보기 위해 문제의 사건을 재현한 상황극을 만들어 공연했는데, 그것을 보며 심기가 불편해진 클라우디우스는 이내 자리를 뜬다. 더 이상 고민할 필요가 없어진 햄릿은 어머니 방에 숨어 있던 왕의 심복 폴로니우스를 왕으로 오인해 칼로 찔러 죽이는 실수를 저지르고, 그 벌로 영국으로 추방당한다. 하지만 그가 탄 배가 도중에 해적선의 습격을 받으면서 그는 우여곡절 끝에 다시 덴마크로 돌아온다.

한편 아버지 폴로니우스의 죽음을 슬퍼하던 오필리아가 실성해 자살하기에 이르자 오빠인 레어티즈는 자기 가족을 그렇게 만든 햄릿에게 결투를 신청한다. 이 상황을 지켜보던 클라우디우스는 햄릿을 제거할 절호의 기회로 여겨 레어티즈와 짜고 미리 그의 칼에 독을 묻혀 놓고, 햄릿의 술잔에도 독을 탄다. 치열하게 싸우는 와중에 둘 다 그 칼에 찔려 치명상을 입지만, 햄릿은 마지막까지 안간힘을 내 그 칼로 클라우디우스를 찌르고는 숨을 거둔다. 그리고 왕비 역시 독이 든 술을 마시고 죽는다.

인간 존재의 이중성에 대한 눈부신 통찰

셰익스피어의 재능은 장르를 가리지 않고 빛났지만, 그를 평가할 때 가장 먼저 손꼽히는 작품들은 4대 비극으로 일컬어지는 《햄릿》, 《리어 왕》, 《오셀로》, 《맥베스》라고 할 수 있다. 《햄릿》이 복수를 앞두고 고뇌하는 인간의 내면적 갈등을 극적으로 표현했다면, 《리어 왕》은 부모 자식 간의 관계를 통해 선과 악의 실체를 드러낸다. 《오셀로》는 사랑과 질투, 그리고 인간의 내면에 숨겨진 섬뜩한 악마성을 그리고 있으며, 《맥베스》는 권력을 향한 인간의 욕망이 빚어낸 비극을 날카롭게 파헤친다. 이 작품들은 모두 인간의 보편적 문제를 문학적으로 훌륭하게 형상화해 내 지금도 많은 독자들에게 꾸준히 사랑받고 있다.

《햄릿》에 나타나는 갈등 구조는 상당히 복잡한데, 주인공은 내외적인 갈등을 동시에 겪는다. 즉 자신이 속한 사회나 운명 같은 외부와의 갈등이 당장 시급한 문제지만, 자기 내면에서 일어나는 도덕적 갈등 역시 무시할 수 없으니 어쩌면 그것이 더 본질적인 것인지도 모른다. 역사적 관점에서 보면, 이는 복수를 명예롭게 생각하는 앵글로색슨 족의 전통과 르네상스 이래 생명과 이성을 중시한 인본주의의 대립으로 해석할 수도 있다. 어쨌거나 그에게 '복수하라'면서도 '마음을 더럽히지 말라'고 한 유령의 말은 그 자체로 모순인데도 거기에 연연하는 그의 심리 안에서 끊임없는 동요가 일어나는 것은 당연한 일이다.

셰익스피어 문학의 주제는 언제나 선과 악이지만, 이 작품에는 그 이상의 무언가가 있다. 언제나 옳고 그름을 고민하고 실천하는 햄릿에게서 우리는 또한 결코 완벽할 수 없는 인간의 나약함을 목격하기도 한다. 이처럼 강약과 선악을 한 몸에 품은 인간 존재의 이중성이 주인공을 비롯한 여러 인물들에게서 효과적으로 묘사된다. 그리하여 햄릿이 내면의 갈등으로부터 벗어나는 길은 주어진 운명을 받아들이는 것, 다시 말해 죽음을 통해서만 가능하다는 결론에 이른다.

심약하고 예민한 성격의 햄릿은 아버지를 독살한 삼촌, 그리고 그와 재혼한 어머니로 인해 극도로 고통받는다. 미치광이 행세를 하며 진실을 밝히는 과정에서 극의 주요 인물들이 모두 죽음을 맞고, 비극은 절정으로 치닫는다. 갈등하는 주인공의 심리 상태를 표현한 "사느냐 죽느냐, 이것이 문제로다."라는 대사로 유명한 《햄릿》은 셰익스피어의 4대 비극 중에서도 최고로 평가된다.

가장 깊은 인생의 어둠 속에서
빛을 향해 올라가는 순례의 길

단테, 《신곡》

하늘과 땅이 서로 손을 잡는 내용을 담은
이 거룩한 책을 쓰는 길고 긴 작업에
나는 몸이 상하고 야위었다.

한 마리 양으로 자라는 동안 나를 감싸 준
포근한 우리 밖으로 추방한 저 잔악한 마음들,
내게 싸움을 거는 늑대들에 이 시로 승리를 거둔다면,

나는 목소리가 변하고 또 다른 양털을 지닌 시인으로
그들에게 돌아갈 것이다. 그래서 내가
세례를 받은 샘에서 면류관을 받을 것이다.

중세의 정신을 종합하여 근대를 연 선구자

단테(1265~1321)는 이탈리아 피렌체 출신의 시인이다. 본명은 두란테 델리 알리기에리지만 애칭인 단테로 더 잘 알려졌다. 몰락한 귀족 가문에서 태어나 10대에 가장이 되었지만, 집안에 재산이 있는 편이어서 경제적인 어려움을 겪지는 않았다. 젊은 시절부터 탁월한 지성으로 피렌체의 정치 무대에서 두각을 나타냈다. 불행히도 당시 피렌체는 당파 싸움이 한창이었고, 분쟁의 결과 단테의 반대 파벌이 권력을 잡으면서 그는 장년의 나이에 피렌체에서 추방되었다. 고향에서 추방된 단테는 여기저기 전전하며 오랫동안 망명생활을 하게 되었으며 죽을 때까지 고향으로 돌아가지 못했다. 《신곡》은 단테의 추방 시기에 나온 작품이며 작가의 고난과 역경에서 우러나온 열정이 담겨 있는 걸작이다. 단테는 여러 문학가, 예술가들에게 큰 영향을 끼쳤다. 많은 문학가들이 단테를 애독했고 문학가가 아닌 미술가나 작곡가들도 단테에게서 영감을 얻었다.

가장 깊은 인생의 어둠 속에서 빛을 향해 올라가는 순례의 길

신곡은 지옥편, 연옥편, 천국편의 3부로 나뉘며 단테는 이 순서에 따라 사후 세계를 여행한다. 신곡의 첫머리인 지옥편은 인생의 한창때라 할 수 있는 나이 서른다섯 살에 단테가 어두운 숲에서 길을 잃고 죄악을 상징하는 짐승들에게 위협당하는 상황에서 시작된다. 궁지에 몰린 단테에게 로마의 시인 베르길리우스가 나타나 그를 사후 세계로 안내한다. 단테는 지옥의 뱃사공 카론이 죄인을 배로 실어 나르는 아케론 강을 넘어 지옥에 도착한다. 신곡의 지옥은 뒤집힌 원뿔 모양이며 9개의 영역으로 나뉘어 있는데, 각각의 영역에서는 저마다 다른 죄로 지옥에 온 죄인들이 벌을 받는다. 이 죄는 색욕, 폭식, 탐욕, 분노, 이단, 폭력, 사기, 배반 등인데 지은 죄에 따라 다른 벌을 받는다. 단테는 지옥을 지나면서 지옥의 영혼들과 대화를 나눈다. 단테와 대화를 나누는 영혼들은 다양하여 그리스의 철학자에서 이슬람의 예언자 무함마드에 이른다. 선하지만 세례를 받지 못해 천국으로 가지 못하는 영혼들이 모이는 첫 번째 지옥에서 시작해 색욕에 빠진 영혼들이 돌풍에 휩쓸리는 두 번째 지옥을 거쳐 배반자들의 영혼이 얼음 속에 갇혀 고통받는 아홉 번째 지옥까지 돌아본 단테는 대지의 중심을 빠져나와 아침 햇살을 받으며 연옥으로 향한다.

연옥은 지옥으로 떨어지지는 않으나 천국에 바로 들어갈 수 없는 영혼들이 죄를 정화하기 위해 머무는 곳이다. 연옥에서 영혼들은 일곱 가지 대죄인 교만, 질투, 분노, 나태, 탐욕, 탐식, 색욕에서 해방되어야 천국으로 향할 수 있다. 단테는 연옥에 들어갈 때 죄를 뜻하는 7개의 P를 이마에 새겼는데, 단테가 한 층을 통과할 때마다 이 글자는 지워진다. 연옥의 아홉 영역을 넘어선 단테는 이제 천국으로 향한다.

지옥과 연옥에서 길잡이가 되어 주었던 베르길리우스와 헤어진 단테는 연인 베아트리체와 만나 그녀의 인도로 천국으로 향하는 여행을 이어 간다. 단테는 천국에서 여러 영혼들을 만나 대화를 나누면서 조금씩 신의 영역으로 다가간다. 천국의 아홉 영역을 지난 단테는 마침내 신의 영역에 도달하고, 여행은 끝이 난다.

오늘날의 이탈리아어를 확립하다

《신곡》은 인간이 신의 완전한 조화와 아름다움을 깨닫고 구원받는 과정을 묘사한다. 이 작품의 중요한 의미 중 하나는 피렌체 방언인 토스카나어로 쓰였다는 점이다. 근대까지 대부분의 진지한 문학 작품이 라틴어로 쓰였다는 사실을 감안하면 이는 매우 특이한 일이다. 단테는 상류층의 언어인 라틴어가 아닌 일상 언어로 글을 써야 지식인이 아닌 보통 사람들도 읽을 수 있다고 생각했다. 현대 이탈리아어의 형성에 중요한 역할을 한 이 작품은 이탈리아어 연구에 있어서 핵심적인 사료라고 할 수 있다. 당시 이탈리아는 오늘날과 같은 통일국가가 아니라 여러 도시국가들이 난립해 있는 상황이었으며, 지역마다 서로 다른 방언을 사용했다. 그러나 《신곡》이 널리 퍼지면서 토스카나어가 이탈리아의 표준 어와 다름없게 되었다. 단테를 이탈리아어의 아버지라 하는 이유가 여기에 있다.

《신곡》은 '중세의 암흑을 깨고 근대의 여명을 밝힌 지식인'으로 평가받는 시인 단테가 장대한 상상력으로 구원을 열망하는 인간의 조건에 관해 쓴 장편 서사시이다. 다양한 계급에 속한 여러 부류의 인간들을 등장시킴으로써 그는 타락한 교황권과 왕권, 죄악에 물든 세상 사람들을 비판했다. 또한 성서, 그리스와 로마의 고전, 토마스 아퀴나스의 신학 등 인류의 여러 지적 성과를 작품에 녹여 냈다.

새로운 시대의 건설에 필요한
중국인의 정신적 각성을 촉구하다

루쉰, 《아큐정전》

노인이 물었다. "너, 무슨 할 말이 없느냐?" 아큐는 가만히 생각해 보니 할 말이 전혀 없었다. "없습니다." 그러자 장삼을 입은 사람 하나가 종이 한 장을 가져왔고, 또 붓 한 자루를 아큐의 얼굴 앞에 내밀더니 그의 손에 쥐여 주려 했다. 아큐는 깜짝 놀라 하마터면 혼비백산 기절을 할 뻔했다. 왜냐하면 그의 손이 붓과의 인연을 맺기는 이번이 처음이기 때문이다. 그는 정말이지 붓을 어떻게 쥐는지도 몰랐다.

그 사람은 다시 손으로 한 군데를 가리키며 서명을 하라는 것이었다. "저… 저는… 글자를 모릅니다." 아큐는 자기도 모르게 덥석 붓을 잡고 황공하고 부끄러운 듯 말했다. "그러면 네 마음대로 동그라미를 하나 그려라." 아큐는 동그라미를 그리려고 애썼지만, 붓을 움켜잡은 손이 사시나무 떨리듯 부들부들 떨릴 뿐이었다.

중국 현대문학의 창시자

루쉰(1881~1936)은 중국 현대문학의 창시자이다. 저장성의 지주 집안 출신으로 신학문의 영향을 받았고, 일본에 유학하여 의학 공부를 하던 중 일본 군인들이 포로로 잡은 중국인의 목을 자르는 것을 재미있게 구경하는 중국 동포들의 사진을 보고 충격을 받는다. 이 일로 인해 질병을 치유하는 의학 공부보다 중국 민중의 정신적 각성이 우선이라는 생각을 하게 되었다. 그리하여 의학을 포기하고 문학을 통해 국민들의 정신을 개조하는 데 앞장선다. 그는 혁명 당원으로 활동하는 한편 유럽의 피지배 민족 및 슬라브계 작품에 관심을 갖기도 하였다.

귀국해서는 저술 활동과 대학 교수 생활을 병행하면서 좌익 성향의 문예단체에서 혁명 문학을 주창했고, 외국의 진보적인 문학작품들을 번역하였으며, 국민당 정부의 독재에 저항하였다. 그는 민족주의 문학, 예술 지상주의를 날카롭게 비판하기도 하였다. 그가 마오쩌둥의 사상적 토대를 마련했으므로 중국 공산당은 그를 혁명의 지적 원천이라면서 신적인 존재로 추앙했으며, 국민적 영웅으로 찬양했다. 그의 문학과 사상에는 모든 허위를 거부하는 정신과 언어의 공전이 없는, 어디까지나 현실에 뿌리박은 강인한 사고가 뚜렷이 부각되어 있다.

혁명의 소용돌이에서 헛된 죽음을 맞는 우매한 민중

아큐는 이름도 성도 없이 자오 씨 집에 허드렛일을 해 주고 생계를 겨우 유지하는 떠돌이 품팔이다. 그는 전형적 노예근성을 지닌 무지몽매한 중국 하층 육체노동자인 쿨리(coolie)의 상징이다. 일정한 직업은 없으나 자존심은 무척 강했다. 머리가 조금 벗어진 신체적 결함을 두고 남들이 놀려도, 노름 패거리나 지주의 아들이 폭행을 해도, 늘 자신이 이겼다고 생각하는 자아도취에 빠져 있다. 비구니의 볼을 꼬집고 희롱한 대가로, 또 젊은 과부 우마에게 수작을 걸다가 폭행을 당한 이후로 동네 사람들이 그를 차갑게 대하고 일감마저 주지 않자 그는 다른 일거리를 찾아 동네를 떠난다. 다시 마을에 나타난 아큐는 신기하고 새로운 물건들을 많이 가지고 있었으며, 모든 거래에서 현금으로 지불하는 등 과거와 다른 모습을 보인다. 여자들은 그가 가지고 있는 새로운 물건에 관심을 갖고 그에게 접근하지만, 모두 훔친 물건임을 알아차린 사람들은 다시 그를 외면한다.

1911년 신해혁명이 일어나고 혁명당에 놀라 두려움에 떠는 사람들을 보고 아큐는 당에 가입해서 폼을 잡으려고 한다. 그러던 중 자오 씨의 집이 습격을 당한다. 어리석고 상황 판단이 미숙한 아큐는 억울하게도 그 범인이라는 누명을 쓰게 된다. 경찰서에 끌려간 그는 이때 난생처음 붓을 들었고, 글자를 몰라 서명도 하지 못했지만, 대신 동그라미를 그림으로써 자신의 죄를 인정하게 된다. 무수한 사람들이 지켜보는 가운데 아큐는 형장으로 끌려가면서 결국 총살형을 받는다. 하지만 아무도 그를 동정하지 않는다. 아큐가 숨을 거두는 순간까지도 총살형이 목을 자르는 것보다 못한 구경거리라고 투덜대는 구경꾼들만이 있을 뿐이었다.

중국인의 정신적 각성을 촉구하는 목소리

루쉰이 생존했던 시대는 안으로는 청조 말기의 문제점이 불거지고 밖으로는 서구 열강의 침략으로 새로운 체제를 꿈꾸는 사람들이 등장하던 시대였다. 많은 사람들은 이러한 상황 속에서 혼란과 당혹감을 느꼈고 새 시대를 꿈꾸는 사람들은 신해혁명을 통해 그들의 미래를 펼치려 했다. 루쉰은 시대를 방관하지 않고 당대의 아픔을 표현하고 중국 민중을 각성시키기 위해 아큐라는 인물을 중심으로 중국 사회의 문제를 파헤치려 했다.

《아큐정전》은 주인공 아큐를 둘러싼 지방 권력가와 가족, 마을 사람들의 모습을 통해 혼란기의 인심과 세태를 보여 주고, 혁명의 소용돌이 속에서 헛된 죽음을 맞는 아큐의 생을 그리고 있다. 스스로 혁명 당원이라 여겼으나 도둑으로 몰려 총살되는 아큐의 운명과 혁명 앞에서도 별 탈 없이 기득권을 유지하는 지주 자오 가문을 대비해 신해혁명이 실패했음을 보여 준다. 또한 주위 사람들의 천시와 홀대에도 아랑곳하지 않고, 자아도취에 빠져 자신을 합리화하는 아큐를 통해 신해혁명에서 좌절을 맛보고 아무리 모욕을 당해도 저항할 줄 모를 뿐 아니라 오히려 자신들이 정신적으로 승리했다고 주장하는 당시 중국인들의 세태를 비판하고 있다.

이를 통해 루쉰은 과거의 영화에만 매달려 변화하는 세계사의 흐름을 간파하지 못하는 중국 민족의 아둔한 태도를 날카롭게 비판했다. 결국 혁명 세력도 아니고 주변에 머물다가 오히려 억울한 죄를 뒤집어쓰고 처형된 아큐의 비극적 죽음을 통해 신해혁명의 본질과 과정을 비판하고, 혁명에서 구제되어야 할 사람은 정작 누구인지,

또 이를 가로막는 것은 무엇인지를 말하고자 했다.

《아큐정전》만큼 후대의 문학사조나 형식에 강한 영향을 준 작품은 많지 않다. 왜냐하면 이 작품은 민족의 수난을 직접 몸으로 겪으면서 중국 민족의 고뇌를 껴안는 의연함을 잃지 않았던 루쉰의 치열한 작가 정신이 여실히 반영되어 있기 때문이다.

《아큐정전》은 청나라 말기 사회 혼란 속에서 우둔한 떠돌이 품팔이꾼 아큐가 주위의 홀대 속에 보잘것없는 삶을 겨우 연명하다가 혁명의 와중에 지주의 도둑으로 몰려 결국 총살형을 당하는 이야기이다. 루쉰은 여기서 동시대의 중국인을 아큐에 비유함으로써 새로운 시대의 건설에 필요한 정신의 각성을 촉구했다.

022

신사라는
허상의 가면을 벗겨 내다

———— **찰스 디킨스, 《위대한 유산》**

"아아, 매그위치." 핍은 에스텔라를 바라보며 그리운 듯 그 탈옥수를 생각했습니다. 지금 돌이켜 보면, 그에게 매그위치는 결코 악인이 아니라 다만 상냥하고 불쌍한 은인일 뿐입니다. 매그위치의 불행한 딸 에스텔라의 손을 핍은 격려하듯 힘껏 잡았습니다. "에스텔라 씨, 이곳을 나갑시다." 그는 그녀의 손을 잡고 일어났습니다. "당신은 이런 곳에 있어선 안 됩니다. 여기에 있으면 해비셤 부인의 망령이 들어 버립니다." 에스텔라는 말없이 핍을 따랐습니다. 키가 큰 잡초를 헤치고 안뜰을 나오는 두 사람의 모습을 달님이 정답게 지켜보고 있었습니다.

대중과 함께 호흡하며 대중의 사랑을 독차지한 이야기꾼

디킨스(1812~1870)는 영국 포츠머스에서 태어났다. 집안 형편이 어려워 열두 살 때부터 구두약 공장에서 힘든 일을 해야 했는데, 어린 시절의 이런 경험이 훗날 그의 작품에 중요한 토대가 된다. 이후 변호사 사환, 법원 속기사를 거쳐 신문사 기자가 된 그는 빈곤이나 노동 환경과 같은 사회문제를 신랄하게 비판하는 기사를 주로 썼다. 1833년 등단하여 초기작 《올리버 트위스트》로 일찍이 작가로서의 지위를 굳혔으며, 독자들의 열렬한 지지 속에 《크리스마스 캐럴》, 《데이비드 코퍼필드》와 같은 작품들을 연이어 발표했다. 《위대한 유산》은 그가 말년에 쓴 작품으로 고아인 주인공의 롤러코스터 같은 삶을 통해 19세기 영국 사회를 사실적으로 묘사하는 데 성공했다는 평가를 받는다. 헝가리 출신의 미술사학자 아르놀트 하우저는 디킨스를 다음과 같이 평했다. "단순히 위대하기도 하고 대중적이기도 하다든가, 또는 대중적임에도 불구하고 위대한 것이 아니라, 바로 대중적이기 때문에 위대한 극소수의 예술가이다." 오늘날 그의 작품들은 영화와 연극, 뮤지컬로도 만들어져 전 세계 수많은 대중과 만나고 있다.

인간다움의 본래 의미를 깨달아 가는 한 소년의 일대기

주인공 핍은 일찍 부모를 여의고 성질이 못된 누나 집에서 자란다. 하루는 마을 근처 늪지대에 갔다가 우연히 탈옥수를 마주치고, 그의 위협에 못 이겨 음식 등을 가져다준다. 한편 같은 마을에 사는 노처녀 해비셤 부인은 핍에게 집에 놀러 와서 자기가 돌보는 에스텔라와 어울려 달라는 부탁을 한다. 그러나 노골적으로 자기를 무시하는 에스텔라의 태도에 핍은 상처받고, 자신의 비참한 처지를 원망한다.

그러던 어느 날 핍에게 익명의 후견인이 나타나 변호사를 통해 그를 런던으로 데려가고, 갑자기 신분 상승을 하게 된 핍은 허영심으로 가득 찬 속물적인 인간이 되어 간다. 그는 런던의 사교계에서 우아한 숙녀로 자란 에스텔라를 다시 만나지만, 그녀는 다른 사람과 결혼하고 만다. 결국 후견인의 정체가 전에 핍이 도와줬던 탈옥수 매그위치였던 것으로 드러나고, 에스텔라 또한 그의 딸이라는 사실을 알게 된 핍은 경악과 실망을 금치 못한다. 매그위치는 끝내 탈옥에 실패하여 재산을 모두 몰수당하고, 핍은 오히려 빚더미를 떠안게 된다.

이런 와중에 매형 조는 진정한 신사로서 곤경에 처한 핍을 보살피는데, 그런 매형에게서 그는 참된 인간의 모습을 본다. 그 후 외국에서 사업가로 성공하여 돌아온 핍은 결혼에 실패한 뒤 과거의 이기적이고 냉정한 성품을 버린 에스텔라와 마침내 사랑을 이룬다.

그럴듯하게 포장된 지배 계급의 속살을 드러내다

프랑스혁명과 산업혁명을 거치며 도래한 근대는 서구 사회 전반에 신분 상승의 욕구를 불러일으켰고, 이는 문학의 주요 주제가 되었는데, 디킨스의 《위대한 유산》이 그 대표적인 작품이다. 그 시대에 이상적인 인간상으로 여겨진 신사란 일정한 재산과 교양, 그리고 '신사다운' 덕목을 두루 갖춘 남성을 뜻했다. 그러나 실제로는 그들 역시 지배 계급의 일원으로서 배타성과 권위적인 면모를 보였고, 때로는 잔인함까지 드러내는 한계를 노출했다. 이 작품에서 작가는 바로 그 점을 지적하는데, 즉 신사의 이상이 어떻게 탐욕이나 범죄와 직결되는지를 날카롭게 파헤치면서 당대 사회에 근본적인 비판을 가한다.

이전까지 주로 사회 현실을 다루었던 작가가 여기서는 드물게 개인의 삶에 초점을 맞춘다. 특히 노년의 주인공이 화자로서 자기 삶을 회고하는 방식의 구성은 초조와 불안 속에서 성공을 갈망하는 젊은 시절의 자아와 그런 욕망의 이면에 자리한 복잡한 심리를 꿰뚫어 보는 성숙해진 자아를 동시에 표현하는 효과를 거두고 있다. 디킨스 특유의 따뜻한 해학과 사회 풍자, 그리고 인간성에 대한 깊은 통찰이 잘 녹아 있는 이 소설은 형식적 완결성과 내용의 보편성을 균형 있게 갖추어 그의 작품 중 최고로 평가된다.

《위대한 유산》은 19세기 영국에서 고아로 자란 한 소년이 펼치는 신분 상승의 드라마이다. 당시 사회 상황과 맞물려 있는 그의 욕망을 따라가다 보면 빅토리아 시대 중산층의 삶을 이해할 수 있으며, 그 당시 영국이 점하고 있던 세계사적 위치를 감안할 때 이는 근대를 파악하는 실마리로도 작용한다. 항상 사회적 약자의 편에서 펜을 들었던 디킨스는 이 작품에서도 어김없이 '신사'의 가면을 벗김으로써 지배계급의 위선과 허위를 고발하고 있다.

이해할 수 없는 세상에서
이해받지 못한 채 살아가는
우리는 모두 이방인

알베르 카뮈, 《이방인》

참으로 오랜만에 처음으로 나는 엄마를 생각했다. 왜 인생의 끝 무렵에 엄마한테 '약혼자'가 생겼는지, 엄마가 왜 삶을 다시 시작하는 놀음을 했는지 난 이해할 수 있을 것 같았다. 거기, 뭇 생명들이 꺼져 가는 그 양로원 부근의 그곳에서도, 저녁은 우수가 깃든 휴식 시간 같았다. 그처럼 죽음 가까이에서 엄마는 해방감을 느꼈고, 삶 전체를 다시 살아 볼 마음이 내켰을 것이다. 누구에게도 엄마의 죽음을 슬퍼할 권리는 없다. 그리하여 나도 한번 다시 살아 볼 수 있을 것 같다는 생각이 들었다. 마치 그 커다란 분노가 나의 고뇌를 씻어 주고 희망을 가시게 해 주었다는 듯, 신호들과 별들이 가득한 그 밤을 앞에 두고, 나는 처음으로 세계의 정다운 무관심에 마음을 열고 있었던 것이다. 세계가 나와 너무나 닮아서 결국 형제 같다는 것을 깨달으며, 나는 전에도 행복했고, 지금도 행복하다는 것을 느꼈다. 모든 것이 완성되도록, 내가 덜 외롭게 느껴지도록, 나에게 남은 소원은 사형 집행일에 구경꾼들이 많이 와서 증오의 함성으로 나를 맞아 주었으면 하는 것뿐이었다.

부조리의 철학자에서 반항하는 인간으로

카뮈(1913~1960)는 프랑스의 식민지였던 알제리의 이민자 가정에서 태어났다. 아버지를 일찍 여읜 탓에 불우한 어린 시절을 보낸 그는 대학에서 철학을 전공했는데, 이때 교수였던 장 그르니에로부터 깊은 영향을 받아 그와 평생 사제의 교분을 나눈다. 연극에 큰 애착을 가졌던 그는 졸업하고 극단을 만들어 활동하였고, 이후에는 신문사에서 기자로 일했다. 2차 세계대전이 발발하자 입대를 자원했으나 지병인 결핵 때문에 거부당한 뒤 레지스탕스 운동에 참여해 조직의 기관지 편집장을 맡는다.

전쟁 중이던 1942년에 소설 《이방인》과 에세이 《시지프의 신화》를 발표하면서 문단에 등장했고, 전후에는 앙드레 말로, 장 폴 사르트르 등 당대의 작가, 철학자들과 교류하며 본격적으로 작품 활동을 시작했다. 장편소설 《페스트》, 《전락》과 희곡 《칼리굴라》, 《정의의 사람들》, 그리고 에세이 《반항하는 인간》 등의 작품을 통해 세계적인 작가로 도약한 결과 1957년 노벨 문학상을 수상한다.

흔히 그는 실존주의 작가로 분류되지만, 정작 카뮈 자신은 "실존주의가 끝나는 데서 나는 출발하고 있다"면서 무관함을 항변했다. 같은 시기의 사르트르나 보부아르와 유사한 면이 있는 것은 사실이나 창작의 의도와 방법론, 인간과 사회를 보는 관점에서는 일정한 차이를 보인다. 1960년 불의의 교통사고로 일찍 세상을 떠난 그는 전 세계 독자들의 가슴에 영원한 뫼르소로 남아 있다.

태양이 너무 눈부셔서 살인을 저지른 남자의 고백

평범한 회사원인 뫼르소는 어느 날 양로원에 있던 어머니가 죽었다는 소식을 듣는다. 그러나 그는 조금도 슬퍼하지 않고 무덤덤하게 장례식을 치른다. 그러고는 집으로 돌아와 평소와 똑같이 애인과 즐거운 시간을 보낸다. 얼마 후 그는 이웃인 레이몽과 어울려 해변의 별장에 놀러 갔다가 여자 문제로 레이몽을 쫓아온 아랍인들과 시비가 붙어 그중 한 명을 권총으로 살해한다.

곧바로 체포된 그는 법정에서 살인 동기를 묻는 판사의 질문에 '태양이 너무 눈부셔서' 그랬다는 어처구니없는 대답을 한다. 판사나 검사는 살인보다 오히려 어머니의 장례식에서 그가 보인 태도를 더 문제 삼고, 그에게는 그러한 재판이 피곤하게 느껴질 따름이다. 자신을 변호하기는커녕 재판 자체에 무관심했던 그는 결국 사형선고를 받는다. 회개하라는 신부의 권유에도 아랑곳 않고 감옥에서 사형 집행을 기다리면서 그는 전에 알지 못했던 삶의 진리를 깨닫고, 세계와의 일체감을 맛본다.

부조리에 대한 통찰이 빛나는 실존주의 문학의 대표작

《이방인》은 카뮈의 첫 작품으로, 카프카의 《변신》, 사르트르의 《구토》와 함께 실존주의 문학을 대표하는 소설이다. 여기에 나오는 주인공 뫼르소는 자신의 삶과 사회로부터 철저하게 소외된 채 이방인으로 살아가는데, 어느 날 태양이 너무 눈부시다는 이유로 우발적인 살인을 저지르고 사형선고를 받는다. 작가는 이를 마치 제삼자의 입장에서 보는 듯한 주인공의 시선을 통해 담담한 어조로 서술한다. 우리는 그런 주인공을 보면서 죽음이라는 한계 상황 앞에서 인간의 노력이 얼마나 부질없으며, 다른 한편으로 그 죽음을 향해 맹렬히 나아가는 인간이 얼마나 위대한 존재인가를 생각하지 않을 수 없다.

다른 실존주의 작품들과 마찬가지로 여기서도 '부조리'는 가장 핵심적인 개념인데, 카뮈에게 그것은 인간과 세계의 단절을 의미하며, 보다 구체적으로는 인간의 의지에 따른 행동이 세상에서 일어나는 일들과 불일치하게 되는 것이다. 그러한 부조리에 직면하여 모순을 해결하려 하지 않고, 그대로 받아들이면서 삶을 긍정하는 주인공의 태도를 작가는 '반항'이라고 설명한다. 뫼르소는 일상에서 사람들이 의미를 부여하는 것들에 대한 회의와 자기 자신에 대한 확신으로 부조리에 반항하며, 그 결과 그와 타인들 사이에는 의식의 단절 현상이 일어나는데, 이는 곧 사회질서의 파괴를 의미한다. 그러므로 이 작품은 부조리에 대한 깊은 통찰인 동시에 가장 신랄한 고발인 것이다.

기본적 윤리와 도덕, 이성에 대한 믿음을 완전히 붕괴시켜 버린 두 차례의 세계대전 이후 모든 것을 무(無)에서 다시 시작해야 했던 시대에 카뮈는 세상으로부터 철저히 소외된 새로운 인간상을 제시하였다. 《이방인》은 인과관계의 보편적 법칙으로는 설명할 수 없는 부조리에 관한 기록인 동시에 그것에 직면한 인간의 굴욕적 자화상이다.

비극적 운명에 맞서
인간의 존엄성을 지켜 낸 혁명가들

앙드레 말로, 《인간의 조건》

"너도 알고 있겠지. '한 사람을 만들려면 아홉 달이 필요하지만 죽이는 데는 단 하루도 족하다.'라는 말을. 우리는 그걸 서로 뼈저리게 깨달은 셈이다. 그러나 메이, 한 인간을 완성하는 데는 아홉 달이 아니라 60년의 긴 세월이 필요한 거다. 60년간의 갖가지 희생과 의지와 (…) 그 밖에 이루 헤아릴 수 없는 여러 가지가. 그런데 그 인간이 다 만들어졌을 때, 이미 유년기도 청년기도 다 지나가 버리고 정말로 그가 한 인간이 되었을 때, 그때는 이미 죽는 것밖에 남지 않는 거란다."

《인간의 조건》(앙드레 말로 지음, 김붕구 옮김, 지만지, 2013, 434쪽)

소설 같은 삶을 살았던 다채로운 이력의 소유자

말로(1901~1976)는 프랑스의 소설가이자 정치가로 파리의 부르주아 가정에서 태어났다. 대학에서 산스크리트어와 중국어를 전공한 그는 1923년 당시 식민지였던 캄보디아를 방문하는데, 정글을 탐험하던 중에 옛 사원에서 조각상을 훔친 것이 발각돼 당국에 체포된다. 그 후 인도차이나에 머물면서 베트남 청년동맹을 조직하고, 반제국주의적 성향의 신문을 발간하기도 한다. 이후 중국으로 건너가 국공합작을 비롯한 여러 정치적 사건에 관여하였으며, 1926년 귀국한 뒤에도 종종 베트남을 오가면서 그곳의 혁명운동을 지원하였다.

1928년 《정복자》를 시작으로 아시아 3부작으로 불리는 《왕도》, 《인간의 조건》을 차례로 발표하는데, 이중 《인간의 조건》은 프랑스 최고 권위의 문학상인 공쿠르상을 수상한다. 1930년대 나치즘이 부상하자 이에 맞선 투쟁을 벌였으며, 《모멸의 시대》를 통해 그 위험성을 고발했다. 스페인 내전 때는 의용군으로 참전하여 공화주의를 지키기 위해 싸웠고, 이때의 경험을 바탕으로 쓴 《희망》은 나중에 직접 영화로 만들어 호평을 받았다. 2차 세계대전 중에 레지스탕스로 활동하다가 독일군의 총을 맞고 포로가 되어 사형 직전까지 가기도 했던 그는 전쟁이 끝난 후 소설에서 손을 떼고 예술사와 예술 비평에 집중했다.

1958년 드골 정권에서 문화부 장관을 지내며 혁신적인 정책들을 다수 실행했던 말로는 그가 쓴 어떤 소설보다도 더 소설적인 삶을 살았던 작가이다.

비극적 운명에 맞서 인간의 존엄성을 지켜 낸 혁명가들

1920년대 말 국민당과 공산당은 북방 군벌을 토벌하기 위해 국공합작을 맺는다. 그러나 토벌이 어느 정도 끝나 갈 즈음 국민당의 장제스는 총구를 공산주의자들에게 돌려 대대적인 탄압과 학살을 자행하고, 배반에 분노한 공산당 내의 이상주의자들은 타협을 바라는 지도부의 방침도 거부한 채 국민당에 맞서는데, 이것이 바로 '상하이 폭동'으로 이 작품의 배경이 되는 사건이다.

테러리스트 첸은 무기 중개상을 암살하고, 동료들과 함께 무기를 탈취해 노동자들을 무장시키는 데 성공한다. 러시아인 혁명가 카토프, 프랑스인 아버지와 일본인 어머니를 둔 낭만적 지식인 기요 및 그의 아내 메이 등이 첸의 동료들이다. 장제스를 암살하려다 실패한 첸은 지도부로부터 과격파로 지목되어 비판당하는 처지에 몰리자 폭탄을 안고 장제스가 탄 자동차로 뛰어들었다가 빈사 상태에 이르러 결국 권총 자살을 한다.

폭동을 주도했던 기요는 국민당에 무기를 반납하라는 지도부의 명령을 무시하고 또 다른 폭동을 준비하다가 붙잡힌다. 카토프 역시 체포되어 외로움 속에서 자신의 운명을 기다리는데, 그는 몸에 지니고 있던 독약을 기요에게 양보하고, 자신은 기꺼이 화형을 선택한다. 기요는 아버지의 도움으로 변절을 전제로 한 석방을 제안받지만, 이를 단호히 거부하고 스스로 독약을 마신다. 한편 피신에 성공한 메이는 일본에서 시아버지 지조르를 만나 남은 동료들을 규합하여 다시 모스크바로 가서 싸울 것을 간청하지만, 이미 아들을 잃고 모든 의욕을 상실한 그는 아편으로 지친 영혼을 달랠 뿐이다.

인간이 인간이기 위해서는 어떠한 조건이 필요한가

《인간의 조건》은 혁명과 전쟁, 테러리즘이 만연한 세계 속에 존재하는 다양한 유형의 사람들을 통해 인간 존재의 본질을 탐구한 작품이다. 작가는 절대적 불안과 공포의 극한 상황에서 인간이 느끼는 근본적인 고독과 부조리한 생에 대한 절박한 의식을 표현하는 동시에 운명에 맞서 죽음을 무릅쓰는 인간의 위대함을 그리고 있다. 그 자신이 행동하는 지식인의 전형이었던 말로는 역사의 무게에 짓눌려 절망에 빠지는 것을 피하기 위해 행동할 것을 제안한다.

역사적 사건과 정치적 이념을 배경으로 한다고 해서 이 작품을 단순히 역사소설이나 정치소설로 규정할 수는 없으며, 오히려 인간의 보편적인 실존에 대한 깊은 통찰을 바탕으로 삶의 숭고한 의미를 탐구한 '인간 소설'이라고 하는 편이 적절할 것이다.

이 작품은 전쟁과 혁명이라는 절체절명의 상황에서 인간은 그저 희생자일 수밖에 없지만, 그런 가운데서도 끝까지 존엄성을 지켜 내며 연대의식을 가진 진정한 영웅이 탄생한다는 것을 보여 준다. 현대문학이 개인의 다양성과 이데올로기의 종말을 주로 다루지만, 이 작품은 역사 속의 개개인을 구체적으로 형상화함으로써 새로운 문학의 길을 제시했다는 점에서 그 의미와 가치가 높이 평가된다.

《인간의 조건》은 1920년대 말 중국 상하이를 배경으로 공산주의 혁명가들의 활약과 좌절을 그린 소설이다. 자신의 신념을 증명하기 위해 위험을 무릅쓰고 행동하는 그들은 결국 죽음에 직면하게 되는데, 작가는 그런 그들을 통해 극한 상황에서 드러나는 인간의 가치와 위대함을 말하고 있다.

트로이전쟁을 중심으로 벌어지는
영웅들의 대서사시

호메로스, 《일리아드》·《오디세이》

오! 왕이시여, 아버지시여, 저희의 구차한 기도를 들어 주소서!
이 구름을 거두시고 다시 하늘빛을 보게 해 주소서.
사물이 눈에만 보인다면 더 이상 아이아스가 무엇을 바라리까.
그리스군이 멸망할 운명이라면 아버지의 뜻을 따르겠나이다.
그러나 바라건대 햇빛 아래서 죽게 하소서.

방랑하는 음유시인

《일리아드》와 《오디세이》의 지은이는 시각장애인이자 음유시인이었
던 호메로스라고 알려져 있으나 이에 대해 많은 이견이 있다. 일부
에서는 이전의 수많은 시인들이 지어 놓은 단편적인 내용을 체계적
이고 일관된 내용으로 엮은 이가 호메로스라고 보고, 트로이 전쟁
을 중심 주제로 삼는 두 작품의 불일치를 지적하면서 작가가 여러
사람이라고 주장하기도 한다. 더 나아가 호메로스는 단지 전설적인
인물일 뿐이라고 주장하면서 그의 실존 여부마저 의심하는 이들도
있다. 이렇듯 《일리아드》와 《오디세이》의 저자에 대해서는 여러 가

지 추측이 존재하는데, 구전문학을 바탕으로 창작을 했든 아니면 단지 모아서 엮었든 호메로스가 관여했다는 사실만큼은 정설로 받아들여진다고 볼 수 있다.

지상 최고의 미녀 때문에 벌어진 전쟁

《일리아드》는 1만 5693행, 총 24권으로 된 대서사시이다. 10년에 걸친 트로이와 그리스의 전쟁에서 그리스군의 마지막 공격 때 일어난 사건을 노래하고 있다. 이는 황금 사과에서 비롯된 세 여신의 불화와 파리스의 선택, 지상 최고의 미녀로 불린 헬레네의 납치와 도주로 시작되어 결국 트로이의 목마 일화로 끝나는 전쟁 이야기이다. 트로이전쟁 10년째, 아폴론신의 노여움을 달래는 과정에서 아가멤논의 심기를 건드린 아킬레우스는 자신의 전리품인 여자를 총사령관인 아가멤논에게 빼앗긴다. 자존심이 상한 아킬레우스는 어머니인 테티스에게 억울함을 호소한다. 아킬레우스가 전장에서 물러나고 신들이 전폭적으로 지원하자 트로이군이 그리스를 맹렬히 공격한다. 이에 그리스군은 전세가 불리해지면서 부상자와 사상자가 속출하게 된다. 이에 아킬레우스의 충복인 파트로클로스가 아킬레우스로 분장하고 아킬레우스 휘하의 군사를 이끌고 참전하지만 정체가 탄로 나는 바람에 전사하고 만다. 이에 분노한 아킬레우스가 출전하여 트로이군 총사령관인 헥토르와 일전을 벌여 그를 죽이고 시체를 마차에 매달아 트로이 성을 돈다. 트로이 왕인 헥토르의 아버지인 프리아모스는 신들의 도움으로 아킬레우스의 진영에 와서 자식의 시체를 찾아간다.

《오디세이》는 1만 2110행으로 이루어진 대서사시로 트로이전쟁에 참전한 주인공 오디세이가 고향으로 돌아가기까지 겪은 온갖 모험을 그린다. 흔히 《일리아드》의 속편으로 간주되지만, 두 작품의 내용이 바로 연결되지는 않는다. 트로이 전쟁이 끝나자 모두 고향으로 향하는데 바다의 신인 포세이돈의 노여움을 산 오디세이는 파도에 휩쓸려 엉뚱한 곳으로 이끌려 간다. 그는 포세이돈의 아들을 죽이고 키르케, 칼립소라는 마녀를 만나며, 사이렌의 유혹을 이겨 내고 결국 아테네신의 도움으로 고향에 이른다. 그동안 아내 페넬로페는 늙은 시아버지를 모시고, 전쟁터에 나간 남편을 20년 동안 기다리며 무례하게 덤비는 구혼자들의 추태를 견디고 있었다. 결국 오디세이는 고향에 도착하여 오랜 세월 동안 자기 집을 유린한 자들에게 철저히 복수하고 구혼자들을 모두 물리치며 아내와 다시 만나는 기쁨을 누린다.

서구인의 정신세계의 원천

두 작품은 트로이전쟁을 배경으로 하는 대서사시이다. 《일리아드》가 전쟁이 시작된 후 트로이가 함락될 때까지의 10년 동안을, 《오디세이》는 전쟁에 참가한 그리스의 영웅 오디세이가 고향으로 돌아가기까지의 10년 동안을 그리고 있으며, 그 당시 인물들의 세계관과 인생관이 잘 묘사되어 있다.

두 작품은 전쟁을 전후하여 과거를 돌아보고 미래를 암시함으로써 인물들의 비극성을 강조한다. 이는 무용을 노래하고 그리스 기사도를 찬양한 그리스인들에게 민족의 단일성과 영웅적 자질을 상징하는 예술 작품으로 여겨졌다. 또한 유럽의 정신과 사상의 원류라고 할 수 있다.

이 두 대서사시는 특유의 사고방식을 갖고 있다. 세계를 신의 입장이 아닌 인간의 시선으로 바라보았다는 점인데, 이런 측면에서 인간주의적 접근을 시도한 최초의 작품으로 평가받는다. 또한 냉혹하리만치 사실적인 문체를 지적하며 플라톤은 아이들이 보아서는 안 되는 작품으로 규정하기도 하였다. 하지만 두 서사시는 유럽 서사시의 모범으로 라틴문학을 거쳐 유럽 문학, 더 나아가 세계문학에 큰 영향을 미쳤으며 특히 《일리아드》와 《오디세이》에서 모티프를 얻은 후세 작품들을 이해하는 데 귀중한 자산이 되고 있다.

《일리아드》와 《오디세이》는 서양 문학사에서 가장 오래된 작품으로 트로이전쟁을 중심으로 벌어지는 영웅들의 대서사시이다. 그리스 민족의 단일성과 영웅적 자질을 상징하는 대표 작품이자 유럽인의 정신과 사상을 낳은 원천이라는 평가를 받고 있다.

026

전쟁 속에서 피어나는
세 남녀의 엇갈린 사랑

──────── 레프 톨스토이, 《전쟁과 평화》

안드레이의 눈앞에 그리운 얼굴이 스쳐 지나갔다. 1810년 무도회에서 처음 보았던 나타샤의 모습이었다. '나타샤, 그녀는 무척 아름다웠지.' 안드레이는 마음속으로 그녀를 불러 보았다. 그러자 그녀에 대한 사랑이 되살아나는 것 같았다. 그리고 안드레이는 옆에서 울고 있는 아나톨리에 대해 생각해 보았다. 그러자 인간에 대한 연민과 사랑이 샘솟았다. '연민, 가족과 이웃에 대한 사랑, 나를 미워하는 사람에 대한 사랑, 적에 대한 사랑, 이것은 신이 우리에게 가르쳐 준 사랑이다. 만약 내가 살아남을 수 있다면, 이 사랑이야말로 내가 가진 유일한 것이다. 그렇지만 나는 이미 틀렸다.' 안드레이는 자신의 죽음을 느끼고 있었다.

러시아 문학을 대표하는 작가이자 사상가

톨스토이(1828~1910)는 러시아 남부 툴라 근교에 있는 백작 가문에서 태어났다. 어려서 부모를 잃고 친척 집에서 자란 그는 1844년 카잔대학교 법학과에 입학하지만 중도에 그만둔다. 한동안 도박과 여자에 빠져 방탕한 생활을 하다가 1851년 형을 따라 군에 입대하여 캅카스 전쟁과 크림 전쟁 등에 참여하고 5년 뒤 전역한다. 군대에 있을 때부터 창작을 시작해서 데뷔작 《유년 시절》로 문단의 주목을 받았고, 《소년 시절》, 《세바스토폴 이야기》 등을 통해 작가로서의 지위를 다졌다. 1858년 고향으로 돌아와 자기 영지에서 농민의 자녀들을 위한 학교를 열기도 했던 그의 평등주의 사상은 《바보 이반》, 《사람은 무엇으로 사는가》와 같은 작품들에 잘 나타나 있다. 그런 그를 못마땅하게 여긴 귀족들의 압력으로 학교는 곧 문을 닫고, 일부 작품들은 출판 금지 조처를 당했다.

1862년 결혼하고 나서 문학에 더욱 전념하여 《전쟁과 평화》, 《안나 카레니나》, 《참회록》 등의 대표작들을 썼다. 1880년대 이후로는 문학보다 종교와 사상에 더 비중을 두었지만, 말년에도 《이반 일리치의 죽음》이나 《부활》을 통해 건재를 과시했다. 도덕적 필연성과 합리적 기독교 윤리를 바탕으로 무정부주의와 비폭력주의를 주장한 그의 사상은 한때 톨스토이즘으로 추앙받기도 했으나, 오늘날 그는 무엇보다 작가로 기억되고 있으며, 도스토옙스키, 투르게네프와 더불어 '러시아 3대 문호'로 일컬어진다.

전쟁 속에서 피어나는 세 남녀의 엇갈린 사랑

볼콘스키 가문의 안드레이는 아버지와 여동생에게 만삭의 아내를 맡기고 프랑스와의 전쟁에 참전한다. 첫 전투에서 부상을 입은 그는 집으로 돌아오지만, 아내가 출산 중에 죽고 만다. 유학에서 돌아온 그의 친구 피에르는 모스크바 굴지의 자산가 베주호프 백작의 사생아로 전 재산을 상속받고 일약 사교계의 스타가 된다. 그러나 사치스럽고 방탕한 아내 때문에 힘들어하던 차에 프리메이슨 (1723년 런던에서 결성된 비밀 결사 조직으로 세계 평화와 행복의 실현 을 목표로 함)의 지도자를 알게 되어 이전의 생활을 청산하고, 조직 에 헌신한다.

회의 참석을 위해 로스토프 백작의 집을 방문한 안드레이는 그의 딸 나타샤를 만나 사랑에 빠진다. 그러나 둘의 결혼은 집안의 반대 로 인해 1년 뒤로 미뤄진다. 안드레이가 여행을 떠난 사이 나타샤는 피에르의 처남 아나톨리의 유혹에 넘어가고, 이에 실망한 안드레이 는 전쟁터로 떠나 버린다. 싸움은 갈수록 치열해지고 그는 큰 부상 을 입는데, 피난 중에 그를 다시 만난 나타샤는 용서를 빌고 그가 죽는 순간까지 곁을 지킨다.

한편 피에르는 모스크바에 머물면서 농민으로 가장하여 나폴레옹 을 암살할 기회를 노리다가 실패해 포로가 되지만 다행히 구출된 다. 추위와 굶주림에 지친 프랑스군이 퇴각하면서 전쟁은 끝이 나 고, 우연히 나타샤를 만나게 된 피에르는 자신이 그녀를 깊이 사랑 하고 있다는 사실을 깨달아 그녀와 결혼한다. 한편 안드레이의 여동 생 마리아도 나타샤의 오빠와 결혼하는데, 끔찍한 전쟁을 겪은 그 들 모두는 평화가 얼마나 소중한지를 절실히 느끼며 행복한 가정을 꾸려 간다.

역사의 결정적 시기를 예술적 상상력으로 재현한 소설

《전쟁과 평화》는 러시아의 역사에서 아주 중요한 시기였던 1805~1820년에 일어난 일들을 재현한 역사소설이다. 여기에는 나폴레옹 군대의 침공, 모스크바 대화재, 프랑스군의 퇴각 등 러시아인들의 마음속에 깊은 흔적을 남긴 사건들이 자세히 묘사돼 있으며, 알렉산드르 1세와 나폴레옹 같은 실존 인물들이 등장하여 사실성을 더한다. 또한 이 소설은 러시아 귀족들의 전통과 풍습을 세밀하게 그리고 있어 풍속소설로서의 가치도 지니는 한편 여러 귀족 가문의 흥망성쇠를 다룬다는 점 때문에 19세 초 가족사 연구의 자료로 이용되기도 한다.

다양한 등장인물의 심리 묘사가 탁월하며, 그들의 운명을 통해 선과 악, 아름다움과 추함 등의 형이상학적 주제를 다루는데, 특히 피에르를 구해 준 농민 병사 플라톤 카라타예프는 소박함과 진실성, 선량함의 상징으로 오만한 정복자 나폴레옹에 대비되는 러시아 민중의 정신세계를 대변한다.

《안나 카레니나》와 함께 톨스토이 문학의 쌍벽을 이루는 이 소설은 규모와 작품성 면에서 유럽 근대문학의 정점에 선 것으로 평가되며, 프랑스의 소설가 로맹 롤랑은 이를 두고 "19세기의 전 소설계에 군림하고 있는 거대한 기념탑이자 근대의 《일리아드》"라고 평했다.

《전쟁과 평화》는 나폴레옹 전쟁을 배경으로 펼쳐지는 러시아인들의 삶과 사랑을 그린 장편소설로, 전쟁은 인간에게 고통만을 안겨 줄 뿐이며, 그 반대는 평화가 아니라 사랑이라는 메시지를 담고 있다. 톨스토이는 이 작품을 통해 이성보다는 감성이, 그리고 감성 중에서도 바로 사랑과 연민이 우리 삶의 원동력이라고 말한다.

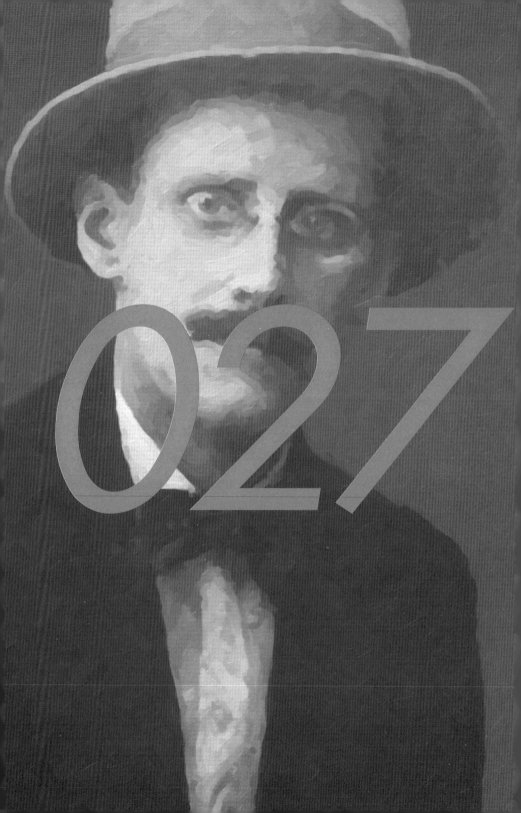
027

기나긴 정신적 방황 끝에
선택한 예술가의 길

제임스 조이스, 《젊은 예술가의 초상》

나른하게 졸린 그는 눈을 감았다. 대지와 대지를 바라보는 천체의 광대한 회전 운동, 그리고 어떤 새로운 세계에서 나오는 신비로운 빛을 느끼는 듯, 그의 눈꺼풀은 파르르 떨렸다. 그의 영혼은 새로운 세계로 한없이 빠져들었다. 바닷속처럼 환상적이고 불투명한 세계에서는 구름 같은 형체들이 떠올랐다. 하나의 세계일까, 한 줄기 번쩍이는 빛일까, 한 떨기 꽃인가? 번쩍이며 흔들리고, 흔들리다가 펼쳐지면서, 터지는 빛처럼 혹은 피어나는 꽃처럼, 그것은 계속해서 나타났다. 온통 진홍빛으로 터져서 펼쳐졌다가 창백한 장밋빛으로 퇴색하면서, 한 겹 한 겹씩 겹쳐지는 빛의 파도를 이루며 하늘을 온통 은은한 붉은빛으로 물들였는데, 그 빛은 점점 진해졌다.

조국과 불화했던 자유로운 영혼의 소유자

조이스(1882~1941)는 아일랜드 더블린의 중산층 가정에서 태어났다. 아홉 살 때 아버지의 실직으로 집안이 급격히 몰락하여 음주와 폭력을 일삼는 아버지와 종교에 빠진 어머니를 지켜보며 커야 했다. 언어 감각이 뛰어났던 그는 대학에서 프랑스어와 이탈리아어를 배웠으며, 헨리크 입센의 희곡을 좋아해서 독학으로 노르웨이어를 익혀 그에게 편지를 보내기도 했다. 당시 그가 다니던 유니버시티대학교는 보수주의와 배타적 도덕주의의 경향이 지배적이었는데, 그는 이러한 분위기를 좀처럼 견디지 못했다.

1903년경 처음으로 〈스티븐 히어로〉라는 자전적 성격의 소설을 쓰기 시작하는데, 이는 훗날 《젊은 예술가의 초상》으로 재탄생한다. 이듬해 답답한 아일랜드를 떠나 스위스 취리히로 가서 영어를 가르치며 생계를 이어 간 그는 이후 10년간 유럽과 아일랜드를 오가며 집필을 계속한다. 그리하여 1914년에 완성한 지 8년이 지난 《더블린 사람들》을 드디어 출간하게 되는데, 이 작품은 아일랜드에서 전혀 인정받지 못했으며, 오히려 등장인물의 모델이 된 당사자들로부터 소송의 위협이 이어졌다. 결국 그는 1915년 끊임없이 불화를 겪던 조국을 완전히 떠나 유럽에서 활동하였고, 1922년 대표작 《율리시스》를 발표하며 20세기 최고의 작가로 자리매김한다. '의식의 흐름'과 같은 실험적인 기법을 소설에 도입하여 현대문학을 새로운 궤도에 올려놓았다는 평가를 받는다.

기나긴 정신적 방황 끝에 선택한 예술가의 길

〈1장〉 주인공 스티븐이 아기일 때부터 예수회 기숙학교를 다닌 아홉 살까지의 시기를 다룬다. 자아가 강하고 감수성이 예민한 그는 학교생활에 적응하지 못하고, 동료와 교사들로부터 부당한 대우를 받으면서 차츰 반항적인 예술성을 키워 간다.

〈2장〉 유년기를 거치며 그는 아버지의 파산이 불러온 빈곤과 더블린으로의 이주, 그리고 아버지와의 여행 등을 경험한다. 외부 세계의 압력과 그에 저항하는 내면의 자아 사이의 긴장이 극에 달하자 열여섯의 나이로 사창가를 찾아 여자의 품에서 육체적 위로와 정신적 해방을 느낀다.

〈3장〉 순결의 계명을 어긴 그는 후회와 자책의 시간을 보낸다. 그런 그에게 신부는 최후의 심판과 지옥의 형벌을 상기시키며 그의 영혼을 견디기 힘든 고통으로 몰아넣는다. 이후 기도와 묵상, 고해성사를 통해 죄의식에서 벗어나 정신적인 평안을 얻게 된다.

〈4장〉 모범생이 된 그는 동료들의 신망을 얻고, 학감으로부터 사제의 길을 권유받는다. 그러나 어렸을 때부터 보아 온 교회와 사제들의 위선적인 모습과 자신감의 부족으로 인해 고민하다가 자신이 갈 길은 예술가가 되는 것임을 깨닫는다.

〈5장〉 대학에 진학한 그는 아일랜드 민족문화 운동의 일환인 모국어 학습을 반대하며 조국을 거부한다. 또한 의식 속에 뿌리 깊이 박혀 있던 종교와 자신의 가정마저도 버린다. 그 모두를 과감히 포기하고, 예술가의 꿈을 실현하기 위해 자기 유배의 길을 떠난다.

한 소년의 성장 과정을 그린 모더니즘 소설의 시초

《젊은 예술가의 초상》은 20세기 모더니즘 문학의 선구적인 작품이다. 총 5장으로 구성된 이 소설은 주인공의 성장 단계에 따라 각 장마다 문체와 어휘 수준이 다르게 쓰였다. '의식의 흐름' 기법에 의한 심리 묘사가 작품 전체에 나타나고 있는데, 이것은 소설의 모든 내용이 등장인물 중 한 명의 의식을 통하여 논리적 인과관계 없이 서술되는 것을 말한다. 나중에 《율리시스》에서 보다 완성된 형태를 보이는 이 기법은 여기서 처음으로 시도되어 주인공의 자아 형성 과정을 부드럽고 섬세하게 묘사한다.

이 작품에는 또 조이스가 말하는 '에피퍼니(epiphany)'가 나온다. 이는 진리에 대한 순간적인 깨달음을 의미하는 것으로, 해변을 거닐다가 우연히 마주친 한 소녀의 모습에서 아름다움에 관한 신비한 체험을 하게 되는 주인공이 종교의 사제가 아닌 미를 섬기는 사제, 즉 예술가의 길에 평생 헌신하기로 마음먹는 것이 바로 그에 해당한다. 성장소설의 특징을 잘 보여 주는 이 작품은 인물의 개성보다 내면 세계를 자세히 관찰하며, 현대사회의 변화 양상을 추적하고 있어 소설의 새 지평을 열었다는 평가를 받는다.

《젊은 예술가의 초상》은 예술가로 성장해 가면서 가족과 사회, 종교, 조국 등등 자기를 둘러싼 모든 것을 거부해야 했던 한 소년의 고독과 방황, 그리고 용기를 그린 소설이다. 자전적인 성격을 띤 이 작품에서 조이스는 주인공이 자신의 진실한 모습을 찾아가는 과정을 아름다운 언어로 표현하였다.

한국 시의 현대성을
한층 끌어올린 문학적 성과

———— **정지용, 《정지용 전집》**

〈향수〉

넓은 벌 동쪽 끝으로
옛이야기 지줄대는 실개천이 회돌아 나가고
얼룩백이 황소가
해설피 금빛 게으른 울음을 우는 곳,

– 그곳이 참하 꿈엔들 잊힐 리야.

(…)

하늘에는 석근 별
알 수도 없는 모래성으로 발을 옮기고,
서리 까마귀 우지짖고 지나가는 초라한 지붕,
흐릿한 불빛에 돌아앉어 도란도란거리는 곳,

– 그곳이 참하 꿈엔들 잊힐 리야.

식민지 시대 문단을 이끈 대표적인 서정 시인

정지용(1902~1953)은 일제 강점기를 경험한 대표적인 서정 시인으로 1926년 유학생 잡지인 〈학조〉 창간호에 〈카페 프란스〉 등 9편의 시를 발표하면서 본격적으로 문단 활동을 시작했다. 그는 시기에 따라 다양한 경향의 작품을 제시하여 한국 시의 변화 양상을 보여 주었는데, 서정시나 일제 강점기 우리 시문학계의 번민과 고뇌를 반영한 작품들, 한반도의 산수와 풍경에 대한 시가 그것이다. 해방 이후에는 '조선노동자문학'이라는 좌파 계열 문학 단체에 참여하는 한편 언론인으로서 글을 쓰고 학생을 가르치면서 자신의 시적 역량을 발휘하게 된다.

이렇듯 매 시기 그의 시 세계는 다양한 변화를 겪었지만, 그 큰 줄기는 언제나 한국인의 정서를 잘 반영하는 서정시였다. 참신한 이미지와 절제된 시어로 한국 현대시의 성숙에 지대한 공을 세웠다는 평을 받았지만, 다른 납북 문인들과 마찬가지로 그의 시를 공개적으로 언급하는 것이 오랫동안 금지되었다. 하지만 많은 문인들의 청원으로 1988년 3월 해금되어 다시 빛을 보게 되었다. 1989년에는 그의 이름을 딴 문학상이 제정되어 박두진이 첫 수상자로 선정되었다.

다채로운 경향 속에서도 일관된 서정성이 돋보이는 작품 세계

《정지용 전집》은 두 권으로 되어 있고, 1권에는 우리말 시 130여 편과 일본어 시 27편, 번역 시 18편이, 2권에는 수필, 소설, 기행문, 시론 및 각종 평론 등이 실려 있다.

초기에는 다다이즘의 경향이 엿보이기도 했지만, 시문학파에 합류한 뒤에는 〈향수〉로 대표되는 서정시를 주로 썼다. 아버지의 영향으로 어렸을 때 천주교에 입교했던 그는 1930년대 중반 일제의 가혹한 탄압 속에서 아무것도 할 수 없었던 식민지의 무기력한 지성인으로서 자신을 통감하고 가톨릭에 귀의하여 절대적인 신을 노래하였다. 〈그의 반〉, 〈불사조〉, 〈다른 하늘〉 등이 이 시기에 발표된 작품들이다.

이후 동양적 고전에 심취하고 산수의 풍경을 그리는 여행을 떠나게 되면서 우리 강산의 아름다움과 자연을 노래하는 산수시를 쓰게 된다. 〈장수산〉, 〈백록담〉, 〈구성동〉이 대표적이다. 이렇듯 그의 시 세계는 서정시, 종교시, 산수시 등으로 변모해 가지만, 초지일관 서정성이 돋보이는 작품들이 주류를 이룬다.

한국 시의 현대성을 한층 끌어올린 남다른 문학적 성과

《정지용 전집》에 수록된 그의 작품들은 주지적 감각에 근거한 회화적인 시로 흔히 1920년대 소월의 시와 대비된다. 소월의 시에서는 낭만적 슬픔의 감정이 중심을 이룬다면, 정지용의 시는 감정의 절제와 이미지즘적 수법의 조형성을 통해 그만의 시적 개성을 보여 준다. 음울하고 축축한 시 세계를 떨쳐 버린 조형적이고 단단한 그의 시 세계는 1920년대의 근대시에서 1930년대의 현대시로 한 단계 진보를 보여 준다는 점에서 주목할 만하다.

그의 시가 가진 독특한 특징은 발랄하고 개성적인 언어를 구사하는 감각적 참신성이다. 일본의 식민지 억압 정책이 갈수록 강도를 더해 가던 시기에 그가 택한 길은 동양적 정신세계를 탐구한 산수시의 길이었다. 대부분 1연 2행의 형식을 취한 산수시는 자연에 침잠하는 은일의 세계를 탐구하는 것으로서 여백의 효과를 통해 초기 이미지즘적 시를 넘어서는 독자적인 세계를 보여 준다. 이런 점에서 정지용은 한국 현대 시의 새로운 영역을 개척했다는 평가를 받는다.

《정지용 전집》은 시, 수필, 소설, 서평을 아우른 정지용의 작품 세계 전체를 보여 준다. 식민지 시대에 활동한 문인으로서 시기에 따라 그의 시 세계는 다양한 모습을 보여 주지만, 참신한 언어와 절제된 감성을 기반으로 한 서정시가 줄곧 그 중심에 있다. 이는 한국문학의 빛나는 성취 가운데 하나로 평가된다.

집단적 광기와 개인의 증오에 희생된 한 여성의 인생 역정

너대니얼 호손, 《주홍 글자》

여전히 회색 옷을 입고 있는 헤스터였으나, 오늘따라 그녀의 표정이 전과 다르게 보였다. 물론 그것이 뚜렷하게 드러나지는 않았지만, 그녀를 유심히 지켜본 사람이라면 충분히 느낄 수 있었다. 7년이라는 세월 동안 고뇌와 인내로 자신의 개성을 숨긴 채 살아온 그녀는, 곧 승리의 손을 치켜들게 되리라는 희망을 품고 있었다. 그녀는 마치 사람들을 향해 이렇게 말하는 듯했다. "앞으로 주홍 글자를 달았던 여인은 볼 수 없을 테니, 마지막으로 잘 보아 두길 바랍니다. 이제 나는 당신들의 거친 눈에서 사라져 버릴 테니, 이 주홍 글자도 깊은 바다가 영원히 삼켜 버릴 것입니다."

종교적 도그마를 경계했던 자유의지의 수호자

호손(1804~1864)은 미국 메사추세츠 주 세일럼에서 태어났다. 대학에 다닐 때부터 작가가 되려는 열망으로 글을 쓰기 시작해 졸업 후에는 집에 틀어박힌 채 독서와 습작에 몰두하였다. 그러면서 다수의 단편소설을 발표하지만 크게 주목받지는 못했다.

그에게 본격적인 명성을 안겨 준 작품은 1850년에 출간된 첫 장편

《주홍 글자》였다. 이 작품에서 그는 자유와 민주적 평등 사회를 실현하려고 한 청교도들의 노력을 일정 부분 인정하면서도, 이성적이고 논리적인 비판과 증명이 허용되지 않는 교리로서의 청교도주의에 대해서는 몹시 경계한다. 뉴잉글랜드 지역에 정착한 청교도들을 다룬 그의 초기작 대부분이 이러한 양면성을 갖고 있으며, 이 소설은 바로 그에 대한 작가의 오랜 관심과 문제의식이 집약된 결정체라고 할 수 있다.

집단적 광기와 개인의 증오에 희생된 한 여성의 인생 역정

소설의 무대는 엄격한 청교도주의가 득세하던 17세기 보스턴이다. 몰락한 영국 귀족 가문 출신으로 원치 않는 결혼을 한 헤스터 프린은 의사인 남편보다 먼저 미국으로 건너와 살고 있었다. 그러나 2년 넘게 남편과 연락이 끊긴 사이 그녀는 딤스데일 목사와 사랑에 빠져 임신을 하고 만다. 이 사실이 마을에 알려져 그녀는 공개 재판을 받게 되고, 상대가 누구인지 밝히지 못하자 평생 가슴에 간통이란 단어의 머리글자를 매달고 살아야 하는 벌을 받는다.

공교롭게도 그 순간 마을에 당도해 재판을 목격한 남편 칠링워스는 분노와 복수심에 사로잡힌다. 그는 아내의 상대가 딤스데일 목사라는 것을 알고는 자신이 그녀의 남편이란 사실을 숨긴 채 목사의 주치의를 맡는다. 그런 다음 양심의 가책으로 고통받는 목사에게 죄를 고백하라고 압박하며 교묘하게 괴롭힌다. 목사는 헤스터를 사랑하지만, 자신의 신분과 엄격한 교리 때문에 차마 진실을 밝히지 못하고 힘든 나날을 보낸다. 정신적으로나 육체적으로나 지치고 쇠약해져 가는 가운데 도덕과 사랑을 강조하고 하느님에 대한 순종을 호소하는 그의 설교는 신도들을 감동시킨다.

어느덧 시간이 흘러 헤스터에 대한 마을 사람들의 생각도 차츰 긍정적으로 바뀌어 가던 즈음 그녀는 남편에게서 벗어나 목사와 함께 유럽으로 도피하려는 시도도 해 보지만 결국 포기한다. 딤스데일 목사는 어느 날 설교를 마친 뒤 자신의 죄를 고백하고선 쓰러져 숨을 거두고, 복수의 대상을 잃은 칠링워스 또한 얼마 안 있어 세상을 떠난다. 그러자 딸을 데리고 어디론가 사라졌던 헤스터는 오랜 세월이 지난 후 홀로 마을에 돌아와 불행한 이웃들을 돌보며 행복하게 여생을 마무리한다.

미국인들이여, 앞으로 어떤 사회에서 살아가겠는가

작가는 헤스터와 마을 사람들의 대립을 통해 이상적인 청교도 사회를 지향하는 과정에서 오히려 개인의 자유와 평등이 억압되는 모순을 고발한다. 이처럼 이 작품은 개인과 사회의 갈등에 초점을 맞추고 있는데, 여기서 헤스터의 존재는 미국식 개인주의를 상징하는 것으로 해석된다. 실제로 개인주의는 미국이란 나라가 세워지는 데 출발점이 된 이념으로, 영국으로부터 독립한 이후 정체성의 문제를 고민하던 당시 사회에 이 작품이 자기 성찰의 계기를 마련해 준 셈이다.

한편 헤스터가 보여 준 따뜻한 마음씨와 헌신적인 태도로 인해 그녀에게 부과되었던 머리글자 'A'의 뜻이 본래의 간통(adultery)에서 나중에는 능력(able), 천사(angel) 등으로 바뀌게 되는데, 이는 독자들로 하여금 죄와 구원의 의미를 더 깊이 생각하게 만든다.

《주홍 글자》는 19세기 미국 소설을 대표하는 작품으로, 문학의 범위를 넘어 미국의 역사와 문화에 관한 입문서로서도 전혀 손색이 없다.

《주홍 글자》는 지나치게 엄격한 종교적 이념에 희생되는 인간을 통해 에덴동산과 같은 낙원을 동경한 동시대인들을 강하게 비판한다. 평범한 사람이 별다른 악의 없이 저지른 잘못 때문에 오랜 세월 동안 고통받는 모습을 보여 줌으로써 당시 미국 사회에 팽배해 있던 완벽주의의 허상을 폭로하고, 그것이 결국 실현 불가능하다는 것을 독자들에게 일깨워 주고 있다.

희망과 사랑, 순수와 자유를
빼앗긴 존재 '갈매기'

안톤 체호프, 《**갈매기**》(체호프 희곡선)

트리고린 : 여긴 정말 멋있군요! (갈매기를 보고) 뭡니까, 이건?

니나 : 갈매기예요. 트레플례프 씨가 쐈어요.

트리고린 : 아름다운 새로군. 정말 떠나고 싶지 않아요.

    (수첩에다 무언가를 적는다)

니나 : 뭘 쓰고 계시죠?

트리고린 : 약간 적어 두는 거죠…. 주제가 생각나서 말예요.

    (수첩을 집어 넣으면서) 자그마한 단편의 주제입니다.

    호숫가에 꼭 당신 같은 젊은 처녀가 어릴 적부터 살고 있었는데,

    갈매기처럼 호수를 좋아하고 갈매기처럼 행복하고 자유로웠죠.

    하지만 우연히 나타난 한 사나이가 그 처녀를 심심풀이로

    파멸시키고 말죠…. 바로 이 갈매기처럼 말예요.

있는 그대로의 인생을 그린, 아름다운 사실주의의 선구자

단편소설이란 형식에 새로운 획을 그은 위대한 소설가이자 '셰익스피어 이후 최고의 극작가'라 칭해지는 안톤 체호프. 그는 1860년 러시아의 소도시 타간로그에서 태어나 1904년 독일 바덴바이러에서 마흔넷의 젊은 나이로 생을 마감했다. 의사로 일하면서 빈곤한 생계를 해결하기 위해 시작했던 단편 유머 작가의 생활이었지만, 25년간 이어진 그의 작품 세계는 그 누구보다 치열했던 삶과의 투쟁, 인생과 사회에 대한 진지한 사색과 성찰, 기존의 구태의연한 예술적 형식을 탈피하고자 했던 열망, 그리고 무엇보다 그 모든 것을 승화시킬 수 있는 예술가적 자질에 의해 자신의 껍질을 끊임없이 벗어던졌다.

체호프가 작품 활동을 시작했던 시기는 서구의 급진적 사상이 유입됨으로써 러시아에도 문학과 예술에 서정적이고 감각적인 풍조가 흘러들던 때였다. 그 전의 러시아 문학계는 푸시킨에서 톨스토이에 이르기까지 계몽주의적인 분위기와 고차원적이고 형이상학적인 소재에 심취해 있었다. 따라서 체호프가 독자적으로 실험한 일상적이고 객관적인 서술, 풍자와 애수가 어우러진 스타일은 러시아 문학사에 있어 한 시대를 마감하고 다음 시대를 여는 전환점에 해당한다. '웃음 속의 눈물'로 불리는 초중반의 경향성을 벗어나 한층 진지하게 사회와 인간을 바라보는 후기 작품들의 특징은 특히 희곡에서 두드러진다. 그 가운데 《갈매기》, 《바냐 아저씨》, 《세 자매》, 《벚꽃동산》이 바로 불후의 명작으로 손꼽히는 4대 희곡이다. 사건보다 인물의 심리를 풍부하게 다루면서 일상생활의 자연스러움을 표출한 이 작품들은 근대 사실주의 연극의 걸작으로 평가받으며, 지금도 전 세계의 수많은 극장에서 매번 새로운 연출로 상연되고 있다.

비극적 사랑과 절망적 고독감이 얽힌 암울한 그물

《갈매기》는 체호프가 이른바 분위기극이라는 새로운 극형식을 세우고, 러시아는 물론 세계적으로 근대극의 획기적인 시대를 주도한 의미 깊은 작품이다. 진부한 격식에 사로잡힌 기존 연극에 혐오를 느낀 작가는 이 작품을 통해 과감히 관례를 벗어던지고, 주로 일상적인 사건과 평범한 대화 속에서 심리적인 갈등과 긴박감을 불러일으키는 야심찬 실험을 한다. 이 작품을 끌고 가는 커다란 줄기는 사랑과 야망이지만, 그 안에는 사람들 사이의 마음의 단절과 이로 인한 절망적 고독감이 자리 잡고 있다.

극중 인물들이 느끼는 고독감은 그들 사이에 얽히고설킨 사랑의 그물 속에서 확인할 수 있다. 극작가 지망생인 주인공 트레플레프는 배우를 꿈꾸는 시골 처녀 니나를 사랑한다. 처음엔 니나 또한 트레플레프의 작품에 주인공으로 서며 둘은 순수한 정신적 사랑을 나누는 듯하지만, 니나는 이미 작가로서 명성을 얻은 트리고린에게 순박한 열정을 바치고 만다. 트리고린은 내면의 연기보다는 화려한 생활에 더욱 매몰된 중년의 여배우 아르카디나의 공공연한 연인이다(그리고 아르카디나는 트레플레프의 어머니다). 의지력이 박약한 그는 아르카디나의 돈과 명예의 품에서 벗어나지 못하면서도 그녀에게서는 충족되지 못하는 무언가에 대한 호기심으로 순수한 처녀 니나에게 관심을 갖는다. 하지만 그 관심은 그저 감상적인 것에 불과할 뿐이어서 트리고린은 니나의 인생을 파멸시킨다. 그렇다고 아르카디나를 진심으로 사랑하는 것도 아닌 그는 결국 작가로서도 한 인간으로서도 순수함 대신 가식과 위선으로 가득 찬 당시의 중산층을 대변한다.

이들 외에도 이 작품에는 수많은 사랑의 화살이 쏘아지지만 과녁을 전혀 맞추지 못하고 그대로 바닥에 꽂히고 마는 암울함이 있다. 그래서 이들 중 그 누구도 상대방에게 이해받지 못하며, 이해하려는 움직임 또한 없다. 이것은 바로 이해의 부재요 절대적 고독의 단면이다.

희망과 사랑, 순수와 자유를 빼앗긴 존재 '갈매기'

이 작품에서 계속해서 암시되는 '갈매기'는 인간의 진솔하지만 복잡한 감정과 어두운 현실을 상징하는 것으로 해석할 수 있다. 트리고린에게 첫눈에 반한 니나를 보고 질투심을 감출 수 없던 트레플레프는 권총으로 쏴 죽인 갈매기 시체를 그녀의 발밑에 던진다. 이때의 갈매기는 이룰 수 없는 사랑에 대한 절망과 연적을 향한 트레플레프의 강한 질투를 상징한다.

저속한 트리고린은 니나를 보며 순결한 영혼, 자유롭고 행복한 갈매기를 떠올리지만, 그 갈매기는 바로 파멸로 끝나고 만 죽은 갈매기였다. 니나는 실제로 순결함과 자유, 행복함을 빼앗긴 바로 그 갈매기이다.

마지막으로 죽은 그 갈매기는 트레플레프이기도 하다. 니나가 배우가 될 결심으로 마을을 떠났지만 실패해서 돌아온 2년의 시간 동안 트레플레프는 신인 작가로서 문단과 대중의 주목을 받는다. 하지만 여전히 니나에 대한 사랑을 접지 못하고 그녀에 대한 안타까운 심정을 갖고 있던 트레플레프의 품에 야위고 피폐한 몰골의 니나가 안긴다. 그는 니나에게 자신에게 돌아오라고 말하지만, 트레플레프에 대한 미안함과 트리고린에 대한 사랑을 동시에 지닌 니나는 도망가듯 그에게서 벗어난다. 그리고 트레플레프는 자신의 머리에 방아쇠를 당기고 만다.

체호프는 이 작품에서 '갈매기'라는 생명체를 통해 가질 수 없는 사람들 사이의 온기, 저속하고 비열한 인간의 속성, 순수하고 여린 인간의 영혼, 행복, 자유, 사랑을 이야기한다. 바다 위를 나는, 자유로운 생명체 갈매기가 아니라 그 자유와 행복을 모두 빼앗긴 죽은 생명체 갈매기는 체호프가 인간과 사회에 대해 절망하고 아파한 인간 그 자체이다. 《갈매기》는 인간 사회를 바라보는 체호프의 아픔과 인간에 대한 따뜻한 이해를 담고 있기에 지금까지 그리고 앞으로도 여전히 우리 옆에서 계속해서 읽히고 상연되는 희곡인 것이다.

연극 연출가가 자신의 능력을 대중에게 확인받기 위해, 배우가 자신의 연기 실력을 검증받기 위해 선택하는 작품 중 하나가 《갈매기》다. 그만큼 이 작품은 배우와 연출가의 뛰어난 극 해석력과 절도 있는 표현력을 요구하는 내용의 섬세함과 깊이 있는 의미를 담고 있다. 세대를 초월하고 공간을 뛰어넘어 인간이라는 오묘한 복합체를 이해하고 싶은 사람이라면 한 번쯤은 읽어야 할 명저 중의 명저다.

031

사람 위에 사람 없고
사람 아래 사람 없으니

────── 《춘향전》

어사가 이와 같이 명령하자, 이윽고 죄수들이 하나둘 그의 앞으로 불려 나왔다. 어사는 일일이 죄인들의 죄를 물어 억울한 자는 전부 석방을 시켜 준 다음에, 끝으로 춘향을 가리켰다. "저 계집은 무엇이냐?" "예에, 기생 월매의 딸 춘향이라 하는 아이온데, 관정에서 포악하게 군 죄로 갇혀 있사옵니다." "무슨 죄더냐?" "예에, 본관 사또 수청을 거절한 죄이옵니다." 어사는 큰 기침을 했다. "너 같은 계집이 수절한다고 발악을 하였으니 어찌 살기를 바라겠느냐? 내 수청도 거역할 것이냐?"

춘향이 그 소리를 듣자 몸을 바르르 떨면서 발악을 했다. "어허, 내려오는 사또마다 모두 명관이로다. 어사또, 아무리 높은 곳의 바위라 해도 바람이 분다고 넘어지며, 푸른 솔과 대나무가 눈이 온다고 변하리까! 그런 분부 마시고 어서 죽여 주시오."

누가 썼는지 몰라도 이보다 훌륭할 수 있을까

《춘향전》은 원래 판소리 〈춘향가〉의 사설이 읽을거리로 재창작된 것이다. 판소리의 특성상 정확한 창작 연대는 알 수 없으나 보통 17세기인 것으로 추정한다. 조선 시대에는 그 전에도 〈도미 이야기〉나 〈우렁 색시 이야기〉처럼 권력을 가진 남성이 힘없는 평민 여성의 정절을 빼앗으려 한다는 내용의 전통 설화가 있었다. 전문 공연자인 판소리 광대들은 청중에게 인기를 얻기 위해 음악과 사설 두 측면에서 다양한 모색을 하였는데, 이 작품 역시 어느 광대에 의해 기존 설화의 이야기 구조를 응용하여 만들어졌을 것으로 생각된다.

신분의 벽을 뛰어넘은 두 남녀의 애절한 사랑 이야기

숙종 재임 초기 전라도 남원에 춘향이란 소녀가 살았는데, 기생 월매와 성 참판 사이에서 난 자식으로 그 미모와 재주가 매우 뛰어났다. 남원 부사의 아들 이몽룡은 어느 날 광한루에 나왔다가 향단과 함께 그네를 타는 춘향을 보고 한눈에 반한다. 그날 밤 춘향의 집으로 찾아간 그는 월매에게 그녀와 결혼하고 싶다는 뜻을 밝히고, 얼마간의 실랑이 끝에 결국 허락을 받아 낸다. 그 후 두 사람은 밤마다 만나서 사랑을 속삭이지만, 갑자기 몽룡의 아버지가 한양으로 영전하면서 어쩔 수 없이 이별하게 된다.

새로 부임한 신임 사또 변학도는 춘향에게 수청을 들라고 강요하고, 그녀는 이를 끝까지 거부하다가 결국 투옥된다. 감옥에 갇힌 춘향은 꿈속에서 중국 순 임금의 두 왕비를 만나는데, 지나가는 장님한테 물어보니 남편이 곧 돌아와 부귀영화를 누리게 될 꿈이라고 일러 준다. 변학도는 자신의 생일잔치 때 마지막으로 한 번 더 춘향의 의사를 물어보고, 그래도 변함이 없으면 처형하겠다고 공언한다.

한편 이몽룡은 과거에 급제하여 전라도 암행어사가 되어 돌아온다. 그러나 정체를 숨긴 채 거지 행색으로 찾은 춘향의 집에서는 월매에게 푸대접을 당하고, 다시 감옥을 찾아가 마침내 춘향을 만나지만, 어머니와 마찬가지로 사정을 알 리 없는 그녀는 이제 모든 희망을 버리고 그에게 유언을 남긴다. 잔칫날이 되자 이몽룡은 어사출또를 단행하여 변학도를 벌한다. 풀려난 춘향은 모든 상황을 파악하고 어머니와 함께 기뻐한다. 이후 두 사람은 한양에 가서 행복하게 산다.

사람 위에 사람 없고, 사람 아래 사람 없으니

이 작품의 주제는 기본적으로 사회적 제약을 넘어선 남녀 간의 지고지순한 사랑이다. 그에 더해 탐관오리에 대한 비판과 자유연애, 평등사상 등이 밑바탕에 깔려 있다. 엄격한 신분제 사회에서 변학도에 맞서는 춘향의 행동은 사랑과 성(性)에 대한 주체적 권리를 확보하려는 투쟁으로서 그녀는 비록 기생의 신분일지언정 열녀로 사는 것에는 상하가 없음을 주장한다. 그런 춘향을 통해 이 작품은 인간이 본질적으로 평등하다는 사실을 일깨우고 있으며, 이는 당시에 이미 근대적인 가치관이 싹트고 있었음을 증명한다.

작품 속에는 양반, 중인, 평민, 기생 등 다양한 계급에 속한 인물들이 등장해 제각기 개성을 드러낸다. 먼저 주인공인 춘향은 온갖 고초에도 자기 뜻대로 사랑을 이루고야 마는 적극적인 여성으로 나오고, 이몽룡은 처음엔 미숙하고 철이 없어 보이지만 나중에는 굳은 의지로 신의를 지키는 인물로 변모한다. 변학도는 부패한 지방 관리의 전형으로 극악무도하다기보다는 어리석기 그지없고, 월매는 능청스럽고 이해타산에 밝으면서 한편으론 강한 모성애를 보인다. 방자는 양반들 놀리기를 즐기지만 별다른 악의는 없으며, 타고난 쾌활함으로 작품에 활기를 불어넣는다. 여기에 분별력 있고 충직한 향단까지 이들은 모두 신분제 사회의 수직적 위계질서를 무너뜨리는 풍자와 해학의 목소리를 대변한다.

《춘향전》이 수세기에 걸쳐 줄곧 대중의 사랑을 받아 온 까닭은 서로 신분이 다른 두 남녀의 사랑을 극적으로 재현하여 사람들의 보편적 감수성을 자극하는 데 성공했기 때문이다. 아울러 작품 전체에 쓰인 해학적인 표현과 우리말 구어체도 중요한 역할을 했다. 그 덕분에 오늘날까지도 창극, 연극, 오페라, 드라마 등 다양한 장르로 꾸준히 만들어지고 있는 것이다.

《춘향전》은 사람들 간의 신의와 권선징악을 강조하는 한편 신분제와 같은 봉건적인 가치관을 비판하고, 당시 변화하던 시대상을 담고 있는 판소리계 소설이다. 남녀노소를 불문하고 누구나 즐겨 읽는 작품으로, 우리 문학사에서 가장 오래된 고전이라고 할 수 있다.

인간 심리에 대한
놀라운 이해력으로 완성된 작품

표도르 도스토옙스키, 《카라마조프가의 형제들》

"어쩌면 우린 나쁜 사람이 될는지도 몰라. 나쁜 일을 멀리할 수 없을지도 모르지. 엄숙한 인간의 눈물에 대해 비웃을지도 몰라. 하지만 우리가 어떤 악인이 되더라도 (…) 지금 이 순간 우리가 착하고 훌륭한 사람이었다는 것만은 비웃지 못할 거야. 그리고 이 아름다운 한 가지 추억이 우리를 커다란 악으로부터 지켜 줄 거야. (…) 이제부터 이렇게 손을 잡고 사이좋게 가는 거야."

"영원히 그렇게, 손을 잡고 가요. 카라마조프 만세!"

19세기 러시아문학을 대표하는 세계적인 대문호

도스토옙스키(1821~1881)는 톨스토이와 함께 19세기 러시아 사실주의 문학을 대표하는 대문호이다. 1849년 봄 페트라솁스키 사건에 연루되어 사형선고를 받았으나, 총살 직전 황제의 명에 의해 징역형으로 감형되어 시베리아로 유배되었다. 4년간 유형 생활을 했고 불치의 간질병을 겪는 등 정신적으로나 육체적으로 극심한 고난의 시간을 보냈다.

도스토예스키는 처절한 육체적 고통과 유형 생활의 고독을 견디며 성서를 읽고 신과 인간의 문제를 깊이 성찰했다. 절망적인 인생을 살았지만 인간 내면의 추악함에만 집착하지 않고 영혼의 아름다움과 궁극적인 정화의 기대를 포기하지 않았다. 그는 인생의 궁극적인 목적과 세계에 존재하는 불변의 진리를 종교·철학·사상의 차원에서 예술적으로 승화시켜 《백야》, 《죄와 벌》, 《백치》, 《악령》 등을 남겼고, 20세기 문학에 심오한 영향을 주었다.

예술적으로 형상화된 죄와 벌의 테마

《카라마조프가의 형제들》은 표도르 파블로비치 카라마조프를 가장으로 한 카라마조프 집안과 주변 인물들의 이야기를 그려 낸 소설로, 4부 12편으로 구성되어 있다. 이 작품은 패륜적인 아버지 표도르 카라마조프, 그리고 네 아들인 드미트리, 이반, 알료샤, 사생아 스메르자코프 사이에서 발생하는 갈등을 다루고 있다. 인간사에서 가장 치명적인 죄인 아버지 살해를 소재로 추리소설 기법을 차용하여 신과 종교, 삶, 죽음, 사랑, 욕망 등 인간 내면의 문제를 통찰했다.

아버지 표도르 카라마조프는 탐욕스럽고 방탕한 노인으로 두 아내가 낳아 준 드미트리, 이반, 알렉세이를 나 몰라라 해 왔다. 큰아들 드미트리는 아버지를 닮아 음탕하지만 고결함을 동경하는 순수함도 함께 지니고 있다. 아버지와 재산 문제를 담판 지으러 왔다가 아버지가 점찍어 둔 여자에게 반해 버린다. 둘째 아들 이반은 대학을 졸업한 냉철하고 이성적인 무신론자인데 형의 약혼자를 사랑하게 된다. 셋째 아들 알료샤는 수도원에서 신앙의 길을 걷는 매우 종교적인 인물로, 아버지와 형들을 안타깝게 지켜본다. 아버지 표도르와 백치 여인을 부모로 둔 스메르자코프는 간질을 앓고 있다. 묵묵한 머슴처럼 보이지만 표도르에 대한 뿌리 깊은 분노를 지니고 있다.

표도르와 장남 드미트리는 그루셴카라는 여인을 두고 서로를 증오한다. 표도르가 아들의 연인인 그루셴카에게 연정을 품으면서 촉발된 반목은 걷잡을 수 없이 깊어진다. 드미트리는 공공연히 아버지를 죽여 버리겠다고 내뱉고, 이반 역시 아버지를 향한 증오와 혐오가 마음속에서 커져 감을 느낀다. 결국 탐욕과 분노가 절정에 이른 어느 밤에 표도르는 살해된 채 발견된다. 무신론자인 이반에게 영향을 받은 스메르자코프의 소행이었다. 하지만 스메르자코프는 간질 발작 때문에 혐의에서 벗어나고, 아버지와 크게 반목했던 드미트리가 살인 죄목으로 체포된다. 결국 스메르자코프는 자살하고, 드미트리는 아버지를 증오했던 마음의 죄를 인정하듯 순순히 20년형을 받아들인다. 이후 표도르 가문은 갈등과 부조리에서 벗어나 알료샤에 의해 그리스도의 사랑을 받아들인다.

인간 존재에 대한 궁극적 물음이 담긴 고전

이 작품은 물욕과 음탕의 상징인 아버지 표도르 카라마조프와 세 형제들 사이에 펼쳐지는 애욕을 그린 소설이다. 언뜻 단순해 보이는 줄거리이지만, 정신과 육체, 무신론과 유신론 등 대립하는 가치관의 갈등과 인간 존재의 궁극적 물음 등이 담겨 있는 고전이다. 도스토옙스키는 생애 마지막 작품인 이 책을 통해 신과 종교, 삶, 죽음, 사랑, 욕망 등 인간 내면의 문제를 통찰력 있게 담아냈고, 우리는 작가의 문학적, 철학적 정수를 맛볼 수 있다.

톨스토이는 "세상에 있는 책 모두를 불 질러 버리더라도 도스토옙스키는 남겨 놓아야 한"다고 말했을 정도로 그를 흠모했다. 톨스토이뿐만 아니라 카뮈, 카프카, 헤세, 헤밍웨이, 마르케스를 비롯해 자신의 문학 세계의 중심에 도스토옙스키가 있음을 시인한 작가들은 셀 수 없이 많다. 인간에 대해, 인간 존재의 비극성에 대해 그토록 치밀하면서도 폭넓게 조망한 작가는 없었기 때문이다. 출간된 지 한 세기가 넘은 지금까지도 이 작품이 최고의 고전으로 불리는 까닭은, 문학의 한계를 뛰어넘은 인간 존재의 근본 문제를 다루고 있기 때문일 것이다. 인간 존재의 근본 문제는 19세기 후반의 러시아뿐 아니라 21세기를 살아가는 현대인들에게도 여전히 유효한 주제이며, 이 때문에 《카라마조프가의 형제들》은 여전히 많은 독자들의 공감을 끌어내고 있다.

이 작품은 심오한 사상으로 빛날 뿐 아니라 분량도 방대하다. 그럼에도 불구하고 극단적인 소재와 긴장감 넘치는 구성으로 인해 도스토옙스키의 어떤 작품보다 잘 읽힌다. 여기에 독특한 개성을 지닌 인물을 중심으로 이야기가 진행되어 자극적인 사건이 더욱더 흥미롭게 다가온다.

《카라마조프가의 형제들》은 도스토옙스키가 사상적·종교적 문제, 인간의 본질에 관한 사색을 장대한 규모와 긴밀한 구성으로 집대성한 결작이다. 물욕과 음탕의 상징인 표도르를 아버지로 둔 삼형제 드미트리, 이반, 알료샤, 그리고 사생아인 막내 스메르자코프를 둘러싸고 펼쳐지는 부자간, 형제간의 애증을 그린 소설로 도스토옙스키가 평생 고민했던 인간 존재의 근본 문제에 대한 문학적·철학적 고찰이 집약되어 있다.

변화의 바람 앞에
맨몸으로 선 사람들

황순원, 《카인의 후예》

도섭 영감은 비석 앞에서 발걸음을 멈추었다. 그리고 비석과 정면으로 마주 섰다. 일찍이 훈의 할아버지의 송덕비는 도섭 영감 자신이 감독하여 지대를 닦는다, 콘크리트를 한다, 하여 세운 비였다. 그때도 그는 이렇게 정면에 서서 비가 면바로 섰는가 어쨌는가를 몇 번이나 겨냥해 본 것이었다. (⋯) 또 한 대 후려쳤다. 또 한 대 후려쳤다. "모주리 때레 쥑에라! 모주리 때레 쥑에라!" 도끼가 내릴 적마다 비석은 돌가루를 뿌리면서 부서져 나갔다.

현대사의 한복판에서 인간의 본질을 정면으로 응시한 작가
평안남도 대동군에서 태어난 황순원(1915~2000)은 숭실중학교를 거쳐 일본 와세다대학교를 졸업했다. 1931년 〈나의 꿈〉으로 등단하여 초기에는 주로 시를 썼으며, 일본 유학 중이던 1936년에 첫 시집 《방가》를 펴냈다. 1940년 단편집 《늪》이 나온 뒤로는 소설에 전념하여 《목넘이 마을의 개》, 《독 짓는 늙은이》 등의 작품을 발표했는데, 그의 단편소설은 간결한 문장과 치밀한 구성을 바탕으로 인간의 본성을 잘 표현했다는 평가를 받는다. 이후 《별과 같이 살다》, 《카인의 후예》와 같은 장편소설을 통해 작품 세계의 지평을 넓힌 그는 평생 총 7편의 장편과 1편의 중편, 104편의 단편을 썼고, 시와 수필 또한 창작했다.

그는 자신의 경험을 토대로 식민지, 전쟁, 분단, 전통, 현대사회의 윤리 등 굵직한 문제들을 파헤쳐 왔다. 간결하고 세련된 문체, 다양한 미학을 표현하는 소설적 기법, 소박하면서도 치열한 휴머니즘, 한국인의 전통적인 삶에 대한 애정 등을 고루 갖춘 그의 작품들은 한국 현대 소설의 최고봉으로 평가된다. 작가 황순원은 20세기 문학사의 중심에서 영욕의 세월을 묵묵히 지켜보고 기록한 산증인이라고 할 수 있다.

이념의 풍파 속에 발가벗겨진 사람들

평양에서 공부하던 중에 할아버지와 아버지의 사망으로 갑자기 많은 땅을 물려받게 된 박훈은 고향인 양짓골로 돌아와 그 땅을 관리하는 한편 야학을 세워 소작인들의 자녀를 가르친다. 20년간 그의 집 마름으로 일해 온 도섭 영감은 다른 지역에서 이미 토지 개혁이 실시되었다는 소문을 듣고 훈의 땅이 탐나서 그와 거리를 둔다. 그러나 영감의 딸인 오작녀는 오래전부터 훈과 서로 좋아하던 사이로, 다른 사람과 결혼했음에도 불구하고 계속 훈의 집에 머물면서 그의 수발을 든다.

북한 정권을 장악한 세력은 훈의 야학을 빼앗고, 도섭 영감을 농민위원장으로 임명해 토지개혁 운동에 앞장세운다. 얼마 후 영감의 주도로 열린 농민대회에서 지주인 박용제와 윤 주사는 반동분자로 몰려 숙청당하지만, 훈은 오작녀의 도움으로 간신히 위기를 모면한다. 그 때문에 원하던 땅을 갖지 못하게 된 영감은 홧김에 훈의 할아버지 송덕비를 도끼로 때려 부순다. 절망한 훈은 사촌동생 혁의 권유로 오작녀와 함께 월남하기로 마음먹고, 평양에 가서 도와줄 사람을 만나고 오는 길에 삼촌 박용제의 자살을 목격한다. 탄광에 끌려갔다가 탈출해 돌아왔으나 또다시 붙잡히고 만 삼촌이 트럭에서 스스로 몸을 던진 것이다.

장례도 제대로 못 치르고 아버지를 묻은 혁이 도섭 영감을 죽이겠다고 하자 훈은 그를 말리지만, 속으로는 그 일이 자기 몫이라고 생각한다. 그리하여 영감을 뒷산으로 불러내 칼로 찌르는데, 체격이 좋은 그는 쉽게 쓰러지지 않고, 오히려 들고 있던 낫으로 훈을 내리찍으려던 순간 몰래 그들을 따라온 영감의 아들 삼득이가 아버지를 막아선다. 부자간의 실랑이 끝에 결국 단념한 영감은 낫을 버리고, 훈은 삼득이의 말대로 오작녀를 데리고 빨리 떠나야겠다고 다짐한다.

인간에 대한 절망, 그러나 한 줄기 구원의 가능성

이 작품은 해방 직후 소련의 영향 아래 공산주의 세력이 집권한 북한의 한 시골 마을에서 토지개혁을 둘러싸고 벌어지는 일들을 그리고 있다. 제목에 나오는 카인은 구약성서에 등장하는 인물로 최초의 인간인 아담과 이브의 장남인데, 동생 아벨이 부모님의 사랑을 독차지하는 것을 질투한 나머지 그를 죽여 버린다. 그런 '카인의 후예'인 우리 인간에게는 누구나 살인자의 피가 흐른다는 것을 작가는 말하고 싶었던 듯하다.

이야기는 1946년을 배경으로 하지만, 실제 이 작품이 발표된 것은 한국전쟁이 끝난 1953년으로, 양짓골 사람들이 겪는 극심한 갈등은 이념에 따라 남과 북으로 나뉘어 서로 증오하는 민족의 현실을 반영하는 동시에 곧 일어날 동족상잔의 비극을 예고하는 것이기도 하다. 작가는 해방의 감격이 채 가시기도 전에 밀어닥친 이념의 풍파 속에서 그동안 큰 마찰 없이 유지되던 농촌 공동체가 급격한 변화를 맞는 과정을 밀도 있게 묘사하며, 특히 토지개혁으로 인해 농민과 지주의 관계가 어떤 식으로 바뀌게 되는지를 잘 보여 준다. 더불어 증오와 폭력이 소용돌이치는 역사의 현장에서 피어난 남녀의 사랑을 대단히 섬세하게 그리는데, 거기에서 우리는 사랑과 신의의 회복을 통한 구원의 가능성을 엿볼 수 있다.

문장 하나하나에 작가 특유의 절제미와 압축미가 잘 드러나 있어 독자들의 긴장을 더욱 고조시키며, 전지적 시점을 취하지만 이따금씩 등장인물들이 화자가 되어 자신의 속마음을 털어놓는데, 이러한 시점의 전환은 각 인물에 대한 세밀한 묘사를 가능케 함으로써 작품 전체에 깊이와 완성도를 더한다.

《카인의 후예》는 해방 직후 북한의 한 시골 마을에서 일어난 일련의 일들을 기독교 성서에 나오는 인류의 원죄와 연결시켜 상징화함으로써 개별적인 사건으로부터 보편적인 의미를 끌어내고자 시도하였다. 이 책은 인고와 시련으로 점철된 한국 현대사에서 거둔 문학적 성취라고 할 수 있다.

034

탁한 강물 같은 현실
그래도 희망은 있는가

채만식, 《탁류》

내 몸뚱어리는 이미 버린 몸뚱어리다. 두 남편에 벌써 세 남자를 치르어 온 썩은 몸뚱어리다. 이런 썩은 몸뚱어리가 아까워서 송희의 위험을 막아 주기를 꺼릴 필요는 조금도 없다. 차라리 썩은 몸뚱어리를 가지고 보람 있게 우려먹으니 더 좋은 일이다.

형보? 좋다, 형보는 말고서 형보보다 더한 놈도 좋다. 원수는 말고 원수보다 더한 것도 상관없다. 송희만 탈 없이 편안하게 기르면 그만이다.

여기까지 생각을 했을 때에 초봉이는 깜짝 놀라 몸을 떤다. 도대체 어느 겨를에 장형보의 계집이 되기로 작정을 하고서 시방 이러느냐는 것이다. 그러나 제 자신이 모르기는 몰랐어도 인제 보니 이미 그러기로 다 작정이 된 것만은 사실인 것이 분명했다.

호 하고 한숨이 절로 터져 나온다. 제가 저를 생각해 보아도 너무 갈충머리가 없는 것 같았다.

식민지 시대의 사회상을 적나라하게 풍자한 작가

채만식(1902~1950)은 전라북도 옥구에서 태어났으며, 중앙고등보통학교를 나와서 일본 와세다대학교를 다녔다. 1925년 귀국하여 조선일보, 동아일보에서 기자로 있다가 개벽사라는 출판사에 들어간 뒤로 본업과 함께 집필도 병행하여 《레디메이드 인생》을 비롯한 몇 편의 단편소설과 희곡을 발표한다. 1936년부터는 일을 그만두고 본격적인 전업 작가로 나서 《태평천하》,《탁류》등의 중·장편소설을 썼다.

일제 강점기의 현실을 있는 그대로 그리는 데 초점을 맞춘 그는 농민의 가난, 지식인의 고뇌, 도시 하층민의 몰락, 해방 이후의 사회 혼란상 등을 사실적으로 묘사하는 한편, 효과적인 풍자 기법으로 당시의 시대 상황을 신랄하게 비판하기도 했다. 그는 작품 속의 인물들이 시대와 어떤 영향을 주고받으면서 어떻게 변화해 가는지에 특히 주목했는데, 그만큼 사회의식이 남달랐던 작가라고 할 수 있다. 그러나 말년에 쓴 친일 작품들로 오명을 얻은 그는 해방 이후 《민족의 죄인》이란 단편을 통해 자신의 잘못을 인정하고 고백하였다.

이보다 더 기구할 수는 없는 한 여인의 삶

선비의 후손으로 한때 군청에서 근무했던 정 주사는 노름의 일종인 미두장에 빠져 가산을 탕진한다. 그의 큰딸 초봉은 하숙생인 남승재와 서로 사랑하는 사이지만, 그는 장사 밑천을 대 주겠다는 제안에 혹해 초봉을 사기꾼에 호색한인 고태수와 억지로 결혼시킨다.

그러나 고태수는 초봉을 노린 장형보의 계략에 의해 죽음을 맞고, 초봉은 장형보에게 겁탈당한 뒤 실의에 빠진 채 아버지의 친구였던 약국 주인 박제호의 첩이 된다.

얼마 후 초봉은 누구의 아이인지도 모르는 딸을 낳는데, 그녀에게 싫증을 느낀 박제호는 그 아이가 자기 딸이라고 주장하는 장형보에게 다시 초봉을 넘긴다. 그녀는 자신의 기구한 신세를 한탄하면서도 어려운 친정 살림을 돌보기 위해 어쩔 수 없이 그에게 몸을 맡긴다. 그러던 어느 날 같이 사는 동생 계봉한테까지 흑심을 품는 장형보를 더 이상 두고 볼 수 없었던 초봉은 그를 죽인 다음 자결하기로 마음먹는다. 이제는 계봉의 연인이 된 남승재는 그런 초봉을 말리려 하지만, 한발 늦게 도착하는 바람에 실패하고 대신 자수를 권유한다. 아직 그에게 마음이 남아 있던 초봉은 그가 자신을 기다려 줄 것으로 믿고 스스로 감옥으로 향한다.

희망이 보이지 않는 암울한 현실에 대한 사실적 묘사

《탁류》의 배경이 되는 군산은 금강 하구의 항구도시로 그 당시 호남평야에서 나는 쌀을 모아 일본으로 보내는 수탈의 전초기지 역할을 하였다. 특히 1930년대는 중국 침략을 본격화한 일본이 식민지 수탈을 한층 강화하던 시기였는데, 그로 인한 경제적 모순이 극에 달해 대다수의 농민과 도시 빈민은 최소한의 생존조차 보장받기 어려웠다. 이 작품은 그 속에서 나타나는 인간의 탐욕과 죄악, 파멸을 그려 냄으로써 식민지 조선의 현실을 적나라하게 드러낸다. 처음에는 맑았다가 점차 탁해지는 강물은 민족의 기구한 운명과 한 가족의 비참한 삶에 대한 은유로 해석되는데, 누구보다 날카로운 사회의 식을 지녔던 작가는 시대의 모순을 직접 고발하기보다는 풍자를 통해 독자 스스로 깨닫도록 하고 있다.

여기 나오는 등장인물들은 선인과 악인으로 뚜렷하게 나뉘며, 초봉, 남승재와 같은 무고한 이들이 장형보, 고태수, 박제호 등의 간악한 인간들에게 괴롭힘을 당하고 희생된다. 이러한 설정은 이 작품이 근대 사실주의 소설의 원리를 충실히 따르고 있음을 보여 주는 것이다. 무능하면서도 가부장의 권위를 행사하려는 정 주사와 그런 아버지의 뜻을 차마 거스르지 못하는 초봉은 황금만능주의가 만연한 세태와 여성의 권리가 부재한 현실을 고발한다. 고태수의 불륜과 죽음, 초봉을 강간하는 장형보의 행위는 당시 사회의 부도덕성을 반영하며, 남편이 죽은 후 박제호의 첩이 되는 초봉은 순종적인 여성상을 대표한다고 할 수 있다. 한편 수동적이기만 했던 초봉이 급기야 장형보를 살해하는 것은 일본에 억압당해 온 민족의 한을 푼다는 의미인 동시에 자기 삶을 주체적으로 결정하는 신여성의 등장을 뜻하기도 한다.

마지막에 그녀가 자수를 결심하는 장면에서 작가는 미래에 대한 희망과 의지를 드러내며, 온통 뿌옇기만 한 탁류의 밑바닥에 맑은 물줄기가 숨어 흐르는 모습으로 이를 표현하고 있다.

《탁류》는 한 여인의 수난사를 통해 식민지 시대의 사회·경제적 상황과 하층민의 삶을 치열하게 묘사하고 있다. 한국 근대 사실주의 소설을 대표하는 이 작품은 사료로서의 가치도 충분해서 식민지 시대의 한국을 제대로 이해하고자 한다면 반드시 읽어 볼 필요가 있다.

035

근현대 우리 민족의 삶을
총제적으로 그려 내다

박경리, 《토지》

양현은 발길을 돌렸다. 집을 향해 달린다. 참, 참으로 긴 시간이었으며 길은 멀고도 멀었다. "어머니! 어머니! 어디 계세요!" 빨래를 하고 있던 건이네가 놀라며 일어섰다. "어머니! 어디 계세요!" "저기, 벼, 별당에 계시는데." 양현은 별당으로 뛰어들었다. 서희는 투명하고 하얀 모시 치마 저고리를 입고 푸른 해당화 옆에 서서 하늘을 올려다보고 있었다. "어머니!" 양현은 입술을 떨었다. 몸도 떨었다. 말이 쉬이 나오지 않는 것이다. "어머니! 이, 이 일본이 항복을 했다 합니다!" "뭐라 했느냐?" "일본이, 일본이 말예요, 항복을, 천황이 방송을 했다 합니다." 서희는 해당화 가지를 휘어잡았다. 그리고 땅바닥에 주저앉았다. "정말이냐…." 속삭이듯 물었다. 그 순간 서희는 자신을 휘감은 쇠사슬이 요란한 소리를 내며 땅에 떨어지는 것을 느낀다.

《토지 20》(박경리 지음, 마로니에북스, 2012, 415~416쪽)

한국 현대문학의 어머니

박경리(1926~2008)는 한국문학사에 큰 획을 그은 소설가이다. 1955
년 김동리의 추천으로 단편 〈계산〉 등이 〈현대문학〉에 실리면서 등
단한 이래 《표류도》, 《김약국의 딸들》 등 사회와 현실에 대한 비판
성이 강한 작품을 잇달아 발표함으로써 문단의 주목을 받았다. 대
표작이라 할 수 있는 《토지》는 작가가 1969년부터 무려 26년간 집
필한 대하소설로 총 5부의 작품을 여러 일간지와 잡지에 나누어 연
재했으며, 1994년 8월 15일에 드디어 완결되었다.

이 작품에는 행방불명된 남편의 그늘, 암과의 투병, 시대의 압력과
정면으로 맞서야 했던 가족사 등이 담겨 있다. 더불어, 운명에서 한
의 미학으로, 문명에서 문화로, 거대한 역사에서 민초들의 자잘한
삶으로, 마침내는 이 모든 것을 감싸 안는 생명론으로 진화를 거듭
한 작가의 정신사가 고스란히 녹아들어 있다. 한말과 식민지 시대
를 꿰뚫으며 민족사의 변천을 그리고 있는 대하소설 《토지》는 탈고
전에 이미 한국문학의 걸작으로 자리 잡았고, 박경리는 한국문학사
에 가장 뚜렷한 족적을 남긴 거봉으로 우뚝 섰다.

최 참판 댁의 흥망성쇠에 담긴 격동의 한국 근현대사

《토지》는 동학혁명의 좌절 이후 해방에 이르기까지 우리 민족의
파란만장한 근현대사를 최 참판 가문의 4대에 걸친 흥망성쇠를 중
심으로 그려 냈다.

구한말 경상도 하동의 평사리에는 만석꾼 최 참판 댁을 중심으로
마을 사람들이 함께 어우러져 살아가고 있었다. 하지만 최씨 가문

의 재산을 탐낸 이들의 음모로 최 참판의 아들 최치수가 살해되고, 마을을 휩쓴 콜레라로 그의 부인이 죽으면서 집안은 위기를 맞는다. 최치수의 외척인 조준구가 들이닥쳐 그의 외동딸 서희를 몰아내고 재산을 모조리 강탈한다. 게다가 자신의 아들과 서희를 결혼시킬 음모를 꾸미자, 그녀는 집안의 종인 길상, 마을 사람들과 함께 고향을 버리고 간도로 떠난다.

간도에 정착한 서희는 가문을 다시 일으키려는 일념을 불태우며 어머니가 남긴 재물을 밑천으로 길상과 공 노인의 도움을 얻어 거부가 된다. 그녀는 길상과 결혼하여 두 아들 환국과 윤국을 얻고, 길상은 독립운동에 투신한다. 그녀는 공 노인을 내세워서 광산에 투자했다가 큰 실패를 본 조준구에게 접근하여 빼앗긴 재산과 토지 문서를 되찾고, 독립운동을 위해 떠난 남편과 헤어져 두 아들을 데리고 귀향길에 오른다. 고향에 돌아온 후 진주에 정착한 서희는 두 아들을 보살피며 살아간다. 경찰에 체포된 길상이 2년 형을 언도받고 복역하자, 그녀는 서울을 왕래하면서 남편의 옥바라지에 힘쓴다. 한편 청년으로 성장한 환국과 윤국은 3·1운동 이후 학생운동이 활발해진 가운데 자신들의 풍족한 처지와 사회 현실 사이에서 괴로워하며 방황한다. 급기야 윤국은 가두시위에 참가하여 감옥살이를 하고 무기정학 처분을 받는다. 출옥한 길상은 도솔암에서 관음보살의 탱화를 그린다. 하지만 사상범 예비 검거령에 의해 또 다시 수감되자 서희는 온 식구를 이끌고 남편이 있는 서울로 올라가기로 결심한다.

민중의 삶의 실상을 오롯이 담아낸 한국문학의 자랑

《토지》는 한국문학사의 기념비적인 작품이다. 《토지》를 처음 만나는 사람은 우선 방대한 양에 압도되고, 이윽고 드높은 문학적 성취에 고개를 숙인다. 이 작품의 전체 분량은 원고지로 대략 3만 1200장에 이른다. 구한말에서 일제 강점기를 거쳐 해방에 이르기까지의 무수한 역사적 사건과 민중들의 삶을 고스란히 담아 낸 그야말로 '소설로 쓴 한국근대사'라 할 수 있다. 무엇보다 지난 시절 우리 민족이 겪은 고단한 삶을 생생히 그려 냈다는 점에서, 그리고 더 근본적으로 구체적인 현실을 통해 인간의 보편성을 탐구했다는 점에서 그 가치를 높이 평가할 수 있다.

이 작품에는 윤 씨 부인, 별당 아씨, 서희로 이어지는 3대에 걸친 가족사 외에도 개화기, 일제 강점기, 3·1운동 등 한국 근대사를 바라보는 작가의 역사의식이 담겨 있다. 작가는 철저한 취재를 바탕으로 당대 민중들의 삶의 실상을 매우 사실적이면서도 극적으로 제시하려 했다. 특히 평사리 마을에서 국내외의 여러 곳으로 이야기의 무대가 점차 확대되는 전편에는 풍부하면서도 감칠맛 나는 토속어로 개성 넘치는 인물들을 그리고 있으며, 최 참판 댁의 몰락과 서희가 빼앗긴 땅을 되찾는 과정 등이 흥미롭게 묘사돼 있다.

《토지》의 가치와 의미는 문학의 울타리를 넘어 문화사적인 차원에서 광범위하게 펼쳐진다. 작품이 완간된 후 이에 대한 학술 세미나가 잇따르고, 비평서들이 연이어 출간되며, 각종 논문도 활발하게 발표되고 있다. 몇 차례 영화와 드라마로 제작되기도 했고, 영어, 일본어, 프랑스어로 번역되어 크게 호평을 받았다.

《토지》는 19세기 말에서 20세기 중반까지 우리 민족의 삶을 총체적으로 그리면서 진정한 삶이란 무엇인가를 탁월하게 보여 준 역작이다. 평사리의 대지주인 최 참판 댁의 흥망성쇠를 중심으로 한국 근현대사가 폭넓게 다루어진 이 작품은 당시 사회의 모든 계층을 아우르는 인물들과 반세기에 걸친 장대한 역사, 그리고 참다운 삶에 대한 끊임없는 탐구를 담고 있어 한국문학사에 한 획을 그은 것으로 평가된다.

악마에게 영혼을 판
한 인간의 파란만장한 여정

요한 볼프강 폰 괴테, 《파우스트》

메피스토펠레스 : 나와 함께 인생길을 가겠다면
    내 지금 당장 당신 편이 되어 주겠소.
    당신을 즐겁게 해 드리죠, 당신의 종이 되어서요!
파우스트 : 그 대가로 바라는 게 뭐지?
    (…)
메피스토펠레스 : 계약을 하시죠.
    여태 아무도 모르던 걸 당신에게 선물할 테니.
    (…) 즐기고 싶은 대로 즐기시오.
파우스트 : 난 즐거움 따위를 바라는 게 아냐.
    광란에 몸을 맡기고 싶을 뿐이지.
    고통스러운 쾌락과 애증과 반복되는 좌절에 말이야.
    이젠 어떤 고통도 피하지 않으리.
    모두에게 주어진 것들을 속속들이 만끽하리라.
    정신으로 고상한 것과 천한 것을 움켜잡고,
    가슴으로 고통과 행복을 느끼리라.
    나를 통해 인류를 알아보고, 마침내 그들처럼 나 또한 파멸하리라!

독일 문학사에 홀로 우뚝 선 거장

괴테(1749~1832)는 독일 고전주의를 대표하는 시인이자 소설가이다. 프랑크푸르트에서 태어나 대학에서 법학을 전공한 그는 1774년에 발표한 《젊은 베르테르의 슬픔》으로 일약 문단에서 두각을 나타내며, 그 시기에 일어난 문학 운동 '슈트름 운트 드랑(Sturm und Drang, 질풍노도)'의 중심에 선다. 이후 약 10년간 바이마르 공국의 궁정에서 요직을 맡아 일하면서 광물학, 해부학 등을 연구하기도 하였다. 오랜 궁정 생활에 지친 그는 1786년 이탈리아로 여행을 떠나는데, 남유럽의 온화한 기후 아래 그리스 로마 시대의 미술품들을 접하면서 잠든 예술혼을 일깨울 수 있었던 이 여행은 작가로서의 그의 인생에 중요한 전환점으로 작용한다.

1794년에 이루어진 그와 실러의 만남은 독일 문학사를 빛낸 사건 중의 하나로, 두 사람은 실러가 먼저 세상을 떠날 때까지 우정을 이어 가며 문학적 교류를 나눴다. 괴테는 실러의 이해와 격려에서 용기를 얻어 창작에 힘을 쏟을 수 있었는데, 소설 《빌헬름 마이스터의 수업시대》와 서사시 《헤르만과 도로테아》 등의 작품을 통해 '현재에서의 완성을 지향하는' 고전주의를 확립시킨다. 《파우스트》는 그가 20대 때부터 구상하여 죽기 직전에 완성한 희곡으로, 정치, 경제, 종교, 신화, 사랑, 구원, 죽음 등 인간사의 모든 영역을 다룬 대작이다.

악마에게 영혼을 판 한 인간의 파란만장한 여정

〈1부〉

악마 메피스토펠레스는 어떤 인간이라도 유혹할 수 있다고 장담하며 신과 내기를 한다. 그리하여 온갖 분야에 박식한 파우스트 박사를 그 대상으로 선택한다. 파우스트는 지식의 한계를 절감하고 세속의 향락에 빠져 보려 하지만, 그마저도 여의치 않자 자살을 결심한다. 그때 메피스토펠레스가 나타나 쾌락을 맛보게 해 주는 대신 영혼을 넘겨 주라는 제안을 하자 파우스트는 이를 받아들이고 그와 계약을 맺는다. 파우스트는 마녀의 영약으로 20대 청년이 되어 순진한 처녀 그레트헨을 만나는데, 그녀의 고귀한 사랑은 방탕했던 그의 마음까지도 정화시킨다. 이를 못마땅하게 여긴 악마의 농간으로 그녀는 자기 어머니를, 파우스트는 그녀의 오빠를 죽이고 만다. 감옥에 갇혀 미쳐 버린 그레트헨은 그를 용서하고 죗값을 치르겠다고 선언한다.

〈2부〉

자연의 치유력을 통해 정신적인 안정을 찾은 파우스트는 어느 황제의 궁정으로 간다. 그곳에서 악마의 도움으로 파탄 지경의 나라 살림을 일으켜 세우지만, 경솔하게도 신화 속의 헬레네와 파리스가 보고 싶다는 황제의 무리한 요청까지 들어준다. 그들의 형상을 잠시 불러내는 데 성공한 그는 헬레네의 아름다움에 반해 저승까지 찾아가서 그녀를 데려와 결혼한다. 둘은 아들을 낳는데, 그 아들이 하늘을 날려다가 실패해서 죽자 헬레네도 역시 슬픔을 이기지 못해 저승으로 돌아간다.

더 이상 악마의 제안에 흔들리지 않게 된 파우스트는 황제로부터 하사받은 광대한 영토를 개척하여 이상적인 나라를 만들고자 한다. 온갖 악령들이 나타나서 이를 방해하는데, 그가 다 물리치지만 근심의 악령만은 끝까지 남아 그의 눈을 멀게 한다. 그제야 마음의 눈을 뜨게 된 파우스트는 메피스토펠레스에게 영혼을 팔기로 했던 것을 후회하면서 약속대로 순간을 향해 "멈추어라. 너는 너무도 아름답도다!"라고 말하고 쓰러져 죽는다. 드디어 악마가 그의 영혼을 가져가려는 순간 하늘에서 천사들과 함께 성모 마리아와 그레트헨이 내려와 파우스트를 구원한다.

대문호 괴테의 모든 것이 녹아 있는 필생의 역작

《파우스트》는 괴테가 평생에 걸쳐 쓴 작품으로, 1부가 1806년에 나왔지만 2부는 1831년이 되어서야 완성됐다. 그사이 문예사조의 흐름도 계속 바뀌어서 질풍노도와 고전주의를 거쳐 낭만주의에까지 이르렀는데, 그렇기 때문에 소설은 집필 시기에 따라 각기 다른 사상과 표현 양식이 녹아 있다.

이 작품은 자아의 완성을 향하여 끝없이 도전하는 주인공 파우스트의 여정을 통해 감히 신의 경지에까지 다다르고자 하는 인간의 욕망을 다루었다. 괴테는 인생에서 얻은 모든 깨달음을 여기에 쏟아부어 극도의 완벽함을 추구했는데, 우주의 보편적인 진리를 찾아 정진한 그의 생애와 사상이 전부 이 안에 들어 있다고 해도 과언이 아니다. 또한 예술과 아름다움보다 인간에 대한 탐구를 우선시했던 당시 독일 문학의 특성을 반영한 것으로 볼 수 있다.

그러나 이 작품은 숱한 오해를 사기도 했는데, 계몽주의자에게는 신비적 요소 때문에, 낭만주의자에게는 학문의 오만함 때문에, 가톨릭교회로부터는 신성 모독의 요소 때문에, 개신교로부터는 비정신적 유물주의 때문에 비판을 받아야 했다. 하지만 인류가 지향해야 할 가장 고귀한 가치는 휴머니즘이라는 작가의 목소리에 귀 기울인 독자들에 의해《파우스트》는 결국 그 가치를 인정받아 괴테의 대표작으로 남은 한편, 독일 문학사의 기념비적 작품으로 평가되고 있다.

《파우스트》는 악마 메피스토펠레스와 영혼을 걸고 계약을 맺은 주인공 파우스트가 인간성을 찾아 떠나는 긴 여정을 그린 희곡으로, 권선징악의 전설을 인류의 구원이라는 주제로 승화시켰다. 이 작품에는 질풍노도 운동을 이끌었던 젊은 시절부터 고전주의를 완성시킨 장년을 거쳐 세계시민주의의 이상을 품었던 노년에 이르기까지 괴테의 문학적 이력과 삶의 발자취가 고스란히 담겨 있다.

식민지 시대를 아파했던
섬세한 감성의 언어적 조형물

윤동주, 《하늘과 바람과 별과 시》

〈서시〉

죽는 날까지 하늘을 우러러
한 점 부끄럼이 없기를,
잎새에 이는 바람에도
나는 괴로워했다
별을 노래하는 마음으로
모든 죽어 가는 것을 사랑해야지
그리고 나한테 주어진 길을
걸어가야겠다

오늘 밤에도 별이 바람에 스치운다.

마지막까지 부끄럽지 않게 살았던 민족의 시인

윤동주(1917~1945)는 중국 만주에서 태어났다. 일찍이 개화한 기독교 가문의 후손으로 평양의 숭실중학교를 다니던 중 신사참배를 거부하여 자퇴한 뒤 연희전문학교를 졸업했다. 1942년 일본으로 유학을 떠나 처음에는 릿쿄대학교 영문과에 입학했다가 이후 도시샤대학교 문학부로 옮긴다. 그 당시 이미 조선총독부에 의해 요주의 인물로 지목돼 감시당하고 있었는데, 1943년 7월 여름방학을 맞아 집에 돌아오려던 참에 경찰에 체포된다. 독립운동을 했다는 죄로 재판에서 징역 2년형을 선고받고 후쿠오카 형무소에 수감된 그는 해방을 불과 반년 앞두고 감옥 안에서 짧은 생을 마감한다. 그의 죽음은 일본 당국의 생체 실험에 의한 것이라는 의혹이 강하게 제기되지만, 아직까지 정확히 밝혀진 바는 없다.

열다섯 살 때부터 시를 쓰기 시작한 그의 작품 세계를 보면, 초기에는 대체로 암울한 분위기 속에서 유년기적 평화를 지향하는 내용이 많았던 데 비해, 성년이 된 후에는 자아에 대한 철학적 성찰과 민족의 암울한 현실을 노래한 시들이 주를 이룬다.

식민지 시대를 아파했던 섬세한 감성의 언어적 조형물

《하늘과 바람과 별과 시》는 윤동주가 연희전문학교를 다니던 시절에 쓴 시들을 모은 것이다. 1948년에 처음 정식 출간됐을 때는 31편만이 수록됐다가 1955년 그의 10주기를 기념하여 나온 재판에는 다수의 작품이 추가되어 총 88편의 시와 5편의 산문이 실렸다.

〈자화상〉

이 시는 그리스 신화에서 우물 속에 비친 자기 얼굴에 반해 수선화가 되었다는 나르키소스의 이야기로부터 모티프를 얻은 것으로 보인다. 나르시시즘을 바탕으로 자아에 대한 성찰을 시도하는 이 시에는 '우물 속의 사나이'와 그를 들여다보는 '나'가 등장하는데, 이 둘은 양분된 자아로서 부정과 긍정을 거듭하다가 결국에는 화합에 이르는 변증법적 과정을 보여 준다. 여기서 우물은 그의 작품에 자주 나오는 거울이나 하늘처럼 자기 성찰의 도구로서 기능한다.

〈서시〉

이 시에는 윤동주 문학의 주요 주제인 순결성, 인간애, 운명애가 잘 나타나 있다. 그는 자신이 어둠(일제 강점기)의 중심에 있다고 여기고, 그 속에서의 삶을 부끄러워하며, 무엇을 해야 할지를 항상 고민했다. 여기서 하늘을 윤리적 판단의 절대 기준으로, 별을 희망과 이상의 세계 혹은 순수한 자아의 세계로 이해할 수 있다면, 밤은 식민지의 암담한 현실을, 바람은 그로 인한 시련을 의미하는 것으로 해석된다.

〈참회록〉

시대의 아픔을 자신의 것으로 인식하면서 본인의 삶을 부끄러워한 시인이 참회와 성찰의 삶에 대한 갈망을 노래한 시이다. 여기서 구리거울은 패망한 조선왕조의 유물로 시인의 정신을 비추는 역할을 하며, 밤은 즐거운 날과 대립되는 시어로서 암담한 현실을 상징한다.

자기 성찰에서 오는 부끄러움을 극복하려는 저항의 의지

윤동주 문학의 출발점은 자기 응시라고 할 수 있는데, 그는 관조적인 거리를 유지하면서도 자신에게 몰두하는 모습을 보인다. 이러한 실존적 자각은 회의와 절망 속에서도 부인할 수 없는 삶의 근본인 자기 자신을 완성시키고자 하는 의지의 표현이라고 하겠다.

한편 그의 시에 자주 나타나는 부끄러움의 심상은 〈자화상〉이나 〈참회록〉에서처럼 '들여다보는 행위', 즉 자기 성찰의 결과라고 생각된다. 나라를 잃은 식민지 지식인으로서의 부끄러움, 이상과 현실의 괴리에서 오는 부끄러움, 기독교적 원죄 의식으로 인한 부끄러움, 자신의 행동이 도덕적으로 일정한 기준에 미치지 못하는 데서 오는 부끄러움 등이 한데 어우러져 그의 작품 세계 전체를 지배하고 있다.

또한 실향의 감정이 애틋하게 표현돼 있는 것도 그의 시의 특징이다. 그에게 고향이란 언제나 가족이 있는 정겨운 곳으로서 그리움의 대상이었지만, 정작 그 자신은 마지막 순간에 고향 땅을 밟지 못하고 이국에서 눈을 감았던 것이다.

우리는 이 시집에서 일본의 식민 통치에 대한 시인의 저항 의식을 읽을 수 있다. 암울한 시대를 살아가는 그의 몸부림이 매 시편마다 절절하게 녹아 있어 우리 가슴에 큰 울림을 준다.

윤동주는 이육사와 더불어 식민지 시대의 대표적인 저항 시인으로, 대다수 지식인들이 변절한 1940년대에도 신념을 꺾지 않고 일본에 맞서다 결국 감옥에서 세상을 떠났다. 그의 시에는 물이나 거울에 반사된 자기 모습을 통해 자신을 돌아보면서 느끼는 부끄러움의 감정이 중심을 이룬다. 비록 요절로 인해 많은 작품을 남기지는 못했지만, 깊이 있는 문학성은 우리나라뿐만 아니라 중국과 일본에서도 널리 인정받고 있다.

PART 02

인문과학

도전과
성찰,
시간 속
인간들에
대한
탐구

20세기 서양사학을
두루 섭렵할 수 있는 길잡이

조지 이거스,《20세기 사학사》

20세기 역사는 우리에게 인권과 합리성에 대한 계몽주의 개념들이 지닌 애매성에 대해 많은 것을 가르쳐 주었다. 포스트모더니즘 사고는 유토피아주의와 진보의 개념들에 경고를 보냄으로써 현대의 역사적 논의에 본질적인 공헌을 하였다. 그렇지만 이것이 우리로 하여금 계몽주의적 유산을 거부하고 폐기하도록 해서는 안 되며, 그 대신 그 유산을 비판적으로 재검토해야 한다. 이것 역시 이 책에서 검토했던 수많은 새로운 사회사와 문화사의 의도이기도 하였다. 비록 계몽주의는 단죄되었을지언정 그것을 대체하는 것은 야만이다.

《20세기 사학사》(조지 이거스 지음, 임상우·김기봉 옮김, 푸른역사, 1998, 222쪽)

역사 이론 분야의 세계적인 석학

이거스(1926~)는 서양사학사의 대가로 꼽히는 역사가이다. 독일 함부르크에서 유태계 독일인으로 태어나 소년기에 나치를 경험했으며 이후 미국으로 망명했다. 이거스는 생시몽주의 연구로 박사 학위를 받았으나, 그의 관심사는 프랑스사에서 독일사로, 지성사에서 역사 이론으로 확대되었다. 저서 《독일 역사주의》, 《유럽 역사학의 신경향》, 《20세기 사학사》는 랑케 이래 오늘날까지 역사학의 흐름을 보여 준다.

그는 《20세기 사학사》를 집필한 동기를 '과학적 객관성'의 위기에서 비롯된 역사학 자체의 존립 위기 때문이라고 밝히고 있다. 20세기 초 등장한 사회과학 통합 운동은 역사학의 학문적 정체성을 위협하는 이른바 '역사학의 위기'를 초래했다. 또한 과학으로서의 역사학을 해체하는 포스트모더니즘의 등장과 함께 '역사학의 종말'이 심각하게 제기되었다. 이런 상황에서 이거스는 이 책을 통해 단순히 지난 시대의 사학사를 소개하는 것을 넘어, 포스트모더니즘의 공세 속에서 '역사학은 끝났는가'라는 화두를 중심으로 역사학 자체를 고찰했다.

역사학에 대한 포스트모더니즘의 도전

《20세기 사학사》는 20세기 서양사학을 압축, 정리한 책으로 3부로 구성되어 있다. 20세기 들어 변화한 서양 역사 서술의 흐름과 경향, 역사학의 방향과 연구 범위의 확대 동향, 그리고 위기에 직면한 역사학의 전망이 그 내용이다. 19세기 랑케로 인해 전문 분과로 출현한 고전적 역사학은 주관적으로 과거를 서술하지 말고 실제로 일어났던 일들을 기록해야 한다고 주장했다. 이들은 통제된 연구 방법을 통해 객관적 지식에 도달할 수 있다는 과학적 접근 방식을 신뢰하는 편이었다.

하지만 19세기 말에 이르러 객관적으로 역사 연구를 수행할 수 있다는 믿음이 의문에 휩싸이면서 고전적 역사학은 위기를 맞았다. 이러한 고전적 역사학의 위기는 역사학과 사회과학의 결합으로 극복될 수 있었다. 역사 연구와 역사 서술에 계량사회학적, 경제학적 연구 방식이 도입됨으로써 개인의 행위와 의도가 아니라 사회구조와 사회 변혁의 과정이 강조되었다. 역사 연구 분야의 중심은 정치-외교에서 사회-경제로 이동했고, 프랑스의 아날학파, 독일의 역사적 사회과학, 마르크스주의 역사학 등이 대두되었다.

이러한 흐름은 포스트모더니즘의 강력한 도전을 받게 된다. 포스트모더니즘 사조는 역사와 문학의 경계를 불분명하게 만듦으로써 이전의 역사 서술 방식 전반에 의문을 제기했고, 외부적 실재로서의 역사와 이에 입각한 객관적인 역사 연구 가능성을 부정했다. 이들은 역사의 대상이 존재하지 않는다고 생각했고, 동일한 사회 내에서도 다양한 시간 개념을 상정하고 있다.

이러한 포스트모더니즘의 도전은 역사 사고와 서술에 중대한 영향을 끼쳤다. 역사학의 주제는 사회 구조와 과정으로부터 일상생활이라는, 넓은 의미에서의 문화로 바뀌었고, 새로이 개인에게 관심을 기울임에 따라 평범한 대중이 관심의 초점이 되었다. 이에 저자는 역사학의 범위를 넓혀 더 풍요롭고 다원적인 역사학을 탐구해야 한다면서도, '과학'이라는 목욕물이 더러워졌다고 해서 '역사 현실'이라는 아이까지 버리려 해서는 안 된다며 역사학을 해체하려는 포스트모더니즘의 극단적인 비판은 받아들이지 않는다.

역사학의 위기를 진단하고 미래를 전망하다

《20세기 사학사》는 랑케 사학의 전통에 대한 설명에서 시작하여 20세기 프랑스, 독일, 영국, 미국, 이탈리아 등지의 지배적인 역사 서술 경향을 빠짐없이 점검하고, 세기말인 1990년대의 관점에서 20세기 사학사 전반을 회상한 사학사 입문서이다. 이 책은 이론 중심의 사학사이면서도 마르크 블로크, 뤼시앙 페브르, 페르낭 브로델, 클로드 레비스트로스, 미셸 푸코 등 기라성 같은 학자들의 지적 도표와 연대기, 사관을 총망라하고 있다. 따라서 100년 사학사라는 지식의 보고를 두루 섭렵할 수 있는 길잡이 역할을 하고 있어, 20세기 역사학을 정리하고 21세기 역사학을 전망하는 데 가장 좋은 지침서이다.

한편 역사학을 보는 이거스의 시야는 그야말로 전 지구적이다. 독일 역사주의를 기점으로 하여 성립한 근대 역사학은 역사를 '국민국가의 역사', 곧 국사로 축소하는 전통을 낳았다. 이런 역사의 '국사화'는 한편으로는 국가권력의 비호 아래 역사학을 발전시켰지만, 다른 한편으로는 역사학을 정치의 시녀로 전락시켜 역사학의 위기를 초래했다. 오늘날 역사학 위기의 근본 원인은, 역사의 중요한 문제들이 전 지구적으로 복잡하게 얽혀 발생하는 데 반해 전문 역사학자들은 국사 차원으로만 관련 연구를 진행하고 있다는 데 있다.

이런 역사학의 위기에 직면해서 우리에게 정말 필요한 역사학 분야는 역사학의 문제를 역사적으로 진단하는 사학사다. 이런 점에서 사학의 태동과 발전 과정을 서술하고 현 시점에서 역사학을 복원하려는 저자의 시도는 매우 소중하다. '20세기' 사학을 다루고 있는 이 책은 '21세기'로 진입해 들어가는 우리 사회에 여전히 의미 있다고 할 수 있다.

《20세기 사학사》는 포스트모더니즘의 도전을 염두에 두고 복잡하고 다양하게 전개된 20세기 서양사학을 압축, 정리한 당대 최고의 사학사 입문서이다. 이 책은 19세기 후반에서 1990년대까지의 서양 역사 서술의 흐름과 경향을 요약·분석·진단하여 역사 연구의 전통적인 개념들을 비판하는 주장들을 진지하게 성찰했다. 이거스는 포스트모더니즘의 영향으로 나타난 역사학의 미시사적 경향의 배경과 문제의식에는 깊이 공감하지만, 그것을 역사학의 지배 담론으로 받아들이는 데는 명백히 반대한다.

삼천 년간 지속된
중국과 그 주변 민족의 역사

사마천, 《사기》

"우리 조상은 주나라 왕실의 태사(太史)였다. 후세에 집안이 쇠퇴하더니 드디어 나의 대에 이르러 명맥이 끊기게 되었구나. 내가 죽거든 너는 꼭 태사가 되어라. 태사가 되거든 내가 하려 했던 논저를 잊어서는 안 된다. 공자 이후로 400여 년이 흐르는 동안 제후들은 다른 나라를 빼앗으려고만 하고, 역사 기록은 내버려 두어 결국 끊어지기에 이르렀다. 이제 한나라가 일어나 천하가 통일되었고 어진 임금과 충성스러운 신하, 정의를 위해 목숨 바치는 선비가 나왔다. 내가 태사령의 벼슬에 있으면서 이들의 행적을 기록하지 못해 원통하구나. 너는 내가 못다 한 이 일을 해 주기 바란다. 내 말을 꼭 명심해라."

〈태사공자서, 사마천의 아버지 사마담이 아들에게 남긴 유언〉

궁형의 울분을 누르고 불멸의 역사서를 완성한 작가

사마천(B.C. 145?~?)은 중국 용문에서 태어났다. 열 살 무렵 옛글을 익히고, 아버지와 같은 사관이 되기 위해 천문과 역법, 역사에 관한 지식을 습득했다. 청년 시절에는 중국 각지를 여행하면서 고적을 탐방하고 전설을 채집하며, 풍토와 인심을 살피는 등 다양한 경험을 쌓았는데, 이는《사기》를 쓰는 데 중요한 밑거름이 되었다.

기원전 110년 무제의 봉선 의식에 참가하지 못한 울분으로 아버지 사마담은 세상을 떠났고, 사마천은 아버지의 유언에 따라 태사령이 되어 역사서 편찬에 착수했으나, 기원전 99년 흉노에 투항한 장군 이릉을 변호하다가 궁형을 받았다. 그가 죽음보다 더 수치스러운 궁형을 자청한 것은 아버지의 유언을 지키고 자신의 직분에 충실하기 위해서였다. 그럼에도 불구하고 그는 마침내 필생의 역작《사기》를 완성해 냈다.

중국사를 수놓은 왕, 사건, 제도, 사람들의 파노라마

《사기》는 중국인, 특히 한족의 시조라고 할 수 있는 황제로부터 시작하여 사마천의 시대, 즉 한나라 무제에 이르는 3000여 년의 역사를 서술하고 있는 책이다. 사기는 12본기, 10표, 8서, 30세가, 70열전 등으로 구성되어 있다.

〈12본기〉

본기는 '근본이 되는 기록'이라는 뜻으로, 전설상의 임금인 오제에서 한무제에 이르기까지 제왕들의 정치와 행적을 기록한 것이다. 하지만 〈항우본기〉나 〈여후본기〉처럼 천자의 자리에 오르지는 못했지만, 실질적인 권력을 가진 인물을 본기에 기술하기도 했다. 사마천은 허울뿐인 '권좌'보다는 실질적인 '권력'이 누구에게 있는가를 더 중시했던 듯싶다.

〈10표〉

표는 세표 1편, 연표 8편, 월표 1편으로 구성되어 있는데, 오제 시대 이후에 일어난 여러 사건들을 시대순으로 일목요연하게 정리한 것이다.

〈8서〉

국가의 중요한 제도와 문물을 주제별로 나누어 정리한 것이다. 고대 왕조에서 가장 중요시했던 예악과 제사 의식, 군사, 국가 대사나 농사에 더할 나위 없이 중요했던 역법과 천문, 고대 중국 사회의 가장 중요한 사업 가운데 하나였던 황하를 중심으로 한 치수, 국가 재정 및 경제문제 등이 서술되어 있다.

〈30세가〉

세가는 제왕(천자나 황제)으로부터 영토를 받아 독립적으로 제후국을 이룬 제후, 그리고 그의 가계와 역사에 관한 기록이다. 이 역시 〈12본기〉와 마찬가지로 시대순으로 되어 있다.

〈70열전〉

열전에는 한나라를 다스렸던 재상에서부터 유림과 협객, 그리고 중국 이외의 오랑캐에 이르기까지 사회 각계각층의 사람들이 총망라되어 등장한다. 백이, 숙제, 맹자, 순자, 중니 등 고결한 이상과 인품을 지닌 사람들도 있고, 상앙, 범저, 이사, 몽염, 회음후(한신)처럼 위대한 업적을 남긴 인물들도 있다.

역대 중국 정사의 모범이 된 기전체의 효시

《사기》의 본래 제목은 《태사공서(太史公書)》였다. 글자 그대로 '태사공이 쓴 글'이라는 뜻이다. 태사공은 태사령이었던 아버지 사마담과 사마천을 말하는 것으로 두 사람이 함께 쓴 책이라는 의미다. 이 것이 《사기》로 불리기 시작한 것은 위진 시대 이후의 일이다. 이 시대에 들어 사마천의 글이 역사서 그것도 정사(正史)를 기록하는 형식으로 공식화되었기 때문으로 짐작된다. 즉 사마천이 본기·세가·열전·표·서로 구분하여 역사를 기록한 방식이 정형화되어, 후대 사람들이 '역사의 기록'이라는 뜻의 '사기'라는 이름을 붙여 준 것으로 추측할 수 있다. 관찬 역사서도 아닌 사마천 개인의 기록인 《사기》가 후대에 24사(史)의 필두로 거론된 것은 우선 중국 전설 시대부터 춘추 전국 시대를 거쳐 한 무제까지 이르는 시기의 유일한 통사이기 때문이다.

사마천은 자신의 심정을 친구에게 토로한 글에 "나같이 별 볼 일 없는 사람 하나가 죽는 것이 무슨 대수인가. 궁형보다 더 치욕스러운 것은 없지. 나는 하루에도 내장이 아홉 번이나 뒤틀리는 아픔을 느끼고 (⋯) 이 수치심을 떠올릴 때마다 등골에 땀이 배어 옷을 적셨지. (⋯) 이제 내가 저술한 이 글이 세상에 나와 사람들에게 전해진다면, 내가 이전에 당했던 굴욕이 보상되리라 믿네."라고 썼다. 여기서 보듯이 《사기》는 죽음을 결코 가벼이 여기지 않았던 역사가의 인고의 산물이요 분신이라 하겠다.

지식인의 역사에서 민중의 역사로
사대의 역사에서 자주의 역사로

일연, 《삼국유사》

옛 성인들은 예와 악으로 나라를 부흥시키고, 인의로 가르쳤으며, 괴상한 힘이나 난잡한 귀신을 말하지 않았다. 그러나 제왕들이 일어날 때는 부명을 안고 도록을 받아 반드시 보통 사람보다 다른 업적을 쌓고, 큰 변란을 틈타서 대기를 잡고 대업을 이룬다. (…) 간적은 제비 알을 먹고 설을 낳았으며, 강원은 거인 발자국을 밟아서 기를 낳았다. 요는 잉태한 지 14개월 만에 태어났고, 패공은 어머니가 용과 큰 연못에서 교합하여 태어났다. 이 밖에 수다한 것을 어찌 다 기록하겠는가. 그러니 삼국의 시조들이 모두 신기한 일로 인해 태어난 것이 어찌 괴이하겠는가. 이것이 신이를 다른 편보다 먼저 놓는 이유이다.

《삼국유사》 권1, 〈기이〉편 1, 서

알려진 바가 많지 않은 고려 시대의 고승
《삼국유사》의 유명세에 비하여 저자 일연에 대해서는 이름 외에는 별로 알려진 사실이 없다. 그러나 그는 고려 왕조에서 국사(國師)의 자리에 오를 정도로 명망 있는 인물이었으며, 그에 관한 비문이 지금까지 남아 있다. 그 비문은 1200자가량으로 그의 가계와 생몰 연도 그리고 주요 활동이 자세히 기록되어 있다. 그에 따르면 일연은 고려 희종 2년(1206) 경상북도 경산에서 태어났다. 이 시기는 칭기즈칸이 몽골을 통일하고 제국을 건설했으며, 고려에서는 최씨 정권이 집권하여 지배하던 때로, 그의 일생은 결코 순탄치 않았다. 열네 살에 출가한 그는 다소 늦은 시기에 세상에 이름을 알렸으며, 1283년 78세의 나이로 국사가 되었다. 국사는 종신직이지만 이듬해에 바로 은퇴하여 경상북도 군위의 인각사로 내려가 84세에 입적했다. 《삼국유사》는 그가 인각사에 머무는 동안 완성한 것으로 보인다.

한반도의 신화와 설화의 보고

《삼국유사》는 1281년(충렬왕 7년)을 전후한 시기에 편찬되었으며, 전체 5권 9편으로 이루어졌다. 제1, 2권은 왕력편과 기이편, 제3권은 흥법편·탑상편, 제4권은 의해편, 제5권은 신주편·감통편·피은편·효선편으로 구성되어 있다. 중국의 고승전 체제를 참고하여 구성했지만, 전체 분량의 절반이 왕력편과 기이편으로 구성된 것은 그만의 독자성으로 볼 수 있다.

이 책은 불교 관계의 기사를 많이 실었는데, 《삼국사기》가 유교의 입장을 강조하여 불교 기사를 소홀히 했기 때문에 불교 입장에서 역사 서술을 하려는 저자의 의도가 반영된 것이다. 또한 《삼국유사》에는 주체적으로 사료들을 정리하려는 노력이 엿보인다. 특히 우리 민족의 공동 시조로서 단군에 대한 인식이 주목되는데, 이는 몽골 족의 압박과 간섭이 격심했던 상황에서 민족적 자각이 크게 대두되었던 시대 의식을 반영한 것이다. 고구려 계승 의식·신라 계승 의식 등으로 나타났던 고려 전기·중기의 사관과는 달리, 단군을 민족의 공동 시조로 인식하는 고려 후기의 민족의식·역사의식의 발전적인 모습이 나타나 있는 것이다.

또한 《삼국유사》에는 다방면에 걸친 자료들이 수집·분류되어 있다. 단군신화를 비롯한 민간 설화, 불교에 관한 내용이 실려 있어서 고대 우리 역사와 사회 문화 전반에 관한 귀중한 자료로 활용된다. 뿐만 아니라 사회경제사와 사상사, 고고학, 민속학 등의 연구 자료가 되었으며, 다른 책에 전하지 않는 신라 향가 열네 수가 실려 있어 국문학 연구에서도 귀중하게 쓰이고 있다.

우리 역사의 자주성을 우뚝 세우다

일연의 세속명은 견명(見明)이고, 승려가 되어서는 회연(晦然)이라 불렸다. 세속명의 밝음(明)과 승명의 어둠(晦)을 하나로 보겠다는 뜻으로 만년에 일연(一然)이란 이름을 썼다고 전해진다. 이름 속에 담겨 있는 불교의 진리가 책에서도 고스란히 묻어난다. 보는 이에 따라 《삼국유사》는 역사서나 고승전 또는 설화집으로 해석되는데, 실제로는 그 세 가지 성격을 모두 갖췄다고 할 수 있다. 이 책의 체재는 정사(正史)인 《삼국사기》와 다를 뿐 아니라 불교사서인 《해동고승전》과도 다르다. 언뜻 보면 10과(科)로 분류한 중국의 고승전과 비슷한 듯하지만, 왕력·기이·효선 등 중국 고승전의 선례와 다른 것도 있다.

《삼국유사》는 일차적으로 저자가 관심을 가진 자료들을 수집하고 분류한 뒤 이를 자유로운 형식으로 기술한 역사서이다. 일연이 밝히고 있듯이 사가의 기록에서 빠졌거나 간단히 기록된 것들을 자세히 표현했다. 이 책의 두드러진 특징이라고 한다면 신이한 기사가 많다는 것이다. 이는 유교적 합리주의 사관에 대한 일연의 비판 의식에서 비롯되었다. 원나라의 간섭을 받으면서 문화적 위기를 느꼈고, 단군의 고조선부터 시작되는 한국 고대사의 체계를 세워 우리 역사의 자주성을 강조하고자 했던 저자의 뜻이 반영된 결과물이다.

《삼국유사》는 고구려, 백제, 신라 삼국뿐 아니라 고조선에서 고려까지의 역사를 폭넓게 다루고 있다. 이 책에는 다른 역사서에서는 보기 어려운 단군신화를 비롯하여 우리 민족의 신화와 설화, 불교와 민속 신앙 자료가 한데 어우러져 있다. 무신 정권과 몽골의 침입 등으로 정세가 불안한 시기에 일연은 오랫동안 모아 온 자료들을 정리하여 민족의 자부심을 높이려 했다. 《삼국유사》는 우리 민족 주체성의 토대 위에서 우리의 고대사를 바라본 최초이자 최고의 역사서이다.

페르시아 전쟁과
페르시아제국의 역사에 대한 기록

헤로도토스, 《역사》

자유와 평등이 단순히 한 가지 측면뿐만 아니라 모든 점에서 얼마나 중요한가를 보여 주었다. 왜냐하면 아테네가 독재하에 있을 때는 주변의 어떤 국가보다도 전력이 낫다고 할 수 없었는데, 독재자로부터 해방되자 일약 타국을 제압해 최강국이 되었기 때문이다. 그리스인들은 압제하에 있을 때는 독재자를 위해 일하는 것이기에 일부러 비겁한 행동을 했으나, 자유로워진 뒤로는 저마다 자신을 위해 의욕을 불태운 것이다.

여행이 만들어 낸 천부적인 이야기꾼

헤로도토스(B.C. 484~B.C. 430)는 에게해 연안의 항구도시인 할리카르나소스(지금의 터키 보드룸)에서 명문가의 아들로 태어났다. 그의 일생은 상세히 전해지지 않으며, 다만 저작물들을 통해 추측할 수 있을 뿐이다. 그는 정치적 이유로 사모스 섬에서 잠시 망명 생활을 했고 이후 아테네에서 지냈는데, 정치가 페리클레스 및 비극 작가 소포클레스와 친분을 맺게 됐다. 그는 '이야기꾼'으로서 청중에게 아테네의 여러 명문가와 전쟁 이야기, 다양한 역사적 사건들, 미지의 땅에 대한 경이로운 이야기를 들려주었다. 그 뒤 아테네가 기원전 444년(또는 기원전 443년)에 건설한 남이탈리아의 식민지 투리오이로 가서 시민이 되었으며, 거기에서 여생을 마친 것으로 추정된다. 헤로도토스는 여러 그리스 도시를 방문하고 주요 종교 축제나 경기가 열리는 곳을 찾아가 이야기를 하기도 했다.

기원전 431년 아테네와 스파르타 사이에 펠로폰네소스 전쟁이 터져 그리스 세계가 양분되었다. 이에 페르시아의 제국주의적 팽창에 맞서 양국이 동맹을 맺어 싸웠던 역사에 초점을 맞춰 연속된 이야기체로 꾸민 책이 바로《역사》이다.

숙명의 라이벌, 그리스와 페르시아

9권으로 된《역사》는 그리스와 페르시아의 전쟁이 골자이며, 기원전 479년까지의 사실을 기록하고 있다. 소아시아의 리디아 왕 크로이소스는 많은 재물을 모아 번영하고 소아시아의 그리스 식민지를 정복하지만, 페르시아 왕 키로스에게 패해 멸망한다. 키로스는 메디아를 멸망시키고, 다시 바빌로니아, 마사게다이를 병합한다.(1권) 키로스가 죽은 후 왕위에 오른 아들 캄비세스는 이집트 원정을 구상한다.

2권에는 이집트의 기후, 풍토, 지세, 인정, 역사, 종교 등이 상세히 기록돼 있다. 캄비세스는 마침내 이집트를 정복하지만 정신이상 상태에서 갖가지 무도한 행동을 한 뒤에 죽고, 다레이오스가 다음 왕위에 오른다. 그는 페르시아 왕국을 건설하고 그리스 세계를 위협한다.(3권) 다레이오스는 먼저 흑해 북쪽 스키타이를 침공하고, 다시

리비아, 특히 그리스의 식민지 키레네를 침범한다. 이어서 헤리스폰토스의 건너편 언덕으로 진출하여 트라키아를 세력권 내에 넣음으로써 그리스에 대한 압박을 강화한다.(4권)

한편 밀레토스의 참주 히스티아이오스의 선동으로 소아시아의 이오니아인이 다레이오스에 맞서 반란을 일으키지만 성공하지 못했는데, 배후에서 아테네가 지원했기 때문에 다레이오스는 그리스 원정을 결심한다.(5권) 1차 원정은 실패하고, 2차 원정 때는 유명한 마라톤 전투가 벌어진다.(6권) 다레이오스 왕이 죽고 크세르크세스가 왕위에 올라 10년 후에 제3차 원정에 나선다. 오만하고 우쭐해진 크세르크세스 왕은 악몽을 진실로 믿고 대거 침입했던 것이다. 테르모필라이의 험준한 진지를 수호하는 스파르타의 레오니다스는 비장하게 최후를 맞는다.(7권)

그러나 아르테미시온, 살라미스의 해전에서 형세는 바뀌어 크세르크세스 왕은 결국 원정에 실패한다. 크세르크세스 왕이 패주한 뒤 플라타이아의 전투, 미칼레 해전에서 그리스는 마지막 승리를 거둔다.

탐구와 관찰을 거친 역사적 사건의 대기록

헤로도토스가 오늘날까지 '역사의 아버지'로 불리는 이유는 무엇일까? 바로 신화와 사실이 뒤섞여 상식적으로 믿기 힘든 옛날이야기가 아니라, 조사와 증거, 수많은 탐구와 관찰을 바탕으로 합리적인 사고를 펼쳐 역사적 사건을 기록했기 때문이다. 헤로도토스는 개별 사건이 어떻게 연관되는지, 다른 사건뿐만 아니라 후대에 어떤 영향을 미쳤는지, 이로 인해 사람들의 삶이 어떻게 달라졌는지를 하나의 형식으로 통일했던 것이다.

당시 대표적인 역사서인 호메로스의 《일리아드》나 《오디세이》는 서사시의 형식을 띠고 있으나, 헤로도토스는 더욱 합리적인 탐구를 위해 '시'가 아닌 '산문', 즉 이야기 형식으로 역사를 썼다. 그는 개별 요소들을 적절히 결합하여 하나의 길고 세밀한 이야기로 만들었으며, '증거'에 호소하는 과학적이며 객관적인 역사 서술의 문을 열었다. 무엇보다 전해 오는 수많은 자료를 정리하는 데 많은 노력을 기울였다. 역사를 서술하기에 앞서 통일성과 일관성, 과학성과 객관성의 토대 위에서 사료를 선택했다는 점에서 헤로도토스를 역사의 아버지라고 평가하는 것이다.

《역사》는 헤로도토스가 페르시아 전쟁의 역사를 기록한 책으로, 《페르시아 전쟁사》라고도 한다. 최초의 '동서대전(東西大戰)'을 다룬 것으로, 지금까지 이어져 왔고 앞으로도 계속될 동서 문명의 충돌을 살펴보게 한다. 헤로도토스는 그리스인과 이방인의 위대한 업적들을 기록함으로써 과거의 기억을 보존하고, '진실을 묻고 찾아 추적하는 탐구자' 입장에서 왜 양대 세력이 서로 전쟁을 하기에 이르렀는지를 밝히기 위해 이 책을 썼다.

세계적으로 가장 많이 팔린
역사학 이론서

—— 에드워드 카, 《역사란 무엇인가》

역사가는 그들 사실들의 비천한 노예도 아니고, 난폭한 지배자도 아니다. 역사가와 그의 사실의 관계는 평등한 관계, 주고받는 관계이다. (…) 역사가는 자신의 해석에 맞추어 사실을 만들어 내고 또한 자신의 사실에 맞추어 해석을 만들어 내 끊임없는 과정에 종사하는 것이다. (…) 역사가와 역사의 사실은 서로에게 필수적이다. 자신의 사실을 가지지 못한 역사가는 뿌리가 없는 쓸모없는 존재이다. 역사가를 가지지 못한 사실은 죽은 것이며 무의미한 것이다. 따라서 '역사란 무엇인가?'에 대한 나의 첫 번째 대답은 역사란 역사가와 그의 사실들의 지속적인 상호작용의 과정, 현재와 과거의 끊임없는 대화라는 것이다.

《역사란 무엇인가》(E. H. 카 지음, 김택현 옮김, 까치, 2007, 50쪽)

소련의 역사에 관해 탁월한 업적을 남긴 학자

카(1892~1982)는 1차 세계대전을 전후한 20년 동안은 외교관으로, 2차 세계대전 전후에는 웨일스대학교 교수로 일했다. 1961년 케임브리지대학교에서 강연한 내용을 출판한 《역사란 무엇인가》는 역사를 보는 관점과 역사의 의미를 다루고 있는 입문서이다. 그가 살았던 시대는 두 차례의 세계대전과 러시아혁명, 중국 혁명, 식민지 독립 전쟁 등 암울한 사건들이 연이어 일어났다. 그는 그 당시 유럽을 비롯한 전 세계에 짙게 드리워진 역사의 진보에 대한 회의주의와 비관주의를 극복하고, 미래에 대한 균형 잡힌 시각과 진보에 대한 신념을 제공하기 위해 이 책을 썼던 것이다.

역사란 '과거와 현재의 끊임없는 대화'

카는 《역사란 무엇인가》를 통해 역사가와 사실, 사회와 개인, 역사의 과학성, 역사에 있어서 인과관계, 진보로서의 역사 등 역사의 근본 문제를 자신의 체험을 바탕으로 구체적으로 밝혔다.

지난날 인간 사회에서 일어난 사실이 모두 역사일까? 카는 과거에 일어난 사실 중 누군가 중요한 것이라고 인정하고 선택하여 기록하고 해석한 것이 역사라고 말한다. 그리고 과거의 사실을 선택하여 역사적 사실로 만드는 사람이 역사가라고 했다. 그런데 역사가는 후세인들에게 참고가 될 만한 일, 혹은 중요한 영향을 미칠 것이라고 판단한 사실을 기록하지만, 이에 대한 평가와 의미는 시대나 사람에 따라 부단히 달라질 수 있다고 말한다. 이에 대해 카는 역사란 '현재와 과거의 끊임없는 대화'라고 요약한다.

무엇이 기록해 둘 만한 중요한 역사적 사실인가 혹은 무엇이 역사적 진실인가, 이에 대한 기준은 사람에 따라, 시대에 따라 다를 수 있다. 나중에 가치가 없어지는 역사적 사실도 있고, 처음에는 받아들여지지 않다가 시간이 지나 긍정적인 평가를 받는 사건도 있다. 그에 따르면 역사가가 절대적이고 객관적인 존재가 아니기 때문이다. 즉 역사가도 사회적 동물로서 자신이 살고 있는 시대가 요구하는 가치관, 필요성 등에 영향을 받는다.

그렇다면 역사는 자연과학처럼 보편성과 객관성을 가질 수 없는 것일까? 그는 과학자가 발견한 보편적이고 객관적인 일반 법칙이란 절대 불변의 진리라 할 수 없고, 다만 현재까지 유효한 가설에 불과한 것이라고 말한다. 반면 역사가는 과거의 특수한 사실을 선택하여 해석하지만, 이 과정에서 나름의 가설을 만들어 일반화하려 한다고 했다. 즉 자신이 선택한 특수한 사실을 관찰하여 인류 역사 전체를 관통하는 법칙성을 형성한다는 것이다. 이처럼 역사가가 만든 법칙성을 이해함으로써 오늘의 문제를 해결하고 미래를 예측할 수 있기 때문에 과학자와 역사가는 다른 분야에 종사할 뿐 동일한 방법과 목적을 갖는다고 그는 주장했다.

역사 속의 과거와 현재, 미래는 인과관계로 긴밀히 연결되어 있기 때문에, 과거의 어떤 원인이 현재의 결과를 만들고, 현재의 어떤 원인이 미래의 어떤 결과를 만든다. 이를 두고 카는 역사의 연구는 원인의 연구라고 정의하면서 역사 속에 우연은 존재하지만 그것이 변화의 주요인은 아니라고 주장한다. 문명이 발명 혹은 진화처럼 갑자기 등장한 것이 아니듯이, 역사의 진보는 인류의 축적된 경험을 토대로 나타나며, 진보에는 절대적인 방향은 없으나 역사 진행의 과정에서 구체적인 방향이 드러난다고 주장한다. 이를테면 정치적 해방, 경제적 평등, 사회적 평등, 사상의 자유 등이다.

역사 인식과 판단에 대한 새로운 전기

이 책이 출판된 해는 1961년이다. 두 차례의 세계대전을 겪으며 역사의 진보를 회의하던 유럽에서 카의 역사철학은 그러한 비관주의를 치유하는 데 한몫했다. 우리나라에서도 같은 시기에 번역·출간되어 읽히기 시작했고, 특히 1980년대 독재 체제에서 민주화 운동에 참여한 학생들의 필독서가 되었다. 이는 카의 역사관이 비관주의에 빠져 있던 유럽에서 역사의 진보에 대한 확신을 제시했듯이, 분단과 독재로 점철된 우리 상황에서도 민주화와 통일의 희망을 갖게 했기 때문이다. 이 책이 국내에 소개된 이후 학자들은 민족, 계급, 자본 등 기존에 관심을 두지 않던 범주에 눈을 돌렸으며, 새롭고 다양한 연구 분야를 개척해 나갔다.

19세기에는 역사란 과거 사실을 열거하는 것 혹은 진보의 발걸음이라는 믿음 때문에 '역사란 무엇인가?'라는 물음을 제기할 필요가 없었다. 그러나 20세기 들어 두 번의 대전을 거치고 '서구의 몰락'이라는 말이 흔해질 정도로 비관론이 확산되자, 과연 역사란 무엇인가하는 의문이 대두되었다. 이에 카는 《역사란 무엇인가》를 통해 폭넓은 체험을 바탕으로 균형 잡힌 역사관을 제시하여, 역사 인식과 판단에 있어서 새로운 해답을 제시했다.

아날학파의 시조이자
레지스탕스 투사가 남긴
역사의 진실

마르크 블로크,《역사를 위한 변명》

분명하지 않은 기원을 파악할 수 있게 해 주는 몇 안 되는 사료를 정확하게 해석하려면, 또한 문제를 올바르게 제기하고 그 기원을 어림짐작하려면, 현재의 모습을 관찰하고 분석한다는 전제조건을 필요로 한다. 왜냐하면 그것만이 연구의 시작을 가능하게 하는 전체적인 관점을 제공하기 때문이다.

《역사를 위한 변명》(마르크 블로크 지음, 고봉만 옮김, 한길사, 2007, 77쪽)

프랑스 아날학파의 기초를 다진 역사가

블로크(1886~1944)는 강한 문제의식과 책임감을 갖고 현실 사회를 파악한 실천적 역사가로 아날학파의 제1세대 학자였다. 그는 학문적 동반자였던 뤼시앵 페브르와 함께 1929년 〈사회경제사연보〉, 이른 바 〈아날〉지를 창간했고, 두 사람의 학문 성과는 1950년대 페르낭 브로델에 이르러 '아날학파'의 형성으로 이어졌다. 아날학파는 정치보다는 사회, 개인보다는 집단, 연대보다는 구조를 역사 인식의 기본 틀로 삼으며 전통적 역사학에 지리학·사회학·경제학·심리학·문화 연구·인류학 등을 결합하는 거대하고 섬세한 인식 체계를 구축했다. 장기 지속이라는 측면에서 역사를 관찰했고, 역사의 구조를 중시하는 사회사의 학문 체계를 제시한 아날학파는 20세기에 가장 영향력 있는 역사학파 가운데 하나로 자리 잡았다.

《역사를 위한 변명》은 학문 분과에 대한 폐쇄적인 방법론을 거부하면서 인접 사회과학의 방법론을 과감하게 받아들여, 역사학의 새로운 전망을 제시했다. 뿐만 아니라 역사학의 방법론을 가다듬어 후학들의 연구에 큰 영향을 미쳤다. 블로크는 레지스탕스 운동에 참여했다가 1944년 독일군에 체포되어 58세의 나이로 고향 근처에서 처형되었다. 이 책은 그가 레지스탕스 운동에 가담하기 직전까지 틈틈이 집필한 저작으로, 마지막 역사 저술이자 미완성 유고집이다. 이 미완성 원고는 평생의 동료였던 뤼시앵 페브르의 손질을 거쳐 1949년 세상에 나왔다.

역사란 시간 속의 인간들에 관한 학문

《역사를 위한 변명》은 블로크가 역사를 주제로 쓴 책으로 서론과 5개의 장으로 구성되어 있다. 이 책은 고증학적 엄격성의 노예가 되어 현실을 제대로 이해하지 못한 채 과거라는 '지하 감옥'에 격리된 역사가들을 위한 글이며, 역사가 단지 사실을 합리화하느라 급급한 자들의 도구에 불과하다는 역사 무용론에 맞선 '역사를 위한 변론'이다.

블로크는 이 책에서 당시 역사학을 대하던 지식인들의 경멸과 냉소를 반박하면서 "역사의 대상은 인간"이라는 기치 아래 인간학으로서의 역사학을 강조했다. 역사의 주체가 인간이기 때문에 당연히 역사의 대상을 인간이라고 보는 블로크는 역사란 과거의 한 사건에 대한 기록이 아니라 "시간 속의 인간들에 관한 학문"이라고 정의한다. 따라서 역사란 역사 자체를 위해 존재하지 않고 인간을 위해 존재하며, 역사학은 현재 살아 있는 인간을 위해 역사가에 의해서 창조되므로 인간과 인간 사회에 대한 총체적인 이해에 기반해야 한다고 강조했다. 또한 역사가들이 오래전부터 집착해 온 '기원이라는 우상'은 물론 과거와 현재를 나누는 인위적인 구분을 비판한다.

블로크는 역사가들이 죽은 이의 주머니를 뒤져 유물을 찾아 전시관에 보관하는 행위에서 벗어나 "역사적 감수성"을 가지고 탐구에 임해야 한다고 주장한다. 그리고 역사가를 과거와 현재를 연결하는 사람이라며, 현재에 관한 이해가 부족하면 필연적으로 과거를 알지 못하게 되므로, 현재를 이해하는 능력이야말로 역사가의 중요한 자질이라고 말했다. 더불어 '흔적'의 추적을 통한 증거의 탐구, 정보 출처에 대한 엄격하고 비판적인 검토, 자료 분석을 통한 적절하고 공정한 단어의 탐색 등 역사 방법론을 제시하면서 "역사에서 원인은 가정하는 것이 아니라 탐구하는 것"이라고 주장했다.

역사 연구에 비교사와 전체사를 도입하다

《역사를 위한 변명》을 통해 블로크는 인간학으로서의 역사학을 강조했고, 역사학을 시간 속의 인간들에 관한 학문으로 자리매김시키려고 노력했다. 이 책은 과거를 바탕으로 현재를 이해하고 미래를 예측하는 실증주의적 학문으로서 역사학의 중요성을 이야기한다. 역사학은 참으로 방대하다. 역사가는 역사적 증거를 탐구하기 위해 때로는 과학자, 지질학자가 되고, 심리학자나 고고학자가 되기도 한다. 그래서 사실은 모든 학문 위에 설 수 있음에도, 방대하고 모호한 경계 때문에 오히려 잡다한 지식을 다루는 엉터리 학문으로 치부돼 제 가치를 인정받지 못하는 경우가 있다. 또한, 나열에 지나지 않는 사건 중심의 역사학은 다른 학문의 도구로 전락하기도 하고, 비방하는 이들은 역사학의 본질이나 가능성조차 부정하기도 한다. 그래서 블로크는 역사가들이 어떻게 하면 오류와 오용을 피하고 정확한 추론을 통해 역사적 사실을 파악하고 전달할 수 있을지를 고민하며 방법론을 제시한다. 인간 중심의 역사학을 역설하고, 역사가의 이런 활동으로 역사의 정당성을 계속해서 입증함으로써 역사학을 끊임없이 발전시켜야 한다는 것이다. 이 책은 원래 계획했던 항목들 가운데 약 절반 정도만을 집필한 상태에서 블로크가 처형을 당해 미완으로 남았다. 하지만, 역사 연구에 새로이 비교사와 전체사를 도입해 큰 의미가 있다. 이 책은 프랑스의 지적 전통과 아날학파의 역사 이론, 역사학과 현실의 관계를 이해하기 위한 필독서이다.

《역사를 위한 변명》은 블로크가 역사란 무엇인가라는 근본 의문을 풀기 위해 쓴 책이다. 이 책은 역사학을 대하는 일반 지식인들의 경멸과 냉소적인 풍조를 반박하면서 '역사의 대상은 인간이다'라는 기치 아래 인간학으로서의 역사학을 강조한다. 또한, 역사란 과거를 연구하는 죽은 학문이 아니라 현재를 이해하고 미래를 예견하는 데 도움을 주는 유용한 학문임을 밝히고 있다.

거시적 안목으로 펼치는
문명의 흥망성쇠

아널드 토인비, 《역사의 연구》

미개사회의 음의 상태 속에서 출현한 '부모' 문명을 갖지 않는 문명으로부터 그 뒤에 출현한 선행 문명과 여러 가지 형태로, 또는 여러 가지 정도에 있어서 관계를 갖는 문명에 눈을 돌려보면 이들 문명은 자연환경의 도전이 어느 정도 자극을 주었겠지만, 주요하고도 본질적인 도전은 '부모' 사회와의 관계로부터 생긴 인간환경의 도전이었다는 것이 분명하다. 이 도전은 부모 사회와의 관계 그 자체에 내포되어 있는 것으로서, 그것은 분화로 시작되어 분리에서 정점을 이룬다.

독자적 문명 사관을 제시한 문명비평가

토인비(1889~1975)는 영국의 역사가이다. 역사에 취미를 붙여 결국 역사학자로 성장하게 된 것은 스코틀랜드와 잉글랜드의 역사 교과서를 집필한 역사가 어머니에게 밤마다 역사 이야기를 들으면서 성장했기 때문이라고 한다. 옥스퍼드대학교에서 로마와 그리스의 고대사를 전공하고 왕립국제문제연구소 연구부장, 런던대학교 교수 등을 역임했다. 1차 세계대전의 발발로 현대사와 서유럽 문명의 장래에 대한 위기의식이 일었는데, 이런 상황이 동기가 되어 1927년부터 《역사의 연구》 집필에 몰두했다. 1차 세계대전이 일어났을 때, 옥스퍼드대학교에서 투키디데스에 관한 강의를 하던 토인비는 고대 그리스사와 현대사의 유사성, 즉 철학적 동시대성을 깨닫고 비교문명론 차원에서 세계사를 고찰하게 되었다. 더욱이 1920년 전후로 출간된 오스발트 슈펭글러의 《서양의 몰락》은 문명 단위에 대한 역사적 고찰과 문명의 병행성 연구로 눈을 돌리게 된 계기가 되었다. 1차 세계대전을 겪은 뒤 '제 문명의 철학적 동시대성'에 관한 연구를 시작한 토인비는 이런 성과를 《역사의 연구》에 고스란히 담아냈다.

도전과 응전이 만들어 낸 인간 문명

《역사의 연구》는 토인비가 30년 가까운 집필 끝에 독자적인 문명사관을 제시한 필생의 역작으로, 12권으로 되어 있다.

저자는 문명의 발생, 성장, 쇠퇴, 해체의 과정을 동일하게 지배하는 역사법칙이 있음을 규명하면서, 거시적이고 포괄적인 문명사관을 전개했다. 그는 기존의 국가를 단위로 한 역사관이나 서양 문명을 중심으로 한 문명관을 극복하여 21개의 문명을 새롭게 설정하고, 도전과 응전이라는 원리를 도입하여 문명의 발생, 성장, 쇠퇴, 해체 과정을 해명했다.

토인비는 도전과 응전의 역사는 세계사의 흐름에서 잠시도 쉬지 않고 이어져 왔다고 보았다. 자연의 도전에 대한 인간의 응전이 바로, 인간 사회의 문명과 역사를 발전시키는 바탕이 된다고 본 것이다. 도전과 응전의 관계는 민족 사이의 힘의 불균형 내지 세력의 확장에서 발생한다. 역사를 '발생·성장·해체'의 과정을 주기적으로 되풀이하는 유기체로 봤던 그는 문명이 발생할 때는 반드시 '창조적 소수자'가 나타났다고 주장했다. 이 소수의 창조자들은 응전의 방식을 찾아내고 이를 한 집단에 전파하는 역할을 하는 사람들이다. 이들에 의해서 잘못된 인습이나 가치관은 깨지고 과거와는 다른 사회가 탄생한다. 이렇게 정적인 사회에서 동적인 상태로 변모한 사회가 문명을 성장시킨다는 것이다. 문명의 성장기에는 사회의 다수가 창조적 소수를 기꺼이 모방해 일체감을 형성하게 된다.

그러나 일단 도전에 성공한 소수가 자신과 자신이 창조한 제도를 우상화함으로써 창조성과 지도력을 잃어 문명이 쇠퇴하고 창조적 소수는 지배적 소수로 전락하는데, 이리하여 문명 전체를 하나로 통합하는 세계국가의 단계에 도달한다. 동시에 내적 프롤레타리아에 속하는 종교인들과 외적 프롤레타리아에 속하는 전투 집단의 충돌로 문명은 해체되고, 동란 시대로 들어가 문명의 한 주기가 끝이난다. 또한 토인비는 문명의 추진력을 차원이 높은 문명과 낮은 문명 간의 '도전'과 '응전'의 상호작용에 있다고 보았다. 도전에 대한 응전의 저력을 갖추지 못한 민족이나 국가는 자연히 소멸해 왔다는 사실을 역사는 잘 보여 준다.

다양한 문명의 발전과 멸망을 비교 분석

《역사의 연구》에서 토인비는 긴 역사 속에서 반복되는 문명의 흥망성쇠를 고찰했다. 그는 그리스 이래 쇠퇴하였던 역사의 반복성에 주목하여 고대와 현대 사이에서 철학적 동시대성을 발견하고 역사의 기초를 문명에 두었다. 그는 역사 연구의 단위는 국가나 시대가 아니라 문명사회여야 한다는 입장에서 세계사의 제 문명을 21개로 분류하고, 이 문명의 발생, 성장, 쇠퇴, 해체 과정에 공통된 역사의 법칙성을 규명하면서 거시적이고 포괄적인 문명 사관을 전개한다.

그의 문명 사관은 19세기 이후의 전통 사학에 정면으로 도전함으로써 새로운 역사학의 길을 개척했다는 점에서 크게 주목받았다. 이전까지 인류의 문명사를 좌우했던 시각들, 즉 결정론적 사관에서 벗어난 그의 혜안은 서구 중심의 역사 서술에 반성의 바람을 불러일으켰을뿐만 아니라 전 세계적인 찬사와 논란을 일으켰다.

그는 역사에 대한 포괄적인 연구를 지향하며, 세계사의 전체상과 의미를 해명한다. 자신의 민족적 체험이나 이해에만 주목하지 않고, 세계사적인 깊이와 눈으로 문제의 본질을 바라보았다. 토인비의 진지한 동기, 넓은 시야, 문제의 본질을 파악하는 깊은 통찰, 전문가를 능가하는 정확한 예측, 학대와 억압 받는 소수자에 대한 공감 등은 높이 평가받을 가치가 있다. 그는 여러 문명의 흥망 원인을 설명하는 독자적 개념으로서 '도전과 응전', '창조적 소수자와 지배적 소수자', '내적 프롤레타리아와 외적 프롤레타리아' 등을 제시했다.

《역사의 연구》는 인류 문명을 방대하게 고찰한 문명 비평서로, 고대와 현대를 연결하는 거시적 입장에서 집필한 역작이다. 토인비는 역사의 반복성에 주목하여 고대와 현대의 동시대성을 발견하고 역사의 기초를 문명에 두었다. 또한 문명을 하나의 유기체로 포착하고, 문명의 쇠퇴와 해체, 발생과 성장의 주기적인 과정을 조명했다. 이 책은 역사의 연구 단위를 민족이나 국가 중심으로 파악하던 기존 틀을 넘어섰으며, 인종이나 환경 등에 입각한 결정론적 사관에서 벗어나 역사를 인간 의지의 소산으로 자리매김함으로써 역사학 연구에 일대 전환점을 마련했다.

일제의 식민사관을 극복한
주체적 역사 해석

백남운, 《조선사회경제사》

조선 민족의 발전사는 그 과정이 아무리 아시아적일지라도, 사회 구
성의 내면적 발전 법칙자체는 완전히 세계사적인 것이며, 삼국 시대
노예제의 사회, 통일신라 이후의 동양적 봉건 사회, 이식 자본주의
사회는 오늘날에 이르기까지 조선 역사의 기록적 총발전 단계를 나
타내는 보편사적 특징(!)이며, 그 각각은 고유한 법칙을 갖는다. 여기
서 조선사 연구의 법칙성이 가능해지고, 세계사적 방법론에서만 과
거 민족 생활의 발전사를 내면적으로 이해하게 되면서, 현실의 위압
적 특수성에 대해 절망을 모르는 적극적인 해결책을 찾아내게 될 것
이다.

《조선사회경제사》(백남운 지음, 동문선, 2004, 27쪽)

마르크스주의에 입각하여 한반도의 역사를 연구한 학자

백남운(1894~1979)은 일제 시기에 한국의 원시·고대·중세의 사회경
제사를 연구하여 한국의 경제사학 발전을 도모한 선구자 역할을 했
다. 일본의 동경상과대학을 졸업한 뒤에 연희전문학교 교수로 재직
하면서 경제사를 강의했고, 1933년 우리나라 원시·고대 사회경제에
관한 최초의 사회경제사 연구라 할 수 있는 《조선사회경제사》를 발

간했다. 이어 저술한 《조선봉건사회경제사》에서는 우리 역사의 봉건시대를 통일신라와 고려 시대로 상정하고 유물사관에 입각한 한국사의 발전 과정을 체계화했다. 해방 후에는 좌익 세력의 정치가로서 활동했는데 월북하여 북한 최고인민회의 의장, 조국전선 의장 등 요직을 역임했다.

우리 역사의 계급 관계와 사회체제 변동에 대한 분석

이 책은 서론·본론·총결론으로 구성되어 있다. 서론과 총결론에서는 조선총독부에서 설치한 조선사편수회를 중심으로 기술한 한국 역사에는 봉건제가 없다는 점과 여기에서 비롯된 정체성 이론 및 타율성 이론이 일제 침략을 합리화하는 논리라고 비판했다. 그리고 민족주의 사학자 신채호와 최남선의 단군신화론은 원시 씨족공동체 내지 민족 형성의 역사 관점을 전혀 이해하지 못한 비역사적인 견해라고 비판했다.

본론은 크게 3편으로 나뉘는데, 각각의 내용은 원시 씨족사회, 원시 부족국가의 제 형태, 노예 국가 시대이다. 1편 원시 씨족사회에서는 씨족사회에 관한 학설, 조선 친족 제도의 용어, 조선의 가족 형태, 성씨제, 원시 조선의 생산 형태, 원시 씨족공동체를 분석하면서 한국의 고대사회가 마르크스 역사 이론에서 말하는 원시사회와 일치한다고 주장했다.

2편 원시 부족국가의 제 형태에서는 삼한·부여·고구려·동옥저·예맥·읍루의 가족과 부족 형태 및 부족 동맹 형태, 생산력과 사유재산의 발달에 따른 계급의 발생과 종족 노예의 등장 등을 소개했다.

여기에서 기원전 2세기 전후의 원시 공산사회 말기인 삼한 시대에, 원시 부족국가가 국가 성립으로 이르는 과도기적 단계로서 성립되었다고 주장했다. 그에 따르면 이 원시 부족국가는 부족 연맹체로 구성되었으며, 집단 소유에 기초한 종족 노예제가 일반화된 사회였다. 또 종족 노예제는 정복전쟁에 의한 노예의 증대를 배경으로 개인 소유에 기초한 일반적 노예제로 발전하여 노예국가로 나아가는 길이 되었다.

3편 노예국가 시대에서는 고구려·백제·신라의 노예제도 발달 과정과 노예제도의 편제, 토지제도와 경제생활의 계급상, 생산력 일반, 이데올로기 일반 등을 다루면서 노예국가의 성립을 다루고, 삼국시대를 노예사회로 규정했다. 당시의 주된 생산계급이 노예이기 때문이라는 것이다. 이 노예제 사회는 왕족·귀족·지방 호족·일반 농민·노예라는 형태의 계급 구성을 보였는데, 이 가운데 노예는 주로 왕족과 귀족계급의 소유물로서 토지 국유의 원칙 아래 왕족·귀족에게 하사된 토지를 경작했다고 보았다. 이 시기에 자연발생적인 대토지사유제와 특권 획득에 따른 소유지의 장원화로 노예와 일반 농민의 농노화가 진전되어 봉건제 사회로 이행하는 과정을 밟아 나갔다고 주장했다.

세계사의 발전 과정에 부합시킨 우리 역사

《조선사회경제사》는 마르크스주의의 입장에서 한국 사회의 정체성 이론이나 특수성 이론을 부정하고 지양했다는 점에서 사학사적으로 중요한 의미를 지닌다. 즉 유물사관의 역사 발전 법칙을 한국사에 적용하여 《삼국사기》, 《고려사》, 《고려사절요》 등 방대한 사료를 분석하여 세계사적 발전 과정과 일치하는 한국사의 체계를 모색했다는 데 커다란 의의가 있다. 하지만 서구 자본주의 발전 과정에 대한 연구 성과를 기계적으로 한국사에 적용했기 때문에 많은 문제가 노출되었다. 단적인 예로 고대사회를 노예사회로 규정하고 사회적 생산 면에서 노예에 의한 생산이 질적·양적으로 우세하다고 보았으나, 우리나라의 역사 과정에서 노예 노동이 사회적 생산에서 주류를 이룬 시기는 없었다. 이런 문제점에도 불구하고 이 책이 한국사 연구에 미친 공헌은 지대하다. 해방 이후 사회경제사 연구나 과학적 한국사 연구는 백남운의 업적을 비판적으로 계승 발전시킨 것이기 때문이다.

유물사관의 입장에서 쓰인 《조선사회경제사》는 일제하 한국사의 정체성을 강조하는 주장에 맞서 한국사도 세계사의 보편적인 발전 법칙에 입각하여 발전해 왔음을 주장했다. 더 나아가 민족주의 사학의 정신주의, 즉 관념성을 비판하기도 했다. 또한 당시까지의 역사 서술이 왕조 중심이거나 정치사 중심이었다면 백남운은 피지배계급에 초점을 맞춤으로써 한국 사회경제사 연구의 효시가 되었다.

기술과 과학 발전의 측면에서
바라본 중국의 역사

마크 엘빈, 《중국 역사의 발전 형태》

중국 중세의 경제 혁명이 지속되지 못했다. 아직도 확연히 그 이유를 설명할 수 없지만 약 1300년경부터 1500년경 사이에 중국의 경제는 쇠퇴하였고, 그 이후에는 단지 그 같은 쇠퇴로부터 서서히 회복했을 뿐이다. 좀 더 중요한 것은 14세기의 어느 시점부터 중국의 역사 발전의 내적 논리가 변화하기 시작했다는 점이다. 이 같은 사실을 설명하는 데 있어서, 단순하게 1700년의 중국 사회와 1300년의 중국 사회가 달랐다는 것을 말하려는 것은 아니다. 이 두 시기 사이에는 서유럽을 특정 짓는 것보다 희미하지만, 물론 큰 차이들이 존재하였다. 그러나 중요한 것은 장기간에 걸쳐 작용해 온 인과론적 유형에 변화가 발생했다는 것이다. 아마 기술이 이 같은 것 가운데 가장 명백하고 전형적인 예가 될 것이다. 중세의 경제 혁명 기간 동안의 경제성장은 새로운 생산기술의 발명을 수반하였다. 그러나 1500년과 1800년 사이에는 활기찬 경제성장이 재개되었지만, 발명은 거의 없었다.

《중국 역사의 발전 형태》(마크 엘빈 지음, 이춘식 외 옮김, 신서원, 1989, 207쪽)

중국사 연구에 독보적인 서양 역사가

엘빈(1938~)은 영국 케임브리지에서 영국인 아버지와 미국인 어머니 사이에서 태어났다. 영국 킹스칼리지와 하버드대학교 등에서 수학했으며, 미국, 프랑스, 영국, 오스트레일리아 등을 오가며 살았다. 케임브리지대학교, 글래스고대학교, 옥스퍼드대학교, 프랑스 고등보통학교 등에서 강의했으며, 호주 국립대학교의 아시아태평양연구소 교수로 오랫동안 재직하다 퇴임했다. 처음에는 유럽사를 전공했지만, 막스 베버와 조지프 니덤의 영향을 받아 중국사를 본격적으로 연구한 후 수십 편의 논문을 발표했다. 여러 나라들을 오가며 살았던 그는 중국과 유럽, 그리고 여타 지역의 사회경제적 발전 경험을 비교할 필요를 느꼈고, 그 결과 《중국 역사의 발전 형태》를 내놓았다.

앞서 가던 중국이 어떻게 반식민지로 전락했나

《중국 역사의 발전 형태》는 농업·군사 등의 기술과 과학 발전의 측면에서 중국 역사의 흐름을 살펴본 책으로 3편으로 구성되어 있다. 저자는 첫째, 로마제국과 여타 제국들이 완전히 붕괴한 반면 중국은 어떻게 존속할 수 있었는가? 둘째, 1100년경 이후로 중국이 세계에서 가장 진보한 경제체제를 일군 혁명의 원인은 무엇인가? 셋째, 중국이 여러 분야에서 경제적으로 진보하고 있었지만, 1350년경 이후 과거의 기술 발전 속도를 유지하는 데 실패한 이유는 무엇인가? 이상의 세 가지 문제를 다루고 있다.

첫째, 엘빈은 로마제국이나 서로마·동로마 제국은 한번 쇠퇴한 이후 결국 멸망한 반면 중국은 분열되지 않고 유럽 전체만 한 크기의 제국으로 존속한 이유를 종합적 기술 발달로 인해 주변 국가들보다 군사·경제·조직 면에서 한발 앞섰기 때문이라고 보고 있다. 다시 말해 영원한 제국 중국의 저력을 전통 시대의 사회·경제적 측면에서, 특히 과학과 기술의 발전에서 찾고 있는 것이다. 예를 들면 부단한 농경 기술의 개혁과 쇄신, 제철 기술의 발전, 화약의 발명, 대규모 운하와 수운의 건설, 화폐와 어음 제도의 실시, 도로의 확장과 보수, 인쇄술의 발명, 방직업에서의 기술 개혁, 수학과 의학의 발달 등 여러 분야에서 기술 쇄신과 발전이 중국의 비약적인 경제 발전을 낳았고 국력을 드높인 원동력이 되었다.

둘째, 12세기 이후 중세 혁명의 원인으로는 농업 혁명, 조운 혁명, 화폐와 신용 혁명, 시장 조직과 도시화 혁명, 과학과 기술의 혁명을 들고 있다. 구체적으로, 강남 지역이 중국 경제의 중심지로 성장, 곡물 시장의 성장, 운송과 통신의 발달, 통전 유통량의 증가, 교자·회자 등 지폐의 사용 증가, 시장과 도시의 성장, 10~14세기 절정에 이른 과학과 기술 진보에 의해 중국 중세의 경제 혁명이 일어났다.

셋째, 과학과 기술에서 이토록 앞서 갔던 중국 경제가 14세기 이후 서서히 쇠퇴한 이유는 과학과 기술의 침체 때문이라고 파악한다. 과학기술 침체의 가장 중요한 원인으로는 송대 신유학의 발달과 확산을 들고 있다. 결국 14세기 이후 중국 경제는 오직 양적으로만 성장했고 질적 발달은 멈추고 말았다. 오랫동안 지속된 이 같은 현상은 경제를 비롯한 모든 분야에서 정체 현상을 초래했고, 중국은 산업혁명을 통해 급부상한 서구에 정치·군사·문화 등의 모든 방면에서 주도권을 내줄 수밖에 없었으며, 마침내 반(半)식민지 상태로 전락하고 말았다. 엘빈은 중국이 주변국에 비해 항상 선진 문명을 뽐낸 이유는 과학·기술·경제·제도·군사 등의 분야에서 한발 앞섰기 때문이라는 사실을 이 책 전체를 통해 강조한다.

중국과 유럽의 역사에 대한 탁월한 비교 분석

《중국 역사의 발전 형태》는 오늘날의 중국을 이해하는 데 큰 도움을 준다. 중국의 역사가 특유의 양상을 유지한 이유를 기술 경제학의 변화를 중심으로 고찰하여 '불멸의 중국' 또는 '영원한 중국'의 저력이 전통 시대 사회·경제적 측면에 있다고 보았다. 저자는 중국의 중세 혁명에 대해 통계와 수치를 토대로 차분히 기술하여 중국의 실체를 이해하는 데 많은 도움을 주고 있다. 또한 유럽의 역사와 비교하여 중국의 경험을 고찰했는데, 중국인의 기술적 창조성은 깊은 뿌리를 지니고 있으며 한동안 활동을 중지하고 있었을 뿐이라고 말한다. 중국은 14세기 이후 과학과 기술 발전이 정체되었고, 근대에 이르러 서구에 의해 굴욕을 당하고 말았다.

《중국 역사의 발전 형태》는 불멸의 중국 제국의 생명력을 과학과 기술의 측면에서 설명한 책으로 중국의 실체를 이해하는 데 많은 도움을 준다. 이 책은 중국이 주변국에 대해 항상 선진 문명을 자랑할 수 있었던 까닭은 과학·기술·경제·제도·군사 등의 분야에서 한발 앞섰기 때문이라는 사실을 강조하는데, 서구 자본을 유치하고 기술을 도입해 쇄신에 성공하면 중국이 또다시 세계의 강국으로 부활하리라고 내다보고 있다.

부끄러운 우리 역사의 모습을 비추는 거울

류성룡, 《징비록》

《징비록》은 어떤 책인가. 전쟁 때 일어난 일에 대해 쓴 책이다. 그중에 전쟁 전의 일도 가끔 쓴 까닭은 전쟁의 발단을 밝히기 위해서다. 아! 임진년의 전쟁은 참혹했다. 수십 일 사이에 서울-개성-평양을 잃었고, 온 나라가 와해되어 임금께서는 서울을 떠나 피난길에 오르셨다. 그럼에도 오늘이 있게 된 이유는 하늘이 도운 덕분이며 (…) 《시경》에 "내 지난 잘못을 반성하여 후환이 없도록 삼간"다고 했으니 그래서 나는 《징비록》을 썼다.

임진왜란의 국난을 극복한 재상

류성룡(1542~1607)의 스승 퇴계 이황은 "마치 빠른 수레가 길에 나선 듯하니 매우 가상하다"고 그를 칭찬하면서, 하늘이 내린 인재이며, 장차 큰 학자가 되리라고 직감했다고 한다. 20대에 그는 스승인 퇴계의 학문과 인격을 흠모하여 배우기에 힘쓰고 배운 바를 실천에 옮기는 것을 일생의 목표로 삼았다. 붕당의 대립과 혼란 속에서도 비교적 탄탄한 승진의 과정을 밟던 류성룡이 51세가 되던 1592년 (선조 25년)에 임진왜란이 일어났다. 그는 앞날을 내다보는 혜안으로 인재를 등용하고, 자주국방에 심혈을 기울여 국난을 슬기롭게 헤쳐 나간 훌륭한 재상이었다. 호서, 호남, 영남을 관장하는 3도 도체찰사(지금의 합참의장)라는 직책을 맡아 전시의 군사 업무를 관장했다. 특히 임진왜란이 일어나기 전, 선조에게 건의하여 정읍 현감이던 이순신을 전라좌수사로 파격적으로 발탁하고, 권율을 형조정랑에서 국경지대의 요충지인 의주 목사로 보낸 것은 탁월한 조처였다.

지배계급에 대한 신랄한 비판

《징비록》은 7년간 진행된 임진왜란의 원인, 전쟁 상황 등을 기록한 책으로 전란이 끝난 뒤 류성룡이 벼슬을 그만두고 안동 하회마을 건너 옥연정사에서 한가로이 지낼 때 저술한 것이다. 이 책은 임진왜란 당시 우리 민족 내부의 적, 그러니까 지배계급을 신랄하게 비판하고 규탄한 기록물이다. 《징비록》은 임진왜란을 극복하는 과정을 적었으나 조선의 자긍심을 높이려는 미사여구는 전혀 찾아볼 수 없다. 책의 제목 그대로 지난 7년간의 참상을 돌이켜 보고 앞날을 경계하려고 집필했기에 필체는 담담하면서도 숙연하다.

류성룡은 임진왜란 초기 상주 전투에서 적의 동태를 파악할 수 있는 척후병의 중요성을 기술하고, 천혜의 요새를 갖춘 조령 방어선을 포기한 조선군의 상황과 신립을 호되게 비판하고 있다. 충주를 점령하고 한양으로 향하는 왜군의 기세에 선조는 한양을 포기하고 피난길에 오른다. 한양을 떠나는 임금과 대신들을 보고 "나라님이 우리를 버리고 가시면 우리들은 누구를 믿고 살아야 합니까?" 하고 절규했던 농부의 통곡은 류성룡의 마음이었을 것이다.

조선의 마지막 방어선이라 여겨졌던 평양성이 함락되자 민심은 조정을 떠났고 관청의 곡식을 훔쳐 내는 백성을 제어할 수도 없었다. 최후의 방어선이 무너진 상황에서 조선의 유일한 희망은 명의 원군이었다. 이러한 상황에서 선조는 나라를 구할 생각은 하지 않고 명나라의 요동으로 도망갈 생각만 하고 있었다. 류성룡의 만류로 좌절되었지만 한 나라의 군주로서의 모습은 아니었다.

마침내 하늘의 도움인지 명의 원군이 도착했고, 류성룡은 평양 인근에서 장차 도착할 명군에 제공할 지리 정보와 군량 등을 확보하기 위해 노력하는 한편 전세를 역전시킬 기회를 살핀다. 조명 연합군은 마침내 평양성을 회복하지만 명군은 전투에 적극적이지 않았다. 뿐만 아니라 언제든 도적 떼로 변할 수 있는 존재들이었다. 하지만 조선은 명과 일본 사이에서 너무나 무력했다. 이러한 상황에서 류성룡은 최전선에서 모진 역경을 이겨 내며 전쟁을 진두지휘했다. 때문에 자신이 직접 보고 들은 것 위주로 세세하게 전체 이야기를 구성하면서, 주요 전투나 협상 과정도 빠짐없이 기록할 수 있었다.

《징비록》의 서문에서 류성룡은 임진왜란의 승리 원인을 "첫째 하늘이 도운 것이요, 둘째 백성들이 나라를 사랑하는 마음이 그치지 않았던 것이요, 셋째 명나라에서 구원병이 여러 차례 왔기 때문이"라고 요약했다. 류성룡은 나라를 저버리지 않은 백성을 보았고, 민심을 배반하지 않기 위해 선조에게 조선 땅을 떠나지 말아야 한다고 주장했던 것이다.

임진왜란 연구의 고전

역사를 '과거와 현재의 끊임없는 대화'라고 한다면, 임진왜란이라는 주제를 택하여 공부할 때 최선의 방법은 전란을 직접 체험한 사람의 기록을 음미해 보는 것이다. 특히 일기처럼 시간 흐름에 따라 쓰인 기록을 차근차근 짚어 본다면, 막연히 생각해 왔던 전란의 극복 과정을 보다 생생하고 구체적으로 파악할 수 있다. 임진왜란 당시 최고의 관직인 영의정에 오른 인물이자, 도체찰사라는 군무의 최고직을 수행했던 류성룡이 말년에 쓴 《징비록》은 7년 전란의 참상을 소상히 알리는 귀중한 사료이다. 전문가들은 당시가 당파 싸움이 심했던 때였음에도 이 책이 어느 한쪽에 치우치지 않고, 다분히 객관적인 시각에서 기록했기에 사료로서 큰 가치가 있다고 평한다. 그만큼 임진왜란을 연구하는 사람에게는 필독서로 통한다.

이순신의 《난중일기》, 《선조실록》, 그리고 이 책까지 세 권을 가리켜 '임진왜란 3대 고전'이라고 한다. 《난중일기》는 변방의 장수가 임무를 수행하는 과정을 기술했고, 《선조실록》은 조정의 입장에서 매일 어전회의 상황과 보고를 있는 그대로 기록했다면, 《징비록》은 양자의 중간쯤에 위치시킬 수 있을 것이다.

《징비록》은 류성룡이 집필한 임진왜란 전란사로서, 1592~1598년의 7년에 걸친 전란의 원인과 전황 등을 기록한 책이다. 류성룡은 수많은 인명을 앗아 가고 비옥한 강토를 초토화시킨 참혹했던 전화를 회고하면서, 다시는 이러한 전란을 겪지 않도록 조정의 여러 실책을 반성하고 앞날을 대비하기 위해 이 책을 저술했다.

048

영웅들의 파란만장한 삶을 통해
이해하는 인간의 본질

플루타르코스, 《플루타르코스 영웅전》

테세우스와 로물루스는 공통점이 많아서 비교하기 적절할 듯하다. 둘 다 부모가 누구인지 분명하지 않으며, 신의 자손이라는 점에서 그렇다. "두 사람 모두 전사였고, 이것은 세상이 다 아는 바다." 그들은 힘과 지혜를 겸비했다. 세상에서 가장 찬란한 도시 로마와 아테네. 로물루스는 로마를 세웠고, 테세우스는 아테네를 대도시로 키웠다. 또 그들 모두 여자들을 겁탈했다. 게다가 불행한 가족사를 가졌고, 친척들의 미움과 분노를 샀으며, 말년까지도 시민들과 충돌했다.

로마 시대에 살았던 최후의 그리스인

플루타르코스(46?~126?)는 로마 시대의 학자이자 저술가이다. 그리스의 보이오티아 지방 카이로네아의 명문가에서 태어났다. 일찍이 아테네로 가서 철학자 암모니오스에게서 변론술·수학·과학·플라톤 철학을 배웠고, 그 후 지중해 여러 곳을 여행하면서 로마의 유명 인사들과 폭넓게 교제했다. 나중에는 그리스 지방의 로마 집정관을 맡았고, 델포이의 신관을 지냈다. 로마 시대 인물이지만, '최후의 그리스인'이라고 불릴 만큼 고대 그리스의 학문과 문화에 통달했고, 그리스어로 저술 활동을 했다. 박학다식하기로 유명했던 플루타르코스는 철학·종교·윤리·수사학·자연과학뿐만 아니라 문학·전기에 이르기까지 무려 227종에 달하는 책을 저술했다고 한다.

《플루타르코스 영웅전》은 그리스와 로마의 유사한 영웅 22쌍을 대비해 서술한 열전과 4편의 단독 전기로 구성돼 있는데, 문학 면에서는 물론이고 고대사의 사료로서도 중요한 저작이다. 플루타르코스는 사실을 가감 없이 작품에 담았고, 상세한 표현으로 인물의 진면목을 잘 드러냈다.

영웅들의 파란만장한 생애를 통해 인간을 말하다

《플루타르코스 영웅전》은 그리스 및 로마인들에 대한 전기로, 유사성이 있는 사람끼리 한 쌍씩 묶어 총 22쌍을 비교하여 평했기 때문에 흔히 '대비 열전'이라고도 불린다. 그 가운데 18쌍에는 별도로 두 사람을 비교하는 글이 붙어 있는 반면 나머지 4쌍의 경우는 그렇지 않은데, 이는 애초에 없었거나 유실되었을 것이다.

저자는 이 책에서 역사적 인물과 구전 설화에 등장하는 인물들을 아름다운 문체로 묘사했다. 테세우스와 로물루스, 알렉산드로스와 카이사르, 데모스테네스와 키케로 등 그리스와 로마의 영웅들과 위인들의 파란만장한 생애를 그들의 성격과 도덕적 견해를 대비해 묘사함으로써, 정의와 불의, 선과 악, 진리와 허위, 박애와 증오, 이성 간의 사랑 등 인간의 양면적 모습을 다루었다. 예를 들면 선은 악과 대비함으로써 모습이 더욱 명확하게 드러난다고 하여 선을 베푼 영웅의 전기뿐만 아니라 악을 저지른 영웅의 전기 또한 썼다. 플루타르코스는 권력을 장악한 뒤 사악한 행위를 저지른 한두 쌍의 인물전을 넣었는데, 이것은 앞서 간 이들의 선한 삶의 궤적을 의도적으로 과장함으로써 인류사를 미화하기 위한 의도라고 밝혔다.

플루타르코스는 인물들의 요점을 파악하고, 특징이 되는 말과 행동을 생생하고 흥미 있게 묘사했다. 어떤 인물을 다룰 때는 이들에게 더없이 공감하여 그들의 내면까지 파고들어 가려 했다. 때로는 소소한 사실들을 더욱 중요시하여 각 인물들의 일화를 흥미 있게 연결하고, 생김새와 유명한 연설 등을 통해 인물들을 보다 생생히 묘사하기도 했다. 가령 카이사르에 맞선 키케로의 웅변이라든가, 브루투스, 안토니우스의 열변 등을 읽으며 독자는 로마 공화정 말기의 격동하는 역사 속에서 서로 투쟁하는 인물들의 모습을 생생히 그려 볼 수 있다.

수천 년간 읽혀 온 고전 중의 고전

《플루타르코스 영웅전》은 그 안에 담고 있는 그리스와 로마의 영웅들과 위인들의 파란만장한 생애를 통해 인간의 다양한 모습을 보여주는 명저이다. 한니발, 키케로, 카이사르, 브루투스 등 위대한 영웅들은 서로 다른 나라에서 태어나 서로 다른 인생을 살았지만, 한결같이 조국과 자신의 믿음을 위해 지혜와 용기로 무장하고 일어섰다. 우리는 이 작품을 읽음으로써 용기와 지혜를 얻을 뿐 아니라 정의로운 삶을 성찰하게 된다. 한편 플루타르코스는 교훈과 실용성을 중시하여 위인들의 훌륭한 언행은 물론, 불의한 인물들의 행동까지 서술하고 있다. 의로운 인물의 빛나는 업적과, 불의를 저지른 인물들의 응보를 교차로 보여 줌으로써 인간이 나아가야 할 바른 길을 제시한 것이다. 그는 덕을 기르고 품성을 닦기 위해서는 '좋은' 인간뿐만 아니라 '나쁜' 인간도 알아야 한다는 사실을 잘 알고 있었다. 또 역사란 '좋은' 방법과 '나쁜' 방법, 선한 의도와 악한 의도가 뒤엉켜 만들어진다는 사실도 잘 알고 있었다. 이 작품 속에 나타난 역사와 인간이 바로 그러하기 때문이다.

시간과 공간을 초월하여 수없이 많은 사람들에게 세상을 헤쳐 나가는 지혜와 용기의 샘이 된 이 책은 서양 문명의 뿌리인 고대사를 이해하는 데 중요한 원전이다. '과거의 책'이지만 오늘날에도 여전히 읽히는 가장 오래된, 고전 중의 고전이다.

《플루타르코스 영웅전》은 고대 그리스와 로마의 널리 알려진 인물들의 생애가 담겨 있는 위인전이다. 영웅들의 파란만장한 생애에는 욕망과 권력, 선과 악, 미덕과 악덕, 영광과 좌절, 삶과 죽음, 이성 간의 사랑 등 인간의 모든 문제가 들어 있다. 저자는 교훈과 실용성을 중시하여 위인들의 훌륭한 언행은 물론, 불의한 인물들의 행동까지 서술하여 역설적인 의미에서 윤리와 덕성을 가르치고 있다.

한민족의
아픈 근대사를 서술하다

박은식, 《한국통사》

옛사람들이 이르기를 나라는 멸망할 수 있으나, 역사는 멸망할 수
없다고 했다. 대개 나라는 형체와 같고, 역사는 정신과 같은 것이기
때문이다. 지금 한국의 형체는 허물어졌으나 정신만은 남아 존재하
고 있으니, 이것이 통사를 저술하는 까닭이다. 정신이 존속해 멸망하
지 않으면 형체는 부활할 때가 있을 것이다.

민족의 혼을 중시한 역사학자

박은식(1859~1925)은 황해도 황주군에서 태어났다. 어려서부터 유
교 경전은 물론 제자백가와 불교, 기독교의 교리 등을 두루 공부했
다. 또한 조선 후기 실학을 집대성한 다산의 정치·경제·사회를 비
롯한 제 분야의 개혁론을 섭렵했고, 나아가 지행합일의 실천 윤리
에 바탕하여 현실 문제에 관심이 깊은 양명학을 연구했다. 박은식
은 1898년 독립협회에 가입하면서부터 민족운동에 본격적으로 뛰
어들었다. 개화 지식인들과 서울 민중들이 중심이 되어 전개한 독
립협회의 만민공동회 운동에서 지도자로 활동했으며, 민족 신문인

〈황성신문〉이 강제 폐간될 때까지 각종 애국적 논설을 발표하여 국민을 계몽하고 민족의식을 고취했다.

국권을 상실한 후 박은식은 1911년 5월 독립운동을 전개하고 역사서를 집필하여 민족혼을 진작하기 위해 중국 만주로 망명했다. 망명 초기에 그는《동명성왕실기》,《발해태조건국지》,《천개소문전》등 민족 영웅들에 대한 저술을 발표했다. 민족의 위기를 극복한 영웅들의 이야기를 통해 민중을 계몽하고 독립을 쟁취하기 위해서였다. 또한 망명 이후 꾸준히 집필하던《한국통사》를 완성했다.

47년에 이르는 민족의 수난사

《한국통사》는 한일 관계를 중심으로, 한국의 대외 정책과 한일 합방의 경위, 일본의 탄압 등 1863년 고종 즉위로부터 1910년 105인 사건 발생까지 47년간의 민족의 수난사를 담은 역사서이다. 이 책은 1915년 중국 상하이에서 출판되었다. 본문은 총 3편 114장으로 되어 있고, 각 장의 끝 부분에는 저자의 의견을 덧붙였다.

1편은 서설로 우리나라의 지리와 역사의 대강을 기술했다. 1장에서는 한반도의 위치와 산천, 각 지방의 중요 도시와 명승지, 특산물 등을 소개했고, 2장은 단군신화로부터 고종 즉위 전까지의 역사를 긍정적 시각으로 서술했다. 2편은 대원군의 섭정으로부터 아관파천, 대한제국 성립 직전까지의 중요한 역사적 사실을 기술했다. 대원군의 개혁 정치에 대해서는 긍정적으로 평가했으나, 서세동점의 시기에 국가를 개방하지 않음으로써 한국이 중흥할 기회를 잃었고, 이로 인해 한국의 아픈 역사, 즉 통사(痛史)가 시작되었다고 보았다.

3편은 모두 61장으로 1898년 대한제국이 성립했을 때부터 1911년 105인 사건에 이르는 시기에 벌어졌던 내용을 서술한다. 1장에서는 대한제국 성립 때의 국내 사정을 이야기하는데, 독립협회 활동상에 대해서는 높이 평가하지만 조급한 행동으로 인해 개혁에 실패한 것이라고 진단했다. 2~13장은 열강의 이권 쟁탈, 특히 일본의 경제적 침략과 1904년에 일어난 러일전쟁에 대해 서술하면서, 열강들은 우리나라의 이권을 쟁탈하고 일제의 환심을 사기 위해 한국 병합을 묵인했다고 비판했다. 이후로 일제 침략과 일본의 만행을 조목조목 설명하고, 주권 회복을 위한 애국지사들의 행동을 연대기순으로 기술한다.

비바람 속에서도 붓 놓지 않고 완성한 작품

이 책은 우리나라의 근대사를 최초로 종합 서술했다는 데 의미가 있다. 또한 근대사 연구에 있어서 중요한 문헌적 가치가 있다. 무엇보다 큰 특징은 독립운동에 직접 참여한 저자가 자신의 경험을 바탕으로 당시의 한국을 이야기하고 있는데, 이때 저자의 민족주의 사관이 서술의 토대가 되고 있다. 박은식은 역사를 보존하는 것이 나라를 되찾기 위한 전제조건이고 원동력이라고 생각했다. 따라서 한국사의 연구와 저술은 곧 독립운동이었고, 이를 위한 역량의 축적 과정이었다. 어려운 독립운동 전선에서 박은식이 한날 한시도 붓을 놓지 않고 역사를 저술한 이유가 바로 여기에 있다. 한국 근대사의 고전인 《한국통사》는 《한국독립운동지혈사》와 함께 일본의 침략상을 생생히 전해 주는 자료로서, 대외적으로는 일제의 잔학상을 폭로하고 대내적으로는 국민들에게 독립운동의 정신적 원동력을 공급했다. 한편 뼈아픈 역사적 교훈을 통해 자국의 반성을 촉구했다는 점에서 후학들에게 많은 깨달음을 준다.

《한국통사》는 민족주의 사학자인 박은식이 조국의 주권을 상실한 아픈 역사를 적은 역사서이다. 일제의 침략 과정을 폭로하는 데 초점을 맞추어 한국 근대사를 기술하면서, 일제의 침략에 저항한 의병의 항일 투쟁과 애국계몽단체의 교육 구국 운동을 긍정적으로 평가했다. 또 근대적 역사학의 방법을 도입해 역사를 비판하고 분석했으며, 역사를 지키면 나라의 독립을 지킬 수 있다는 신념을 갖고 독립운동의 일환으로 저술한 역사서이다.

근대사회를 분석하는
기준을 세우다

─────── **에릭 홉스봄, 《혁명의 시대》**

이중혁명의 시대가 가져온 경제적 귀결 가운데서도 선진국과 저개
발국을 갈라놓은 이러한 분열이 가장 뿌리 깊고 영속적이었다는 것
은 그 후의 사실들에 의해 입증되었다. 개략적으로 말해서 1848년
까지는 몇 나라가 선두그룹에 속하는가가 분명해졌다. (이베리아 반
도를 제외한) 서부 유럽과 독일, 북부 이탈리아, 중앙 유럽의 일부
와 스칸디나비아 및 미국, 그리고 아마도 영어를 사용하는 이민자
들이 사는 식민지가 곧 이 그룹에 속했다. 또 한 가지 명백했던 것
은 세계의 나머지 지역은 몇몇 작은 땅덩어리를 제외하고는 모두
뒤져 있거나, 아니면 서양의 경제적 종속물로 전락했다는 사실이다.
러시아 사람들이 1930년대에 후진국과 선진국 간의 이 같은 격차를
뛰어넘는 방도를 개발해 내기까지 이러한 격차는 움직일 수도, 뛰어
넘을 수도 없는 것으로 남아 있었고, 실상 그것은 세계의 소수 주
민과 다수 주민 사이의 격차로서 오히려 날이 갈수록 크게 벌어지
기만 할 것이었다. 20세기의 역사를 이 사실만큼 요지부동한 힘으
로 결정한 것도 없다.

《혁명의 시대》(에릭 홉스봄 지음, 정도영 외 옮김, 한길사, 1998, 348~349쪽)

좌파의 시각에서 세계사를 조망한 20세기의 지성

홉스봄(1917~2012)은 영국의 식민지였던 이집트에서 출생하여 독일 베를린에서 살다가, 히틀러 집권 이후 영국으로 이주하여 케임브리지대학교 킹스칼리지에서 역사를 전공했다. 고등학교 재학 시절부터 마르크스주의에 관심을 가졌고, 대학 시절에는 영국 공산당에 가입했다. 그는 '공산당 역사가들의 모임'에서 활동하면서 공산주의의 경직성을 비판하는가 하면, 역사 연구에서도 이념을 맹목적으로 내세우지 않고 객관적 사실에 충실한 면모를 보였다.

그에게는 모든 노동자가 역사의 주인공이었다. 즉 노동계급 전체의 경험을 총체적으로 조망했으며, 홉스봄 자신이 살아가는 시대에 대한 문제의식을 가지고 산업사회에서 생산만 담당하고 열매를 얻지 못하는 노동자의 삶과 본질을 파악하려 했다. 그런 까닭에 사회주의가 몰락한 후에도 마르크스주의를 대표하는 학자이자 대중의 사랑을 받는 세계적인 석학으로 인정받았다. 홉스봄은 자본주의 발전 과정에서 자본주의가 사회·경제·문화 전반에 결정적인 영향을 미치는 시기를 '장기 19세기'로 규정하고 이 시기를 거시적 관점에서 분석하여 프랑스혁명부터 1차 세계대전 발발에 이르는 3부작 《혁명의 시대》, 《자본의 시대》, 《제국의 시대》를 저술했다.

자본주의 체제의 근간을 이룬 '이중혁명'

1962년에 출판된 《혁명의 시대》는 유럽 전역에 혁명의 기운이 충만했던 1789년에서 1848년까지를 다루고 있다. 이 시기에 프랑스혁명과 산업혁명을 통해 어떻게 세계 자본주의가 형성되고, 산업 자본주의가 정착했으며, 그 결과 세계는 어떻게 변화했는가를 추적한다. 홉스봄은 19세기 첫 번째 국면에서 자본주의가 보편화한 까닭은 경제적 측면에서의 산업혁명과 정치적 측면에서의 프랑스혁명, 즉 이중혁명 때문이라고 분석한다. 이중혁명이 봉건사회에서 근대사회로 이행하는 흐름에 결정적 영향을 미쳤다고 보았다. 그는 프랑스혁명에 의해 부르주아계급이 성장하고 자유주의 이데올로기가 전파되었다고 이야기한다. 또 산업혁명으로 기계에 의한 생산력이 향상되고, 부의 축적 방식이 바뀌었으며, 선진국과 후진국의 차이가 고착화되었다고 설명한다.

산업혁명은 18세기 후반 영국에서 시작되어 한 세기 동안 진행된 생산기술의 혁신과 이로 인한 경제적·사회적 구조 변화를 의미한다. 산업혁명으로 인한 생산성 향상은 기계를 통한 대량 생산으로 인해 가능했다. 그러나 홉스봄은 영국이 자본주의 선두 국가로 자리매김한 것은 단순히 산업혁명 때문이라고 보지 않는다. 산업혁명 못지않게 상품 시장과 원료 공급지라는 식민지가 중요했다. 즉 그는 영국이 산업혁명을 통해서 세계 패권을 장악한 것은 생산 조건뿐 아니라 상품을 판매할 수 있는 시장 여건이 충족되었기 때문이라고 보았다. 유럽 여러 국가들의 산업화가 가속화하면서 식민지 시장을 둘러싼 싸움이 격화되었고, 급기야 1차 세계대전으로 확산되었다.

산업혁명은 부의 축적 방식에도 변화를 가져다주었다고 저자는 설명한다. 기존의 농업을 통해서는 자연적 한계에 부딪혀 1년에 몇 번밖에 부를 축적할 기회가 없지만 공업의 경우 1년에도 수없이 부의 축적이 가능하다. 즉 산업혁명은 근대 이후 경제적 생산력을 성장시키는 계기가 되었다. 산업혁명은 이렇듯 엄청난 경제적 효율성을 가져왔지만 그 이면에는 노동자계급이라는 새로운 형태의 피지배계급을 만들어 냈으며, 조직적으로 통제할 수 있는 힘을 자본가계급에게 부여한 사실이 숨어 있다. 하지만 대도시를 중심으로 모여 있는 피지배계급은 혁명과 폭동의 방식으로 자본가들을 위협할 수 있었다.

산업혁명이 경제 혁명이었다면 프랑스혁명은 정치 혁명이었다. 당시 프랑스는 절대주의 시대였다. 절대주의를 지지했던 시민계급은 점차 성직자와 귀족들의 잇속만을 챙기는 절대주의에 반대했고, 농민과 빈민들까지 혁명에 가담하여 구체제 타도를 외쳤다. 그러나 국가권력을 평민의 손에 쥐어 주는 일은 쉽지 않았고, 어느 한 계급이 정치권력을 확실하게 장악하지 못하는 상황에서 혼란이 계속되었다. 홉스봄은 프랑스혁명이 민주주의의 모델이 되었다는 점은 부정하지 않는다. 신분제 타파로 봉건제를 종식시켰고, 부르주아계급이 사회의 중요한 가치를 새로 정립했기 때문이다. 또한 피지배계급이 지배계급에 대항해 새로운 사회체제를 만들 수 있음을 알려 주었으며, 프랑스 이외의 지역에 이런 사상이 널리 확산되는 데 기여했다.

홉스봄은 산업혁명과 프랑스혁명, 곧 이중혁명에 의해 형성된 1848년의 유럽을 균형을 잃은 사회로 규정한다. 혁명의 시대였음에도 불구하고 여전히 봉건적 귀족계급이 지배하고 있었고, 산업혁명에도 불구하고 토지 문제는 여전히 해소되지 않았으며, 산업의 호황과 불황이 아니라 농업의 흉년과 풍년이 사회와 인간들의 운명을 지배하고 있었다. 또 자본주의의 확대는 최초로 자유주의 원리 아래 내버려진 빈곤한 노동자를 양산해 정치 불안정을 가속화시켰다.

대표적인 마르크스주의 역사가가 쓴 근대 유럽사

자유주의적 자본주의에 대한 저자의 혐오에도 불구하고 이를 역사상 불가피한 진보로 규정한다는 점에서 홉스봄은 정통 마르크스주의자의 면모를 드러낸다. 《혁명의 시대》는 이중혁명이 발생했던 시대의 특성상 유럽 중심의 역사 서술이라는 평가가 있다. 하지만 홉스봄은 유럽에서 시작된 산업혁명의 가치는 기존 기술을 적절히 재조직할 동기와 필요성을 뒷받침할 시장의 요구가 존재했느냐에 달려 있었다고 보았다. 따라서 《혁명의 시대》는 자본주의가 유럽의 필요에 종속된, 나머지 세계를 포함하는 전 세계적인 규모에 의해서만 성립될 수 있음을 보여 준다.

《혁명의 시대》는 영국의 마르크수주의 역사가 에릭 홉스봄의 '근대 유럽사' 3부작 가운데 1부에 해당한다. 1789~1848년에 일어난 산업혁명과 시민혁명, 즉 이중혁명을 거치면서 성립되는 유럽 근대 시민사회의 전개 과정을 분석했다. 홉스봄에 따르면 이중혁명의 엄청난 충격으로 유럽 사회의 정치는 물론 사회·경제·사상·종교·과학·예술전 분야에 변화가 일어나 근대 시민사회가 성립했다.

으뜸이 되는 선은
물과 같다

───── **노자, 《도덕경》**

사람은 땅을 법칙 삼아 어긋나지 않고(人法地),
땅은 하늘을 법칙 삼아 어긋나지 않으며(地法天),
하늘은 도를 법칙 삼아 어긋나지 않고(天法道),
도는 자연을 법칙 삼아 어긋나지 않는다(徒法自然).

역사의 베일에 가려진 무위자연의 철학자

노자(B.C. 579?~B.C. 499?)는 중국 고대의 사상가로 도가(道家)의
시조이다. 그가 생존했던 시대는 중국 역사에서 가장 혼란했던 춘
추 전국 시대였다. 당시 주나라는 혼란했던 사회적 상황을 극복하
고자 유가(儒家)를 중심으로 인문, 도덕, 질서를 강조하고, 예법에
따라 사회질서를 유지하려고 하였다. 하지만 노자는 유가와 달리
스스로 그러함, 즉 무위자연(無爲自然)을 강조하였다. 그는 우주 만
물의 근원이나 만물이 변화하는 법칙을 도라 하였고, 이러한 도는
단순한 지식이 아니기 때문에 유가에서처럼 지식을 쌓아 올리는 방

법으로는 얻을 수 없다고 보았다. 그것은 오로지 마음을 비우고 고요히 하는 공부를 통해서만 가능하다고 생각했다. 《도덕경》은 이러한 그의 사상이 담겨 있는 책이다. 하지만 일설에 의하면, 노자는 도가 사상가들이 자신들의 권위를 내세워 다른 사상가들, 특히 유가에 대항하기 위해 억지로 만들어 낸 가공의 인물이라고 한다.

으뜸이 되는 선은 물과 같다

《도덕경》은 총 81장으로 이루어져 있고, 분량이 대략 5000자 정도이다. 노자는 도에 관해 말하기를 그것은 형체가 없으며, 감각과 경험을 넘어서는 것으로 참다운 도는 언어로 표현될 수 없다고 하였다. 천지 만물의 어머니요 만물의 근원인 도에는 일정한 법칙성이 있는데, 이것은 바로 되돌아감이다. 인간이라면 누구나 언젠가는 죽음을 맞이하는 것처럼 말이다. 도를 따르는 삶은 순리에 맞게 사는 삶이요, 억지로 하는 일이 없으면 되지 않는 일이 없다.

노자는 최상의 선은 물과 같으며 세상의 가장 부드러운 것이 가장 강한 것을 이기고 부린다고 하였다. 물은 만물에게 이로움을 주지만 다투는 일이 없고, 사람들이 싫어하는 낮은 곳으로 흘러간다. 그러므로 물은 도에 가깝다. 사람도 이와 마찬가지로 다른 존재에게 이로움을 주면서 자신을 겸허하게 낮추고, 남과 다투지 말라는 것이다. 노자가 이상적 인간상으로 여긴 성인은 다른 사람보다 뒤에 있고자 하기 때문에 오히려 앞설 수 있으며, 자신의 사사로움을 없앰으로써 자신을 완성한다.

한편 노자는 주나라와 같은 거대한 통일 제국에 반대하면서 이상적인 국가 형태로 소국과민(小國寡民), 즉 인구가 많지 않은 작은 나라를 제시했다. 그는 부국강병을 추구하는 통치자의 야심보다 백성들의 평화로운 삶을 더 중시했는데, 통치자가 특별히 어떤 일을 도모하지 않아도 저절로 잘 돌아갈 만한 규모의 사회가 가장 바람직하다는 것이다.

인위로 가득 찬 우리 사회에 가하는 따끔한 일침

춘추 전국 시대는 중국 역사에서 가장 혼란한 시대였다. 그 혼란을 극복하기 위해 당시 여러 지식인들은 각자 나름의 해법을 제시했는데, 그들이 바로 제자백가의 사상가들이다. 대표적으로 공자, 맹자, 순자로 이어지는 유가를 꼽을 수 있으며, 그 외에 도가, 묵가, 법가 등 다양한 학파들이 존재했다. 유가는 제도와 문물, 예법을 중시함으로써 사회의 안정과 질서를 도모하고자 하였다. 하지만 노자는 인간의 그릇된 인식과 가치관, 그리고 인위적으로 만들어진 사회제도를 당시 혼란의 원인으로 지목하면서, 인간은 본래 소박하고 순수한 자연의 덕을 지녔으나, 흔히 사물의 겉모습에 이끌려 그 본질이나 가치를 올바르게 인식하지 못한다고 주장했다. 인간의 의지나 욕구와는 무관하게 존재하는 자연의 가치와 아름다움을 귀중하게 여기고, 그러한 삶의 태도를 강조하는 것이 바로 노자 사상의 핵심이다.

끝없는 발전과 번영을 추구하는 인간의 욕망은 현대 문명을 이룩하는 원동력이기도 했으나, 한편으로 생태계를 파괴하고 환경오염을 유발하는 부정적 결과를 낳기도 했다. 이러한 때 자연과 순리에 따를 것을 권장하는 노자의 가르침은 물질 만능주의에 빠진 현대사회를 치유하는 하나의 대안이 될 수 있다. 약육강식의 논리에 지친 이들에게 《도덕경》은 자신의 삶을 성찰하는 마음의 여유를 제공해 줄 수 있을 것이다.

《도덕경》의 핵심 사상은 무위자연이다. 노자는 춘추 전국 시대의 혼란의 원인을 인간의 자연스러운 본성에 맞지 않는 인위라 보고 외형을 중시하는 형식으로서의 예를 비판하였다. 그는 애써 꾸미지 않고 대자연의 순리에 따라 행동하는 것이 인간의 가장 이상적인 모습이라고 말한다.

백성을 사랑하는 목민관의
체계적인 행정 지침서

정약용, 《목민심서》

청렴은 수령의 본분이요 모든 선의 근원이며, 모든 덕의 근본이다. 청렴하지 않고서 수령 노릇을 제대로 한 사람은 지금까지 단 한 명도 없었다. 개인이 쓰는 비용을 절약하는 것은 보통 사람도 할 수 있지만, 관청 창고의 재정을 절약하는 이는 드물다. 공공 물건을 개인 물건처럼 아껴야 현명한 수령이다.

조선 후기 실학을 집대성한 사회 개혁가

정약용(1762~1836)은 조선 후기의 실학자로, 호는 다산(茶山)이다. 그가 살았던 시대에 집권 세력은 권력 유지에만 급급하여 관료화되었고, 당쟁이 격화되었으며, 이렇게 정치가 혼란한 틈을 타서 관리들의 부정부패는 극에 달했다. 또한 중세 농경 사회에서 근대적 상공업 사회로 변화하는 과정에서 대다수 농민들은 토지를 잃고 소작농으로 전락하여 백성들의 생활은 도탄에 빠지게 되었다. 이에 그는 권력을 독점하고 탐욕과 부패로 얼룩진 관리들의 폭정을 고발하고, 공직자의 바른 자세를 제시해 고통받는 백성들의 아픔을 덜어 주고자 하였다. 하지만 그는 천주교 신자로 몰려 1801년 신유사옥 때 강진으로 유배 보내졌기 때문에 그 후 18년 동안 공직에 나설 수도, 임금에게 상소를 올릴 수도 없었다. 그래서 《목민심서》를 저술하여 지방 수령인 목민관의 책임과 의무를 강조하였다.

백성을 사랑하지 않고는 다스릴 수 없다

《목민심서》는 한문 원전으로 14권에 달하는 방대한 분량의 책이다. 그 내용은 크게 '애민 정신', '목민관의 책임과 의무', '지방 행정에 대한 분석과 대안'으로 나누어 볼 수 있다.

정약용은 목민관을 부모에 비유하면서 부모가 자기 자식을 사랑하듯이 목민관도 백성을 사랑해야 한다고 거듭 강조한다. 목민관에게 가장 중요한 것은 백성이 생계를 유지할 수 있도록 하는 것인데, 그러기 위해서는 물자가 부족한 당시 상황에서 관리들이 부정부패를 일삼지 말아야 한다고 생각했다. 물자를 낭비하면 백성의 원성을 듣게 될 것이며, 이는 목민관에 대한 불신을 가져와 백성을 바르게 인도할 수 없게 된다. 따라서 그는 백성들의 평화롭고 안정된 삶을 위해 목민관은 청렴해야 하고, 이를 위해 검소하게 생활하면서 솔선수범하는 모습을 몸소 보여야 한다고 말한다. 또한 공과 사를 엄격하게 구별하는 자세가 중요하다고 강조한다.

이러한 애민 정신을 바탕으로 행정에 임할 때는 국법에 따라 모든 업무를 공평무사하게 처리하고, 각 고을의 관례를 존중하여 업무를 보아야 큰 무리가 따르지 않는다고 그는 책에 썼다. 더불어 법을 고지식하게 적용하는 완고한 태도에 대해 우려하면서 상황에 따라 백성들의 처지를 고려하여 융통성 있게 처리할 줄 알아야 한다고 지적한다.

마지막으로 행정에 관한 내용을 기술하는 부분에서는 구체적인 사례를 들어 설명하면서 대안을 제시한다. 목민관은 부하들을 단속하고, 아랫사람을 능력에 맞게 배치해야 한다고 적혀 있다. 이어 현명한 사람을 추천하는 방법, 민정을 시찰하는 방법, 업무에 대해 공정하게 평가하는 방법, 기존의 세법이 지닌 장단점, 환곡의 문제점과 개선 방안, 공평하게 세금을 매기는 방법, 고을의 크고 작은 제사와 관련한 행정, 외적의 침입에 대한 대비와 방어 방안, 소송 및 판결과 옥사에 관한 행정, 산림과 강에 관한 정책, 흉년에 백성을 구제하는 방법 등이 자세히 기술돼 있다.

부임부터 퇴임까지 목민관의 체계적인 행정 지침서

그 전에도 이런 종류의 책이 없었던 것은 아니다. 하지만 《목민심서》는 여러 면에서 다른 행정 지침서와는 차이를 보인다. 우선 기존의 지침서가 두세 개의 주제별로 몇 가지 방안을 단순하게 제시하는 정도에 그쳤다면, 이 책은 경제, 법률, 행정에 걸쳐 모든 업무를 매우 체계적으로 기술하고 있다. 또한 목민관이 현지에 부임하는 순간부터 퇴임할 때까지의 책임과 자세를 시간 순서에 따라 설명하며, 중국과 우리나라의 문헌을 두루 참고하여 여러 목민관들의 공적과 실책을 비교하고 있다. 특히 저자가 곡산부사로 있을 때의 행정 기록인 〈상산록〉은 본인의 실제 경험에서 나온 것으로 아주 구체적인 자료이다. 아울러 중국과 우리나라의 제도를 비교 분석하고, 그 장

단점을 다루면서 당시 현실에서 나타난 문제점과 해결 방안까지 제시한다. 마지막으로 이 책은 행정 지침서의 성격을 지니고 있지만, 그 밑바탕에는 애민 정신이 짙게 깔려 있다는 점에서 기존의 책들과는 분명한 차이를 보인다.

《목민심서》는 목민관이 공직에 부임하는 순간부터 물러날 때까지 갖추어야 할 마음가짐과 자세를 제시하는 한편 각종 행정 지식을 구체적인 사례를 통해 밝히고 있다. 이 책에는 무엇보다도 백성을 사랑하는 마음을 바탕에 두고 청렴하고 검소한 목민관의 자세를 강조하고 있어 오늘날의 공직자들에게도 필독서로 여겨진다.

스스로 성인이 되어
세상을 이롭게 하다

《논어》《맹자》《대학》《중용》

배우고 때로 익히면 또한 기쁘지 아니한가.
벗이 있어 먼 곳에서 찾아오면 또한 즐겁지 아니한가.
남이 알아주지 않아도 화내지 않으면 또한 군자답지 아니한가.
《논어》

하늘이 명한 것을 성이라 하고, 성에 따르는 것을 도라 하고,
도를 닦는 것을 교라고 한다.
도라는 것은 잠시도 떠날 수가 없는 것이다.
떠날 수 있으면 도가 아니다.
《중용》

스승의 언행과 사상에 대한 제자들의 기록

《논어》는 공자의 제자들이 공자의 언행을 기록한 책이고, 《맹자》역
시 맹자의 제자들이 맹자의 사상을 대화체로 엮은 기록물이다.《대
학》은 공자의 제자인 증자와 문인들이 기록한 것으로 원래《예기》

49편 중 42편이었으나, 송나라의 사마광이 처음으로 《예기》에서 분리하여 하나의 책으로 구성하였다. 하지만 지금 우리가 볼 수 있는 《대학》은 기존의 책을 주자가 경 1장과 전 10장으로 재구성한 것이다. 《중용》 역시 대학과 마찬가지로 《예기》 49편 중 31편이었으나 공자의 손자인 자사가 공자의 사상을 재정리한 것이다.

이러한 《논어》, 《맹자》, 《대학》, 《중용》을 흔히 사서(四書)라 부르는데, 유학 사상이 집약된 대표적인 경전들이다. 유학에서는 자신을 닦음으로써 다른 사람을 편안하게 한다는 수기치인(修己治人)을 중시하여 덕을 실현하는 정치를 이상적으로 보았다. 공자나 맹자는 천하를 두루 다니며 자신들의 정치적 이상을 펼칠 수 있는 군주를 찾아 나섰으나 결국 구하지 못하고 별다른 성과 없이 낙향할 수밖에 없었다. 그들이 생존했던 춘추 전국 시대는 약육강식의 패도 정치가 난무할 때라 유학의 덕치나 왕도 정치가 당시 군주들에게 받아들여지지 않았기 때문이다. 따라서 그들은 수기, 수양을 통해 스스로 성인이 되고자 노력했고 후학 양성에 관심을 기울였다. 이 과정에서 스승의 언행과 사상을 제자들이 기록하여 책으로 엮었고, 이것이 오늘날의 사서가 되었다.

유학의 핵심을 집약해 놓은 경전

《논어》는 전체 20편으로 공자의 제자들이 공자의 언행과 가르침, 공자와 제자들의 대화 등을 상세히 기록한 책이다. 《논어》는 배움에서 시작하여 지명(知命)으로 마무리된다. 즉 개인의 완성을 배움에서 시작된다고 보고 학문의 중요성을 강조한 것이다. 또한 지명이란 천명(天命)을 아는 것을 뜻한다. 세상의 운행 질서인 천명을 통해 사람의 도리를 알고 실천하여 하늘이 부여한 인간의 길을 걸어야 한다는 사실을 강조한다.

《맹자》는 맹자의 사상이 집약된 7편의 책으로, 맹자가 제자들 및 제후들과 나눈 대화가 주 내용이다. 특히 그의 성선설을 바탕으로 왕도 정치의 필요성과 정당성을 강조하는 대화가 많다. 뿐만 아니라 춘추 전국 시대에 만연했던 법가 사상의 힘의 논리를 비판하고 인(仁)과 의(義)를 중심으로 인정(仁政)을 실현하고 왕도 정치를 구현해야 한다고 강조하고 있다.

《대학》은 유학의 목적과 근본을 서술한 책으로 주된 내용은 삼강령과 팔조목이다. 삼강령은 명덕을 밝힌다는 의미의 명명덕(明明德), 백성을 새롭게 한다는 신민(新民), 지선에 도달하는 것을 최종 목표로 삼는다는 지어지선(至於至善)이다. 8조목은 사물을 탐구하는 격물(格物), 앎을 완성하는 치지(致知), 자신의 의지를 성실하게 유지하는 성의(誠意), 마음을 바르게 하는 정심(正心), 자신을 닦는 수신(修身), 집안을 잘 다스리는 제가(齊家), 나라를 다스리는 치국(治國), 온 세상을 평안하게 다스리는 평천하(平天下)이다.

《중용》은 공자의 사상이 담긴 33장의 책으로 내용은 짧지만 다루고 있는 내용이 추상적이기 때문에 사서 중 가장 어려운 문헌에 속한다. 중(中)은 치우치지도 않고 기울지도 않아서 지나치거나 모자람이 없음을 일컫는다. 용(庸)은 평상이라는 뜻으로 평범과 일상을 의미한다. 이는 인간이 마땅히 실천해야 할 도리, 즉 중도는 일상생활 속에 있지 멀리 있지 않다는 것이다.

유학의 원류인 공자와 맹자 연구의 필독서

동양 사상의 원류는 유교, 불교, 도교로 이루어져 있고, 그중 유학 사상이 집약된 경전이 바로 《논어》, 《맹자》, 《대학》, 《중용》이다. 과거에 성리학을 공부하는 사대부들은 이러한 경전을 반드시 학습해야 할 교재로 알았으며, 오늘날에도 유학 사상을 배우려는 사람들은 필독서로 인식하고 있다. 유학은 단지 중국의 사상만은 아니다. 우리나라에 들어와 조선 중기 이이와 이황에 의해 조선의 성리학으로 발전하였기 때문이다. 시대와 사회는 변하고 있지만, 우리가 뿌리를 내리고 있는 동양 사상, 그리고 한국 사상의 밑바탕에 자리 잡고 있는 유학 사상을 이해하기 위해서는 먼저 사서를 이해해야 한다.

《논어》, 《맹자》, 《대학》, 《중용》은 공자와 맹자의 사상이 집약된 유학 사상의 대표적인 경전이다. 유학의 이상인 수기치인을 이루는 것을 목적으로 하는 사서는 공자나 맹자의 제자, 또는 후세 사상가들이 집필했는데, 지금도 유학을 공부하는 후학들은 물론 현대인에게 삶의 지혜를 일러 주는 책으로 꾸준히 읽히고 있다.

학문의 목적은
성인이 되는 데 있다

───────── **이황, 《성학십도》**

의관을 바르게 눈매는 존엄하게 하고, 마음을 가라앉혀 마치 상제를 대하듯 하라. 발은 반드시 무겁게 하고, 손가짐은 꼭 공손하게 해야 하니, 땅은 가려서 밟아, 개미집 두덩까지도 밟지 말고 돌아서 가라. 문을 나설 때는 손님을 뵙듯 하고, 일을 할 때는 제사를 지내듯 조심조심하여, 혹시라도 안이하게 처리하지 않도록 해야 한다. 입 다물기를 병마개 막듯이 하고, 잡념 막기를 성곽같이 하여, 성실하고 진실하여 조금도 경솔함이 없도록 하라.

스스로 학파를 이룬 성리학의 대가

이황(1501~1570)은 조선 중기의 성리학자이다. 1567년 명종이 죽고 어린 임금 선조가 즉위한 이후, 선조는 신하들의 의견을 따라, 이황에게 무너진 교육과 타락한 풍속을 바로잡아 달라는 뜻에서 예조판서를 맡겼으나 그는 한사코 거절하였다. 임금 이하 율곡 이이를 비롯하여 많은 중신들이 처음에는 그에게 부탁하였으나 뜻이 받아들여지지 않자 나중에는 자신의 안일만 위하는 사람인 양 힐책하면서 강권하기도 하였다. 그럼에도 불구하고 그는 간곡히 사양하였다. 그리고 이듬해 《성학십도》를 통해 임금과 국가에 대한 자신의 충정을 전했다.

이황은 혈기왕성한 젊은 선비 기대승과 사단칠정에 대한 논변을 전개했고, 대학자임에도 불구하고 겸손한 자세로 그를 감복시킨 것으로도 유명하다. 동방의 주자로 불리는 그는 안동서원을 중심으로 퇴계학파를 이끌었으며, 주자의 주리론을 계승하여 한국 성리학의 발전에 기여하였다.

성실하고 진실하며 조금도 경솔함이 없게 하라

《성학십도》는 서론에 해당하는 〈진성학십도차〉에서 시작해 10점의 그림과 해설로 되어 있다. 그 가운데 7점은 옛 성현들의 작품을 그대로 실었고, 〈소학도〉, 〈백록동규도〉, 〈숙흥야매잠도〉는 자신이 직접 그렸다.

제1도 〈태극도〉는 우주가 만들어지는 원리 및 인도와 천도의 관계를 논한 것으로 음양 조화의 원리를 설명하였다. 제2도 〈서명도〉는 인간 자아와 우주의 관계를 논한 것으로 성학이 인(仁)을 구하는 데 있다고 강조하였다. 제3도 〈소학도〉는 〈소학〉의 목록에 따라 만든 것으로, 처세에 있어서 가져야 할 기본 덕목과 학문 탐구를 위한 공부 방법을 논하고 있으며 〈대학도〉와 상호 표리 관계를 이룬다. 제4도 〈대학도〉는 개인의 인격 수양을 논한 것으로 치지(致知), 역행(力行)이 수기치인의 근본임을 강조했다. 제5도 〈백록동규도〉는 사회적인 인간관계와 덕행의 실천 방법을 말한 것으로 왕이 배워야 하는 제왕학의 근본을 설명하고 있다.

제6도 〈심통성정도〉는 마음의 본체와 활용을 밝힌 것으로 주로 이기설(理氣說)과 사단칠정(四端七情)의 내용을 설명하고 있다. 제7도 〈인설도〉는 인의 실천과 확충을 밝힌 것으로 측은의 단(端)이 사덕(四德)과 만화(萬化)를 통괄하고 있음을 밝히고 있다. 제8도 〈심학설〉은 마음의 구조 및 마음과 경(敬)의 관계를 논한 것으로 존심양성(存心養性)을 강조하고 있다. 제9도 〈경재잠도〉는 인간 생활과 경의 공부 방법에 대해 말하고 있다. 제10도 〈숙흥야매잠도〉는 일상적인 심신 수행의 요강을 논한 것으로 성학의 시작과 끝이 경에 있음을 강조하고 있다.

성왕이 되기를 바라는 노학자의 충정이 담긴 상소

성학은 학문의 목적이 성인이 되는 것으로서 유학을 가리킨다. 《성학십도》는 그림과 이에 대한 설명으로 구성된 책으로 인간과 자연의 관계, 그리고 인간이 걸어가야 할 길을 성리학적으로 압축한 작품이다.

제1도에서 제5도까지는 천도(天道)에 기본을 두는데, 그 공과(功課)는 인륜(人倫)을 밝히고 덕업(德業)을 이루도록 노력하는 데 있다. 또 제6도에서 제10도까지는 심성(心性)에 근원을 두며, 그 요령은 일상생활에서 힘써야 할 공경하고 두려워하는 마음을 높이는 데 있다.

이황이 《성학십도》를 통해 가장 강조한 것은 경이다. 경은 항상 차분한 자세로 올바른 일에 몰두하는 것으로 정신이 맑게 깨어 있어

사악한 악이 들어올 틈을 주지 않는다. 이러한 경의 자세를 확립하려 한 것이 이황의 평생 숙업이었고 《성학십도》를 통해 이 점을 강조했다.

《성학십도》는 열일곱 살의 어린 나이로 왕위에 오른 선조에게 84세의 노학자였던 이황이 즉위 원년에 올렸던 상소이다. 여기서 그는 성인이 되기 위한 방법을 열 점의 그림으로 설명했다. 이를 통해 임금이 온 백성에게 선정을 베푸는 성왕이 되기를 간절히 바라는 우국충정의 마음을 담았다.

임금이 성군이 되기를
바라며 쓴 유학의 정수

이 책은 임금의 학문에 중점을 두고 있지만 실제로는 윗사람이나 아랫사람 모두에게 통하는 것입니다. 배우는 이들 가운데 넓게 보고 가득 넘치면서도 마지막 도달점을 찾지 못하는 사람은 마땅히 이것을 공부하여 반성하고 요약하는 방법을 터득해야 합니다. 그리고 학문을 하지 못하여 늘 소견이 좁거나 견문이 좁은 사람은 마땅히 여기에 힘써 공부 방향을 정해야 합니다. 배움에 빠르거나 늦음이 있을 수 있겠지만, 이는 모두에게 유익할 것입니다.

학문 연구와 후진 양성, 현실 정치를 병행한 성리학자

이이(1536~1584)는 조선 중기의 성리학자로 호는 율곡이다. 성리학뿐만 아니라 불교, 양명학에도 조예가 깊었다. 어릴 때부터 영민했고, 9차례의 과거에 모두 장원으로 합격하여, '구도장원공'이라고 불리운다. 호조 좌랑으로 관직 생활을 시작해 사간원과 사헌부, 황해도 관찰사, 홍문관, 예문관을 거쳐 말년에는 이조판서와 병조판서를 역임했고, 이후 낙향하여 학문 연구와 후진 양성에 힘을 기울였다.

그는 임금에게 중요한 덕목은 자신의 몸을 닦고, 집안을 바르게 하고, 정치를 올바르게 이끄는 것이라고 보았다. 하지만 임금은 나라를 다스려 선정을 베풀어야 하므로 학자들처럼 경전을 읽고 학설을 깊이 있게 연구할 시간이나 여유가 부족하다. 따라서 이이는 성군이 되기 위해 알아야 할 내용을 일목요연하게 제시했는데 그것이 바로 《성학집요》다. 1575년(선조 8년) 홍문관 부제학으로 있을 때 선조에게 이 책을 바쳤다.

수신제가 치국평천하

《성학집요》는 통설, 수기, 정가, 위정, 성현도통의 5편으로 구성되어 있다.

수기는 상중하 13장으로 구성되어 있으며, 자신을 잘 수양하는 방안을 적고 있다. 성군이 되기 위해 가장 먼저 해야 할 일은 자신을 바르게 닦는 일이다. 그럼으로써 다른 사람을 가르칠 수 있기 때문이다. 상장인 1~4장에서는 뜻을 세우고, 마음을 단속하고, 이치를 연구하는 학문에 열중해야 한다는 점을 강조하고 있다. 중장인 5~9장에서는 모든 일에 성실하고 진실하며, 기질을 고치고, 바른 기운을 기르며, 마음을 바르게 하고, 자신의 몸을 다스려야 한다는 점을 강조하고 있다. 하장인 10~13에서는 덕량을 넓히고, 사람들을 통해 자신의 덕을 보충하며, 처음과 끝을 돈독하게 해야 한다는 점을 강조하고 있다.

정가는 8장으로 되어 있으며, 가정을 바르게 하는 방안을 담고 있다. 수기 이후 중요한 덕목은 집안을 바르게 하는 것이다. 가정이 바로 서야 나라를 다스릴 수 있기 때문이다. 부모에게 효도하고 공경하며, 아내를 바르게 하고, 자식을 바르게 가르치며, 친척과 친애하고, 근엄하게 행동하고, 절약하며 검소하게 살아야 한다고 강조하고 있다. 가정은 가장 작은 사회 단위로 인간이 살면서 알아야 할 것을 제일 먼저 배우는 곳이다. 또 충효와 예절을 구체적으로 실천하는 곳이기 때문에 가정이 바르게 서야 나라를 다스릴 수 있는 법이다. 위정은 10장으로 이루어져 있으며, 나라를 잘 다스리기 위한 방안을 담고 있다. 성군이 되기 위해서는 자신을 닦고, 가정을 바르게 하고, 마지막으로 나라를 바르게 다스려야 한다는 것이다. 이이가 위정을 강조한 까닭은 그것을 통해 가장 효율적으로 백성들을 교화할 수 있기 때문이다. 위정을 위해서는 어진 사람을 등용하고, 좋은 것을 취하며, 시급한 일을 알고, 선왕을 본받으며, 하늘이 내려 준 계율을 조심하고, 기강을 바로 세우며, 백성을 편안하게 하고, 교육을 널리 행해야 한다고 강조한다.

태평성대를 꿈꾸는 노학자의 의지와 열망

《성학집요》는 임금의 학문과 통치를 위해 유학 경전의 정수라 할 수 있는 핵심 내용만을 뽑아서 설명한 책이다. 《대학》의 편제에 따라 수신, 제가, 치국, 평천하와 관련된 경전과 성현의 말씀을 정리하고 자신의 설명을 추가하였다. 5편 중 통설은 서론에 해당하고, 수기, 정가, 위정은 본론에 해당하며, 마지막 성현도통은 결론에 해당한다. 통설에서는 이 책을 저술하는 의미와 책의 전체 내용을 언급하고 있다. 수기는 대학의 명명덕에 해당하는 부분으로 격물, 치지, 성의, 정심, 수신을 말하고 있다. 정가는 대학의 제가에 해당한다. 위정은 대학의 신민, 치국, 평천하에 해당한다. 성현도통은 대학에 이르기까지 역대 성현들의 계통과 연원을 밝히고 있다.

《성학집요》에는 지극한 정성으로 자신이 모시는 임금이 성군이 되기를 간절히 바라는 저자의 마음이 담겨 있다. 그것은 태평성대라는 유학의 이상을 임금에게 전하려는 신하 된 자의 의지와 열망이라고 할 수 있다.

《성학집요》는 선조가 성군이 되기를 바라는 마음으로 이이가 바친 책이다. 이것을 쓰면서 그는 여러 유학의 경전을 참고했고, 옛 성현들의 말과 글을 정리했으며, 수기, 정가, 위정을 위한 방안을 제시하였다. 이 책에는 유학의 이상을 실현하고자 하는 이이의 열망이 담겨 있다.

모든 것은
절대적으로 평등하다

———— 장자, 《장자》

학의 다리가 길다고 자르지 마라.
오리의 다리가 짧다고 길게 늘여 주어도 괴로움이 따르고,
학의 다리가 길다고 잘라 주어도 아픔이 따른다.
그러므로 본래 긴 것은 잘라서는 안 되며,
본성이 짧은 것은 늘여서도 안 된다.
그냥 자연스럽게 놓아두면 모든 괴로움이 사라진다.

노자의 철학을 계승하고 발전시킨 도가 사상가

장자(B.C. 365~B.C. 270)는 중국 전국 시대의 도가 사상가이다. 그
의 생애에 관해서는 전해지는 바가 많지 않은데,《장자》에는 고향의
말단 관리였던 그를 초나라 위왕이 재상으로 등용하고자 했으나 사
양했다는 일화가 나온다.

노자 사상을 충실히 계승한 그는 인위적인 사고나 제도를 거부하
고, 자연의 흐름에 따르는 삶을 이상적으로 여겼으며, 심지어 예의
범절까지도 인간을 억압하는 인위적인 틀이라고 보았다. 그 시대 혼

란의 원인으로 인간의 자연스러운 본성에 어긋나는 지식인들의 위선과 잘못된 가르침을 지목한 것 또한 노자와 다르지 않다. 그러나 주로 산문 형식의 우화를 통해 제자들에게 자신의 철학을 전수한 그는 노자보다 더 광범위한 주제를 다루었으며, 노자가 무(無)의 세계를 이야기했다면, 그는 허(虛)의 세계를 주제로 삼았다고 평가된다. 노자와 더불어 그의 사상은 노장 사상, 또는 도가 사상이라 불리운다. 하지만 일설에는, 노자와 마찬가지로 그 역시 실재 인물이 아니라는 주장도 있다.

모든 것은 절대적으로 평등하다

《장자》는 크게 내편 7장, 외편 15장, 잡편 11장의 전체 33장으로 이루어져 있다. 장자에게 있어 도(道)란 만물의 운행 법칙이며, 인간을 포함한 모든 사물의 근원이다. 또한 도는 덕의 근본이고, 인간의 삶은 곧 덕의 표현이다. 도에서 덕이 생기고 덕에서 구체적인 사물이 생겨나는데, 구체적인 사물이 생겨나면 본성이 있게 된다. 만물은 제각기 다른 본성을 가지고 태어나며, 그 타고난 본성을 충분히 자유롭게 발휘했을 때 인간은 비로소 행복할 수 있다고 보았다.

만물제동(萬物齊同)이란 세상의 모든 사물이 각기 생김새는 달라도 동등한 가치를 지닌다는 뜻이다. 사물의 가치를 평가해 서열을 매기고 순서를 정하는 것은 인간의 편협한 주관일 뿐이다. 구만리 상공을 자유롭게 날 수 있는 대붕과 나뭇가지 사이를 겨우 날 수 있는 매미는 타고난 본성이 다르지만, 각자의 능력에 따라 하고 싶은 일을 할 때 자유롭고 행복하다. 즉 만물은 본래 우열이 없는 것으로 인간이 임의적인 잣대를 가지고 판단해서는 안 된다. 인간의 삶 또한 마찬가지여서 관습이나 제도, 규범 등을 정해 놓고 획일적으로 그에 맞추려다 보면 불행해질 수밖에 없다. 서로 모순되거나 대립하는 듯 보이는 것들도 사실은 상대적이고 상호 의존적인 관계에 있기 때문에 어느 한쪽이 옳다고 집착해서는 안 된다. 마치 오리의 다리가 짧다고 인위적으로 늘리거나 학의 다리가 길다고 잘라 내는 것이 불행을 초래하는 것과 같은 이치다. 오리는 오리대로, 학은 학대로 각각 존재의 이유와 가치가 있는 절대적인 존재임을 인정해야 한다.

장자는 일정한 경지에 오른 사람을 성인, 신인, 진인, 지인이라고 불렀다. 성인은 세속을 좇지 않고, 어떤 것도 바라지 않으며, 무엇에도 구속되지 않는 사람을 말하고, 신인은 세속을 초월해 자연과 하나 되어 불멸의 삶을 누리는 존재를 가리킨다. 진인은 현실에 얽매이지 않고 자연의 이치를 따르며, 지인은 때를 놓쳐도 후회하지 않고, 일이 잘 풀려도 자만하지 않는다. 일체의 감각이나 사유 활동을 정지한 채 사물의 변화에 임하면, 절대 평등의 경지에 있는 도가 그 빈 마음속에 모이게 되는데, 그것이 바로 물아일체(物我一體)의 경지이다.

구별과 차별에서 벗어난 큰 지혜를 추구하다

춘추 전국 시대에 일부 지식인들은 현실에 참여하고 사회에 나아가 공을 세우는 것을 우선시했으나, 장자는 그런 행위를 전부 부질없는 짓으로 치부했다. 그는 남보다 앞서 세상을 살아가는 지혜와 방법을 강조하지 않고, 단지 사람들이 흔히 말하는 상식, 고정관념, 가치 체계, 대립적 사고방식을 넘어서고자 하였다.

이 책은 소외된 사람들과 그들의 삶을 동정하며, 부패한 자들의 위선적인 행동을 꾸짖고 있다. 문명이 발달할수록 구별과 차별이 늘어가면서 가진 자와 못 가진 자, 유능한 자와 무능한 자의 격차가 벌어지게 된다. 특히 '나'에 집착하여 주관적인 판단으로 만물을 차별하는 것은 보잘것없는 지혜에 속하고, 만물이 하나라는 생각은 큰 지혜라고 한 그의 사상은 경쟁과 차별로 인해 너무나 삭막하고 각박해진 현대인들에게 커다란 시사점을 준다.

《장자》는 만물이 그 생김새는 비록 모두 다를지라도 각자 동등한 가치를 지니고 있다는 제물론에 입각하여 선악(善惡), 시비(是非), 자타(自他), 미추(美醜)의 구별이 무의미하다고 주장한다. 여기서 말하는 이상적인 삶이란 세속적인 것에서 초탈하여 대자연의 순리에 따라 인위를 배제하고 정신적 자유를 누리며 살아가는 삶이다.

위대한 성자의
젊은 시절 방황의 기록

아우렐리우스 아우구스티누스, 《고백록》

그때 나는 명예와 돈과 결혼을 열망하고 있었고, 당신은 나를 보고 웃고 계셨습니다. 나는 이러한 욕망을 추구할 때마다 아주 처절한 고통을 겪어야 했습니다. 그러나 하느님의 자비는 그 고통을 경험함으로써 내가 비로소 당신 아닌 그 무엇으로도 만족을 느끼지 못하게 만드셨습니다.

(…)

당신은 항상 내 곁에 계셔서 부드럽게 노하시었고, 옳지 않은 나의 기쁨에 쓰디쓴 불만을 섞어 주시어 나로 하여금 불만 없는 기쁨을 찾도록 하시었습니다. 주님, 당신 이외에 어디서 그런 기쁨을 찾을 수 있겠습니까? 당신은 우리를 가르치시고 우리를 고쳐 주시기 위하여 슬픔으로 때려 상처를 내시며, 죽지 않도록 하시기 위하여 우리를 죽이십니다.

출세를 꿈꾸던 청년, 신에게서 평안을 찾다

아우구스티누스(354~430)는 로마 제국의 식민지였던 북아프리카 출신으로, 과거 누미디아 왕국(지금의 알제리와 튀니지)의 수도였던 히포 레기우스의 주교이자 기독교 교리를 체계화한 교부 철학의 대가다. 그가 살아 있을 당시의 로마 제국은 경제적 파탄과 정치적 혼란으로 깊은 수렁에 빠져들고 있었다. 어릴 때부터 그리스 로마의 고전 문학을 접하고 당대의 사상을 모두 섭렵한 그는 이를 기반으로 로마의 지배층에 편입하여 출세하려는 세속적 욕망으로 가득 차 있었다. 하지만 젊은 시절 기나긴 방황의 시간을 보낸 후 결국 기독교에 귀의함으로써 마음의 평안을 찾게 된다.

《고백록》은 이러한 그의 젊은 날의 방황과 번민에 대한 진솔한 고백이자 자신을 진리의 세계로 이끌어 준 신에 대한 감사와 사랑의 기록이다. 그는 고대 그리스의 플라톤과 사도 바울로부터 많은 영감을 받았으며, 대부분의 중세 신학자와 기독교 사상가들에게 커다란 영향을 미쳤다.

위대한 성자의 젊은 시절 방황의 기록

《고백록》은 총 13권으로 되어 있는데, 1~10권은 자전적 기록이고, 11~13권은 성서에 대한 해석이다. 교육열이 강했던 아우구스티누스의 부모는 열여섯 살이 된 아들을 카르타고로 유학 보낸다. 그는 학업에 소홀하지는 않았지만, 애인과 동거하며 아이를 가질 정도로 방탕하고 타락한 생활에 젖어 살았다. 한때 마니교에 빠져 절대적 선도 절대적 악도 없다는 이원론에 심취하기도 했고, 점성술에 큰 관심을 보이기도 했다. 그는 로마에 가서 수사학 교사로 출세하고자 했으나 별로 여의치가 않았다. 그에게는 고향도 카르타고도 로마도 마음의 안정을 가져다주지 못했고, 결국에는 종교 자체에 의심을 품게 되었다. 그러나 밀라노의 주교 암브로시우스와의 만남은 그가 회의론을 극복하는 결정적인 계기가 되었고, 그로 하여금 하느님의 곁으로 다가서게 만들었다.

아우구스티누스는 계시와 같은 경험을 통해 기독교에 귀의하여 하느님을 사랑하지 않고는 견딜 수 없게 되었음을 담담하고 진술하게 고백한다. 그는 신을 향해 당신은 자신에게 어떤 존재이며, 또 자신은 당신에게 무엇이냐고 묻는다. 이러한 끊임없는 물음 속에서 그는 자신을 알고자 했고, 불멸의 진리를 깨치고자 했다. 그리하여 결국 진리는 신 그 자체로서, 신은 우리 영혼에 내재하는 진리의 근원이며, 인간의 진정한 행복은 신을 사랑하는 데 있다는 결론을 내린다.

진술한 자기 고백이 주는 감동과 설득력

이 책에는 신에게 자신의 영혼을 바친 위대한 성자의 자기 고백과 진리를 향한 구도자의 갈망이 담겨 있다. 신의 능력은 위대하고 그의 지혜는 헤아릴 길이 없으므로 우리가 신으로부터 안식을 얻기 전에 마음의 평안을 얻는다는 것은 도저히 불가능하다는 고백이 독자들에게 진실하게 다가온다.

이 책이 오랜 세월 동안 많은 이들의 공감을 살 수 있었던 이유는 단지 이처럼 신에 대한 찬미와 사랑으로 가득 찬 내용 때문만은 아니다. 그보다는 기독교 역사에서 가장 추앙받는 인물 중 한 사람이

젊은 날의 방황을 솔직히 털어놓고 눈물로 참회하는 모습을 보면서
느끼게 되는 감동이 더 크다고 할 수 있다.

무엇보다 《고백록》은 신앙 고백서나 기독교 입문서의 수준을 넘어
서 인간의 보편적 정신세계를 탐구한 저작으로 육체와 영혼, 욕망과
절제, 현세의 삶과 영생의 문제 등을 진지하게 다루고 있기에 더욱
호소력이 있다.

《고백록》은 아우구스티누스가 젊은 날의 고뇌와 방황, 그리고 뒤늦
게 이를 참회하면서 기독교로 개종하기까지의 과정을 기록한 책이
다. 여기에는 절대자인 신에 대한 무한한 사랑과 찬미가 담겨 있다.
인간의 참된 행복은 신을 사랑하는 그 자체에 있고, 신은 우리 영혼
에 내재하는 진리의 근원이라고 저자는 말한다.

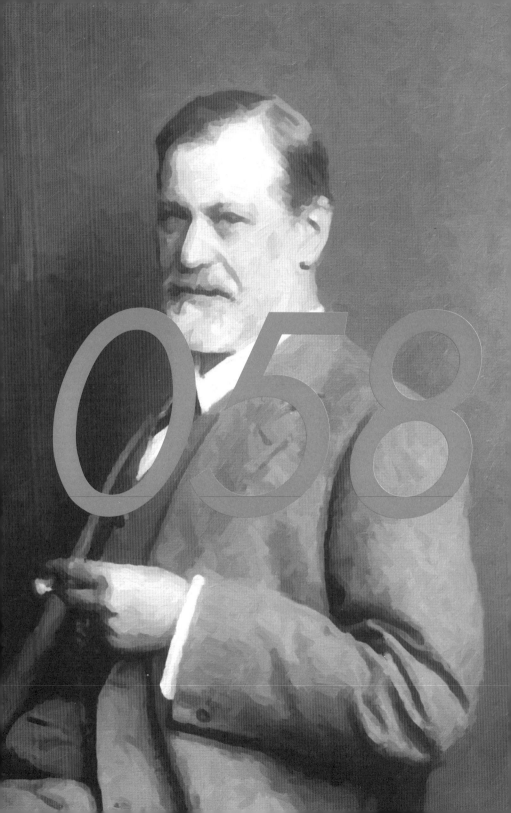

꿈은 인간의 잠재된
무의식을 이해하는 열쇠

지그문트 프로이트, 《꿈의 해석》

꿈은 아무 의미 없이 부조리한 것이 아니다. 또한 우리가 잠자는 동안 우리의 생각 중 일부가 깨어 있어야 꿈을 꿀 수 있는 것도 아니다. 꿈은 단지 완벽한 심리 현상일 뿐이다. 정확히 말하면, 그것은 우리의 소망을 충족시켜 주는 수단이다. 우리는 목이 마를 때 물을 마시는 꿈을, 더 자고 싶을 때 침대에 누워 있는 꿈을, 가고 싶은 곳이 있으면 그곳에 가는 꿈을 꾸는 것이다.

무의식의 세계를 규명하고자 했던 꿈 탐험가

프로이트(1856~1939)는 오스트리아의 정신과 의사이자 정신분석학자이다. 그는 신경증 환자들을 대상으로 기존의 최면요법 대신에 대화를 통한 치료를 시도하면서 환자들로 하여금 자유연상을 통해 떠오르는 생각을 그대로 말하게 하고, 이때 나타나는 반응을 유심히 관찰하였다. 그리하여 인간의 무의식이 꿈에서 가장 잘 드러난다는 사실을 밝혀 내고, 이를 체계적으로 정리하여 《꿈의 해석》을 펴낸다. 그의 이론은 학계는 물론이고 사회적으로도 큰 파장을 불러

일으켰으며, 추종자들과 비판자들 사이에 격렬한 논쟁을 야기했다. 쏟아지는 반론과 비판을 경청한 그는 자신의 이론을 수정 보완하여 새로운 저작을 발표하려고 준비했지만, 지병이었던 암 수술의 후유증으로 사망하면서 끝내 결실을 보지 못했다.

꿈은 인간의 잠재된 무의식을 이해하는 열쇠

《꿈의 해석》는 전체 7장으로 구성되어 있다. 프로이트는 인간의 정신을 이드(id), 자아(ego), 초자아(super-ego)로 구분하고, 이를 정신분석의 기초로 삼았다. 그에 따르면, 인간에게는 겉으로 드러난 의식과는 다른, 의식이 미처 깨닫지 못하는 고유한 정신 활동의 영역, 즉 무의식이 존재한다.

이드는 육체적인 본능을 말하는데, 성욕이나 공격적 성향 같은 심리적인 욕구도 여기에 포함된다. 이것은 논리와 이성의 지배를 받지 않으며, 단순한 충동에 의해 움직이고, 전적으로 쾌락과 고통의 원리를 따른다. 이에 반해 흔히 양심이라 불리는 초자아는 금지, 비난, 억제의 체계와 자아의 이상이라는 신념 체계를 포괄한다. 이러한 초자아는 가족과 사회의 규율을 받아들이게끔 하고, 사회구조를 위협하는 충동을 통제하는 역할을 한다. 자아는 이드와 초자아의 중간 영역으로 오직 쾌락만을 추구하는 이드의 욕망을 제어하는 한편 지나치게 엄격하고 고상한 초자아를 누그러뜨림으로써 외부와 내부 세계를 통합시킨다.

프로이트는 인간을 자기 자신의 의지가 아니라 정신 깊숙이 존재하는 무의식에 의해 움직이는 존재로 파악했다. 그는 이 무의식의 세계를 이해하는 단서를 꿈에서 찾았는데, 자신이 담당했던 신경증 환자들의 사례를 통해 꿈의 내용과 의미, 꿈이 하는 작업을 분석하여 무의식의 존재를 밝혀 냈다. 무의식은 은밀하게 감추어진 성적 욕망, 공격적 본능, 불쾌했던 기억, 표현하기 어려운 바람 등을 표출하려 하지만, 이는 의식 즉 이성이 지배하는 낮의 세계에서는 금기시되어 드러낼 수 없다. 그렇기 때문에 무의식은 의식의 억제력이 약화되는 수면 상태에서의 꿈을 그 탈출구로 택하게 된다. 결국 꿈을 제대로 해석할 수 있다면, 인간의 무의식을 이해하는 것도 충분히 가능하다고 그는 말한다.

합리적 이성의 신화를 무너뜨리다

프로이트 이전에는 인간의 행동을 지배하는 것이 합리적 이성이라고 보는 견해가 지배적이었다. 그러나 프로이트는 이에 대해 인간을 지나치게 의식적인 존재로 파악한 결과라고 비판했다. 그가 생각하기에 인간 행위의 근원에는 본능적 욕구로 가득 찬 무의식이 존재하고 있었다. 자신의 이론을 실제 치료에 적용하는 과정에서 그는 환자들과 대화를 통해 문제에 접근하는 새로운 방식을 시도했고, 그것을 정신분석학이라고 규정하여 기존의 신경 의학과는 구분 지었다.

당시로서는 대단히 파격적이었던 그의 이론이 처음부터 널리 받아들여진 것은 아니었다. 《꿈의 해석》이 출간된 후 그에게 돌아온 것은 오히려 사회적 냉대와 멸시였다. 사람들은 그를 성적 망상자로 몰아세웠고, 인간의 정신 수준을 이성에서 본능으로 끌어내렸다며 불쾌감을 표시했다. 특히 그가 주장한 오이디푸스 콤플렉스에 관해서는 프로이트 개인의 문제에 불과하다는 비난이 쏟아졌다. 후대 학자들에 의해 숱한 이론적 오류와 결함이 지적되면서 오늘날 정신분석학은 그 학문적 위상을 크게 인정받지 못하고 있지만, 두 차례의 세계대전을 겪기 전 이성의 힘을 맹신하던 동시대인들의 사고에 균열을 낸 성과만큼은 누구도 부인할 수 없는 사실이다.

《꿈의 해석》은 프로이트의 정신분석 이론의 출발점이다. 여기서 그는 인간의 정신 구조를 이드, 자아, 초자아로 구분하여 무의식의 세계를 밝혀 냄으로써 인식의 일대 전환을 가져왔다. 또한 꿈이 소망을 충족하는 수단이자 무의식의 세계를 이해하는 근거라고 주장하여 꿈을 과학 연구의 대상으로 끌어올리는 성과를 냈다.

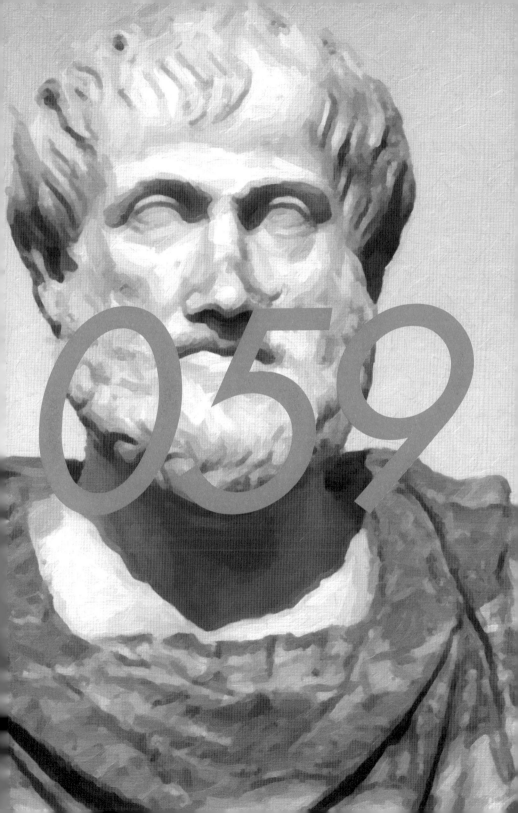

진정한 행복은
어떻게 얻을 수 있는가

—— **아리스토텔레스, 《니코마코스 윤리학》**

도덕적인 덕은 중용의 상태를 말한다. 그것은 한편으로는 너무 부족함의 악덕과 다른 한편으로는 너무 지나침의 악덕 사이에 위치한다. 덕 있는 사람이 되기 쉽지 않은 까닭은 중용을 발견하는 것이 항상 어렵기 때문이다. 예를 들면, 원의 중심을 찾는 일은 아무나 못하고 오로지 그것을 아는 사람만이 할 수 있다. 반면에 화를 내거나 돈을 쓰는 일은 누구나 할 수 있지만, 적합한 사람에게, 적합한 이유로, 적합한 때에, 적합한 방법으로, 적합한 정도만큼 하기란 결코 쉬운 일이 아니다.

현실을 토대로 인간의 이성적 사유를 중시한 사상가

아리스토텔레스(B.C. 384~B.C. 322)는 고대 그리스 마케도니아 출신의 철학자이다. 의사인 아버지의 영향으로 의학 수업을 받았으나 플라톤이 아테네에 세운 아카데미아에 입학하면서 진로를 바꿔 20년 동안 그의 제자로 수학하였다. 그는 인간과 사회에 대한 연구를 기반으로 강연과 저술을 하면서, 기존의 그리스 철학 사상에 대한 비판을 통해 자신만의 독자적인 이론 체계를 세웠다.

이상적인 세계를 꿈꾼 스승과는 달리 현실을 중시했던 그는 어떻게 하면 도덕적인 인간이 되고, 진정으로 행복해질 수 있을지를 고민하였는데, 그러한 사유의 결과물이 바로 《니코마코스 윤리학》이다. 그는 플라톤이 세상을 떠난 뒤에 알렉산드로스 왕의 가정교사가 되었으며, 그 후 리케이온이란 학원을 세워 후진 양성에 매진하였다. 그의 사상은 후대에 많은 영향을 미쳤고, 특히 이성과 신앙의 조화를 강조한 중세 스콜라 철학자 토마스 아퀴나스에게 직접적인 영향을 주었다.

진정한 행복은 어떻게 얻을 수 있는가

《니코마코스 윤리학》은 모두 10권으로 되어 있다. 아리스토텔레스가 그의 아들에게 강의하는 형식으로 구성된 이 책은 어떻게 하면 도덕적인 인간이 될 수 있고, 진정으로 행복해질 수 있는가라는 문제의식에서 출발한다. 그는 인간의 모든 행동과 선택에는 목적이 있으며, 그 목적은 어떤 좋은 것, 즉 선을 추구하는 것이라고 보았다. 선 가운데는 돈, 명예, 건강처럼 다른 무엇을 위한 수단적인 성격을 지닌 것도 있지만, 그는 우리가 추구하는 선의 마지막 단계, 즉 최고선이 존재한다고 말하며, 그것을 행복이라고 규정한다.

그에 따르면, 인간은 동물과 달리 고유한 이성을 갖고 있는데, 행복이란 그 이성을 최대한 발휘하고 실현하는 것이다. 따라서 인간은 이성에 바탕을 둔 정신 활동으로부터 행복을 얻을 수 있고, 이는 곧 덕 있는 생활을 의미한다. 요컨대 덕을 갖춘 사람은 이성에 의해 감정과 행위를 통제함으로써 자신을 도덕적으로 이끌어 가며, 그것이 행복으로 이어진다는 말이다.

덕은 지적인 덕과 도덕적인 덕으로 구분되고, 전자에는 지혜, 지성, 이해력이, 후자에는 절제, 관용, 인내, 용기, 정의 등이 포함된다. 인간은 도덕적 본성을 완벽히 타고나지 않기 때문에 꾸준한 훈련과 실천을 통해 덕을 함양해야 한다. 그 방법으로 아리스토텔레스가 제시하는 것이 바로 중용이다. 그는 인간이 매 순간 지나침도 아니요 부족함도 아닌 가장 알맞은 중용의 덕을 반복적으로 실천하다 보면 도덕적인 인간이 될 수 있다고 보았다.

중용을 통해 행복에 이를 수 있다는 방법론

고대 그리스 시대에 플라톤을 비롯한 이상주의자들은 선을 최고의 가치로 여기면서도 그것이 현실에서 어떻게 실현될 수 있을지에 대해서는 별로 고민하지 않았다. 하지만 아리스토텔레스는 실현 불가능하거나 인간에게 도움을 주지 않는 것은 선이 아니라고 생각했다. 그래서 그는 현실적인 의미의 선, 즉 행복한 삶을 윤리학의 모범으로 삼고, 그것을 실천하는 방법을 찾고자 노력했다.

동서고금을 막론하고 원론적으로는 이성이나 도덕이 강조되지만, 현실에서는 여전히 출세나 성공 같은 세속적인 가치가 더 우선시된다. 아리스토텔레스는 이상주의자들과 달리 무조건 선을 강요하는 것이 아니라 현실에 기반을 두고 실제 인간 행위의 목적을 분석하여 행복한 삶이 도덕적인 삶과 연결된다는 사실을 제시하였다. 도덕적인 인간이 되기 위해서 필요한 중용은 마땅한 때에, 마땅한 것에 대하여, 마땅한 사람들에게, 마땅한 목적을 위하여, 마땅한 방식으로 행동하는 것을 말한다. 즉 최고선인 행복을 실현하기 위해서는 이성에 따라 중용의 덕을 추구하면서 도덕적으로 살아야 한다는 것이다.

《니코마코스 윤리학》은 인간 행위의 궁극적인 목적을 행복으로 규정하며, 이를 얻기 위해서는 도덕적인 삶이 필요하다고 말한다. 이성의 능력을 최대로 발휘하여 감정을 억제하고, 중용의 덕을 습관화함으로써 도덕적인 삶을 살 수 있는데, 이것이 인간을 행복에 이르게 한다는 것이다.

현대 구조주의 사상의
새로운 영역을 개척하다

클로드 레비스트로스, 《슬픈 열대》

하나의 인간이라는 사실은 우리들 각각이 하나의 계급, 하나의 사
회, 하나의 나라, 하나의 대륙, 그리고 하나의 문명의 구성원이라는
것을 의미한다. 또한 유럽인들로서는 신세계의 중심부를 탐험하는
일이란 무엇보다도 우선 이 세계가 우리의 것이 아니었던 만큼 그것
을 파괴한 죄과는 우리가 덮어써야 한다는 것을 의미한다.

《슬픈 열대》(레비 스트로스 지음, 박옥줄 옮김, 한길사, 1998, 706쪽)

서구 문명의 야만에 분노한 인류학자

레비스트로스(1908~2009)는 프랑스의 인류학자이다. 20대 중반 우
연히 로버트 로위의 《미개사유》를 읽고 깊은 감명을 받아 인류학과
민족학에 관심을 기울이면서 남미 원주민을 연구하기 시작했다. 레
비스트로스는 1937~1938년에 브라질에 체류하면서, 내륙 지방의
네 원주민 부족인 카두베오 족, 보로로 족, 남비콰라 족, 투피 카와
이브 족에 대한 조사 연구를 실시했다.

《슬픈 열대》는 당시의 기행 내용을 중심으로 문명과 야만에 대한

저자의 생각을 정리한 책이다. 레비스트로스는 여기서 서구는 문명을 상징하고 원주민은 야만족이라는 서구인의 오만한 도식에서 벗어나야 한다는 점을 강조했다. 특히 자연과의 조화와 균형 속에서 살아 온 원주민들의 삶에 무자비하게 침투해 그들의 사회를 파괴하는 서구 문명의 야만에 분노를 표출하고 있다. 남미 열대 지역을 조사하면서 서양 문명이 황폐화한 원주민의 삶에 이 인류학자는 비애를 느꼈고 이런 감정이 '슬픈' 열대라는 제목을 낳았다.

서구의 오만과 욕망이 빚어낸 원주민에 대한 편견

《슬픈 열대》는 전체 9부로 구성되어 있다.

1부에서는 독일에 의해 프랑스가 점령당했을 때 배를 타고 프랑스의 마르세유에서 미국의 뉴욕까지 밀항할 수밖에 없었던 아픈 경험을 회상하고 있다. 2부에서는 민족학에 관심을 가진 이유, 이 여행을 결심한 이유, 그리고 브라질의 상파울루 대학의 사회학 교수로 취임하게 된 과정을 서술하고 있다. 3부에서는 적도 부근의 무풍대를 통과하면서 느끼는 새로운 세계와 구세계의 희망과 몰락, 정열과 무기력을 표현하였으며, 4부에서는 브라질에서의 생활과 앞으로의 현지 조사를 위한 예비 답사의 내용을 언급한다.

5~8부는 본격적으로 브라질 내륙의 네 부족을 소개하면서 이들을 조사하는 과정을 설명하고, 원주민 사회의 문화를 소개하고 분석하였다. 9부는 브라질에서 고향으로 돌아오는 과정을 담은 글로 인도와 파키스탄 여행기가 추가됐고, 그때까지의 체험과 현지에서 조사한 내용을 종합적으로 정리했다. 이 부분에서 그는 지금까지의 연

구 과정에서 부딪혔던 여러 문제들을 해결하려고 시도한다.

외부 세계에 대한 서구인의 편견에 일침을 가하다

이 책에서 레비스트로스는 자신이 직접 관찰한 원시 부족들의 생활상, 즉 서구인의 관점에서는 미개하고 야만적인 그들의 심성, 사고방식, 사회 조직, 생활양식, 종교, 의례, 예술과 상징 등이 사실은 가장 자연적인 삶이라는 사실을 밝힌다. 이들 원주민들이 본질적으로는 서구의 문명인과 조금도 다를 바 없으며 오히려 서구의 과학성, 근대성, 합리성을 넘어서고 있음을 보여 주는 것이다. 레비스트로스는 서구를 문명이라 부르고 비서구를 야만과 미개로 칭하여 도식화하고 얕잡아보는 종래의 서구의 이분법에서 벗어나 이 둘이 하나의 체계 속에서 관계를 맺고 있음을 발견했다. 문명과 야만이라는 도식은 바로 서구인의 오만과 욕망이 빚어낸 원주민에 대한 비뚤어진 편견에 불과하다는 것이다.

《슬픈 열대》는 레비스트로스가 브라질의 열대 지방에 사는 여러 부족의 원주민들에 대한 조사를 바탕으로 기술한 기행문이다. 원주민들을 미개와 야만으로 인식하는 서구인의 오만한 관점을 비판한 이 책은 현대 구조주의 사상의 새로운 장을 열었다는 평가를 받는다.

061

인간이 지향해야 할
도덕의 이상

임마누엘 칸트, 《실천이성비판》

생각하면 생각할수록, 보면 볼수록 나를 더욱 강한 감탄과 존경으로 채우는 것이 둘 있으니, 하나는 내 머리 위에서 반짝이는 별을 보여 주는 푸른 하늘이요, 또 하나는 내 마음속에서 나를 항상 지켜 주는 도덕법칙이다.

하늘의 별과 마음속의 도덕법칙을 사랑한 윤리학자

칸트(1724~1804)는 독일 쾨니히스베르크 출신의 사상가이다. 마구(馬具)를 만드는 아버지와 독실한 기독교인 어머니 사이에서 11명의 자식들 중 넷째로 태어났다. 평생 독신으로 살았고, 고향 쾨니히스베르크에서 150킬로미터 이상 벗어난 적이 없었다. 쾨니히스베르크는 경건주의 기독교가 득세했지만, 학문적으로는 비교적 자유로운 도시였다. 그곳에서 칸트는 라틴어를 비롯한 교양 교육을 받았고, 대학을 졸업한 뒤 생계를 위해 가정교사와 대학 강사로 일했다. 몇 번의 좌절 끝에 그는 마흔여섯 살에 쾨니히스베르크대학교 논리학, 형이상학 강좌 담당 교수로 임용됐다.

칸트는 윤리학에서 상대주의, 회의주의, 독단주의에 반대하는 입장을 취했고 도덕적 판단과 행위는 개인의 감정이나 자의적 결정에 관한 문제가 아니고, 사회적 문화와 유산, 생활양식, 혹은 관습의 문제도 아니라는 사실을 분명히 했다. 도덕의 원리를 설정하고 이를 근거로 윤리 문제에 접근하려 했다는 점이 칸트 철학의 특징이다.

실천이성에 따른 도덕적인 삶

《실천이성비판》은 서설, 1~2편, 맺음말로 구성되어 있다.

칸트는 이 세상 안에서나 밖에서나 무조건 좋은 것은 선의지밖에 없다고 보았다. 그는 동정심에서 남을 도운 행위, 즉 타고난 경향성에서 비롯된 행위는 도덕적 행위가 아니라고 보았다. 이는 자연적 경향성에 따른 행위로 우리 의지와는 상관없이 가난한 사람을 보고 불쌍하다고 느끼는 수동적인 반응이기 때문이다. 친구를 많이 사귀려고 약속을 잘 지키는 행위도 도덕적 행위가 아니라고 보았다. 친구를 많이 사귀려는 결과를 기대하고 행하는 목적이 있는 행위이기 때문이다.

그래서 칸트는 어떤 행위를 도덕적 행위라고 말하기 위해서는 어떤 행위가 옳다는 바로 그 이유로 의무를 이행하려는 의지, 즉 선의지에 따른 행위여야 한다고 주장한다. 그에 의하면, 도덕법칙은 절대적 보편성을 지녀야 한다. 다시 말해 시대와 사회를 초월해 누구나 마땅히 지켜야 하는 무조건적인 성격을 지녀야 하는 것이다. 이러한 도덕법칙은 실천이성이 우리 자신에게 부여한 것이다. 실천이성이란 스스로 보편타당한 법칙을 세우고 그에 따라 행위하려는 이성을 말한다. 이처럼 칸트는 우리가 스스로 부여한 도덕법칙에 따라 행할 때 비로소 자율적인 인간이 된다고 하였다.

칸트에게 있어서 의무 의식에 따른 행위는 도덕법칙에 따라 자율적으로 행하는 것을 말한다. 칸트는 도덕법칙이 정언명령의 형식을 갖추어야 한다고 보았다. 그것은 '…하고자 한다면 …해라'의 가언명령이 아니라 '…해야만 한다'의 조건 없는 명령이어야 한다는 것이다. 가언명령은 '다른 사람에게 좋은 평판을 얻기 위해서라면 거짓말을 하지 마라'와 같이 조건이 붙는데, 칸트는 다른 사람에게 좋은 평판을 얻고 싶은 바람을 포기하면, 그것을 따를 이유가 없기 때문에 가언명령은 도덕법칙이 될 수 없다고 보았다.

도덕과 행복이 충돌할 때 도덕을 택해야 한다는 당위

《실천이성비판》은 《순수이성비판》, 《판단력 비판》과 더불어 칸트의 3대 비판서이다. 칸트가 품은 대표적인 철학적 질문은 세 가지이다. 첫째 '나는 무엇을 알 수 있는가?' 둘째 '나는 무엇을 행해야만 하는가?' 셋째 '나는 무엇을 희망해도 좋은가?'이다. 《실천이성비판》은 이 중 두 번째와 세 번째 질문에 대한 답변이라고 할 수 있다. 도덕이 반드시 행복을 보장하는 것은 아니다. 그럼에도 우리는 공동체를 도덕적으로 만들기 위해서 도덕적으로 살아야 한다. 도덕과 행복이 상충할 때, 사람들은 행복을 추구하기 쉽다. 하지만 행복 대신 도덕을 택하도록 이끌어야만 한다는 것이 칸트 윤리학의 특징이다. 현대에 범람하는 행복 담론은 사람들로 하여금 도덕을 멀리하고 행복을 좇게 만든다. 즉 도덕의 가치와 행복의 가치가 상충하는 순간에 도덕 대신에 행복을 선택하게 만든다. 하지만 행복보다 중요한 것은 도덕적 삶이고 결과를 바라지 말고 의무 의식에 기반을 두고 행동하라고 강조한 사람이 바로 칸트이다. 칸트 도덕의 장점은 정언적 성격을 잘 드러내고, 인간의 존엄성을 중시한다는 점이다. 반면 그의 도덕은 너무 이상적이고 엄격하며, 도덕법칙이 상충할 경우, 어떤 도덕법칙을 따라야 할지 명확한 지침을 제시하지 못한다는 등의 한계를 드러낸다. 그럼에도 불구하고 인간이 추구해야 할 도덕의 이상을 보여 준다는 점에서 큰 의미가 있다.

《실천이성비판》에서 칸트는 인간이 지켜야 할 도덕법칙의 정언적 성격, 즉 무조건적 성격을 밝히고 있다. 그는 인간이 왜 존엄한지, 어떻게 하면 존엄한 본성을 지킬 수 있는지를 말하고, 단지 그것이 옳기 때문에 실행한다는, 의무 의식에 기반을 둔 행위를 도덕적인 행위로 파악해야 한다고 가르친다.

모든 신은 죽었다

프리드리히 니체, 《짜라투스트라는 이렇게 말했다》

인간은 짐승과 초인 사이에 놓인 밧줄이다. 심연 위에 걸린 밧줄이다. (…) 인간의 위대함은 그가 다리일 뿐 목적이 아니라는 데서 찾을 수 있다. 인간이 사랑스러울 수 있는 까닭은 그가 건너가는 존재이자 몰락하는 존재이기 때문이다. 나는 사랑한다. 몰락하는 자로서 살 뿐 다른 삶은 모르는 자를. 왜냐하면 그는 건너가는 자이기 때문이다.

현대 허무주의의 선구자

니체(1844~1900)는 독일의 사상가, 철학자, 시인, 교수이다. 목사의 아들로 태어나 기숙학교에서 엄격한 고전 교육을 받고 대학에서 신학과 고전 문헌학을 공부하였다. 그러다 우연히 헌책방에서 쇼펜하우어의 책을 접해 그의 철학에 빠져들고, 철학자이자 사회학자인 랑게의 서적에 심취했다. 또 음악가인 바그너의 열렬한 지지자가 되면서 다양한 학문적 기반을 쌓는다. 20대 후반부터 저술 활동을 통해 독일과 유럽 문화 전반을 통렬히 비판했으며 새로운 인간형을 제시하였다. 하지만 그의 작품은 별로 좋은 평가를 받지 못했고, 건강이 나빠져 교직을 그만둔 후 이탈리아와 프랑스에서 요양하며 저술 활동에 전념한다.

당시는 자본주의사회가 발전하고, 휴머니즘이 각광받던 시기였으나 니체는 신의 죽음과 현대의 허무주의적 상황을 미리 감지하였다. 그리하여 《짜라투스트라는 이렇게 말했다》에서 이런 상황의 돌파구로서 초인을 제시하였다. 하지만 야심차게 준비한 이 작품이 고작 50권밖에 팔리지 않는 굴욕을 맛보았고, 극도의 외로움에 시달렸으며, 연인이었던 루 살로메마저 돌아서자 40대 중반에 정신이상 증세가 찾아왔다. 죽기 전 10년이 넘게 니체는 심각한 병마에 시달렸다. 그는 이성에 바탕을 둔 서구의 지적 전통에서 기존의 모든 가치 체계를 해체하고 허무주의, 초인, 영원회귀, 권력의지 등을 바탕으로 하는 새로운 형이상학의 체계를 세웠다는 평가를 받는다. 그는 자신의 철학을 계승한 사상가들은 물론이고, 헤르만 헤세, 앙드레 지드, 프란츠 카프카 등의 작가들에게도 영향을 주었다. 그들은 니체를 추종했고, 그의 사상을 문학으로 형상화하였다.

하산한 짜라투스트라의 초인 사상

《짜라투스트라는 이렇게 말했다》는 4부로 구성된 대서사시이다. 짜라투스트라는 서른 살에 고향을 떠나 산으로 들어가 10년 동안 홀로 명상을 하며 은둔 생활을 즐긴다. 어느 날 불현듯 그는 자신이 산에서 명상을 통해 터득한 삶의 진리를 세상 사람들에게 가르쳐 주고 싶은 충동을 느낀다. 그래서 산에서 내려와 시장으로, 민중 속으로 들어간다.

하산한 짜라투스트라는 '신은 죽었다'라고 주장하면서 '초인'에 대해 설파한다. 초인이란 인간적인 것을 철저히 파괴하면서도 자신의 생을 사랑하고, 삶의 가치를 스스로 만들어 가는 자이다. 그는 삶이란 고통스럽고 끊임없이 난관에 부닥치는 것임을 알지만, 좌절하고 마는 나약한 인간이 아니다. 오히려 자신의 한계를 뛰어넘으려는 자로서 삶을 스스로 책임지고 나아가 삶의 주인이 되려는 자이다.

짜라투스트라는 이 세상을 수많은 권력의지들이 끊임없이 투쟁하는 장으로 파악하고, 세계의 모습은 그것의 무한 반복이라고 여긴다. 존재의 바퀴는 영원히 돌고, 모든 것은 시들어 가며, 또다시 피어난다. 모든 것은 헤어지나 다시 만나 인사를 나누며, 매순간 존재는 시작된다. 이러한 영원회귀를 자각하고, 똑같은 삶이 무한 반복되더라도 이는 자신의 선택이므로 이를 수용하여 운명을 사랑해야 한다. 이것은 생에 대한 강력한 긍정을 의미한다. 짜라투스트라는 시련과 고난 속에서 인간 내면의 나약함과 허약함을 직시하고 다시 산에 올라 축제의 밤을 즐긴다. 그리고 태양처럼 불타는 모습으로 늠름하게 동이 튼 새 아침을 맞는다.

서구의 가치 체계를 변화시킨 선언 : '신은 죽었다'

니체는 《짜라투스트라는 이렇게 말했다》에서 짜라투스트라의 언행을 빌려 자신의 철학을 전한다. 짜라투스트라는 고대 페르시아의 종교적 철인인 조로아스터의 독일어 이름이다. 이를 주인공으로 삼은 이유는 조로아스터가 역사상 최초로 선악을 인간 사회의 근본 원리로 설정한 인물로 알려져 있기 때문이다. 니체는 조로아스터가 잘못 설정한 선악의 원리를 스스로 직접 세상에 알려야 할 의무가 있다고 판단했다.

이 책은 90개의 이야기로 구성되어 있고, 시적인 산문으로 은유가 매우 풍부하다. 세상을 향한 짜라투스트라의 진실 어린 외침이 담겨 있지만 너무 난해해서 독자들을 당황하게 만든다는 평가를 받고 있다. 짜라투스트라의 설교는 성서에 반하는 내용이 많다. 성직자나 학자와 같은 기성 가치를 지지하는 사람들은 비웃음의 대상이 되고 국가는 새로운 우상으로서 그 허상이 폭로된다. '신은 죽었다'라는 외침은 기독교를 단순히 공격하는 것이 아니라, 기존 서구의 지성사를 지배하던 패러다임의 변화를 요구하는 주장이다. 이는 유럽 문명의 종말과 새로운 시작을 알리는 것이다. 니체의 철학은 탈이성적인 현대의 심층심리학과 포스트모더니즘에, 삶의 고통과 치유의 과정을 보여 주는 철학은 많은 예술가들에게 심대한 영향을 주었다.

《짜라투스트라는 이렇게 말했다》는 은둔자였던 짜라투스트라가 하산하여 산속에서 명상을 통해 얻은 지혜를 시장과 군중 속으로 들어가 설파하는 내용으로, 서사와 철학이 한데 어우러진 작품이다. 자신을 극복하는 과정을 겪은 사람만이 진정한 삶의 이치와 지혜를 얻을 수 있다는 초인 사상과 존재의 바퀴는 영원히 돈다는 영원회귀 사상을 담고 있다.

금욕적 윤리는 자본주의 발전에
어떤 영향을 미쳤는가

막스 베버,《프로테스탄트 윤리와 자본주의 정신》

청교도는 직업인이 되기를 바랐다. 반면 지금 우리들은 직업인이 될 수밖에 없다. 금욕주의는 수도원의 벽에서 걸어 나와 이제 일상생활의 직업으로 다가왔고, 우리의 도덕을 지배하기 시작했다. 그리고 근대적 경제 질서, 즉 자본주의라는 강력한 세계를 형성하는 데 막대한 역할을 수행했다.

근대적 직업윤리를 확립한 사회학자

베버(1864~1920)는 독일 출신의 사회학자이다. 법률가인 아버지를 둔 전형적인 부르주아로서 여러 대학에서 법률, 경제, 철학, 역사 등을 공부했다. 그는 합리적인 자본주의가 왜 유럽에서만 출현하고 발전했는지를 분석하는 과정에서 생산 기술의 발전이 자본주의를 가져왔다는 경제 결정론에 의구심을 품게 되었다. 그리고 구체적인 사례 연구를 통해 유럽의 프로테스탄트 윤리가 자본주의 발전의 원동력임을 증명하였다. 이를 통해 물질적인 존재가 인간의 의식을 결정한다는 기존의 경제 결정론을 반박하면서 인간의 정신이 경제 발전을 추동할 수 있다고 보았다. 이러한 주장은 직업윤리를 확립했고 나아가 근대 자본주의 경제 발전의 정신적 원동력이 되었다. 합리화, 카리스마, 경제 윤리, 관료제라는 용어는 베버가 처음 사용하거나 개념화한 용어들이다. 특히 그의 관료제 이론은 조직 이론 발달의 기초를 이루었고, 오늘날에도 행정조직 연구에 많은 참고가 되고 있다.

프로테스탄티즘이 직업윤리에 미치는 영향

《프로테스탄트 윤리와 자본주의 정신》은 2부 5장으로 구성되어 있다.

1부에서 베버는 종교와 직업에 대한 통계를 통해 자본가와 기업가들, 특히 숙련된 상급 노동자, 관리자 계급의 대부분이 프로테스탄트였다는 점에 주목했고 신앙과 사회적 계층이 상관관계가 있다고 분석하였다. 또 자본주의가 발전한 지역은 대부분 프로테스탄트를 새로운 종교로 받아들인 곳이라는 점에 주목하면서 종교개혁을 통해 낡은 전통을 일소하는 데 신앙이 기여했다고 판단했다. 즉 프로테스탄트 윤리와 자본주의 발전은 긴밀한 관계가 있다는 것이다. 전통적으로 노동은 자신의 생계유지를 위해 강조되었고, 근대 자본주의 정신은 개인의 이익 추구에 기초를 두지 않았다고 주장하며 의무로서의 일에 대한 엄격한 책임을 강조하였다.

2부는 기독교 종파들이 강조한 프로테스탄트 금욕주의가 어떻게 초기 자본주의 정신의 원류가 되었는지를 밝힌다. 그는 직업을 하느님이 내린 소명이라 여기고 직업에서 성실성과 금욕적인 자세는 신에 대한 사랑을 실천하는 것이라 보았다. 칼뱅주의에서는 소수의 인간만이 영원한 신의 은총을 받도록 예정되어 있다고 본다. 자기 운명을 선택할 수 없는 인간은 자신을 선택받은 사람으로 생각해야 하며 열심히 세속적인 직업에 최선을 다할 의무가 있다. 그래서 충실한 노동을 통해 부를 축적하는 것은 허용되고 권장할 만하다. 그러나 베버는 프로테스탄트 윤리가 지속되었던 것은 아니라는 사실도 지적한다. 일단 자본주의가 광범위하게 수용되자 더 이상 금욕주의라는 정신적 지원을 받을 필요가 없었던 것이다.

초기 자본 축적에 기여한 종교 윤리를 분석

기존의 가톨릭과 루터파에서는 물질적인 부의 추구가 신에 대한 모독이라고 보았다. 대부분의 사람들이 부를 추구하면서도 겉으로는 가난을 경건한 덕목으로 생각하고 있었다. 이러한 사회적 분위기 속에서 베버의 저작은 논란을 불러일으켰다. 하지만 베버는 성실하게 직무에 임하고 이윤을 추구하는 행위를 신의 섭리로 파악하고, 부의 추구는 도덕적으로 허용될 뿐만 아니라 나아가 신의 명령으로 보았다. 부단한 노동과 이윤 추구 행위를 영적인 구원을 위한 종교 행위로 봄으로써, 그 의미를 격상시킨 것이다. 베버가 말하는 합리적 자본주의 정신은 돈과 재물을 무조건 탐하는 것과는 거리가 있다. 그가 말하는 직업정신에는 (자본가든 노동자든) 성실하고 근면한 태도, 자신의 직무에 최선을 다하는 자세, 진지하게 이웃과 동료를 배려하는 행위가 전제되어 있다.

이 책은 출간된 이후 객관적인 근거가 부족하다는 등의 이유로 논쟁을 불러일으켰다. 하지만 지금도 이에 필적하는 이론이 등장하지 않고 있으며, 이것은 베버의 영향력이 여전히 막강하다는 사실을 대변한다. "가능한 한 많이 얻되 또한 절약하라. 그리고 다른 사람에게 베풀어야 한"다라는 말이 주는 교훈처럼 금욕적 성격을 지닌 자본주의는 현대사회에서도 여전히 유효하다. 이러한 베버의 분석은 다른 학자의 연구 주제와 방법에 영향을 주었다. 서구 자본주의 발전에 대한 분석이 《프로테스탄트 윤리와 자본주의 정신》을 낳았다면, 하버드대학교의 투웨이밍 교수는 동아시아 5개국, 즉 일본, 한국, 대만, 싱가포르, 홍콩 등에서 자본주의가 급속히 발전했다는 사실에 주목하면서 그 원동력을 아시아적 가치라고 분석하였다.

《프로테스탄트 윤리와 자본주의 정신》은 자본주의 발전 과정에서 프로테스탄트 윤리가 어떤 역할을 했는지를 밝힌 책이다. 베버는 자본주의 발전을 프로테스탄트의 금욕적 윤리와 칼뱅의 구원 예정설을 중심에 두고 설명하면서, 이러한 정신적 종교 윤리가 초기 자본 축적에 기여하는 동시에 합리적인 경영과 노동을 이끌었다고 주장하였다.

사회를
바라보는
합리적인
눈

유럽인들이 알지 못했던
세계에 대한 백과사전

마르코 폴로, 《동방견문록》

육로와 수로가 잘 갖춰져 있어서 교통은 사방으로 통하고 있다. 배와 수레가 주민들에게 필요한 물건들을 충분히 실어 나를 만큼 운하와 시내 도로는 매우 넓다. 주민들이 말하기를 교량은 총 1만 2천여 개에 달한다고 한다. 주로 운하 위에 놓여서 대로를 잇는 역할을 하는 다리는 매우 정교하게 축조되었는데, 높은 아치 형태이며 길에서 다리 중앙까지 경사가 완만하게 설계되었다. 그 아래로는 돛대를 세운 배가 통과하고, 위로는 수레와 말이 지나다닌다. 이렇게 많은 다리 덕택에 사방으로 뚫린 십자로가 가능했다.

유라시아 대륙을 자기 발로 누빈 베니스의 상인

폴로(1254~1324)는 이탈리아 베네치아 출신의 상인이자 여행가로 1271년부터 1295년까지 유럽과 아시아 전역을 돌아다녔다. 일찍이 무역업에 종사한 아버지와 삼촌을 따라 열일곱의 나이로 몽골제국(원나라)을 향해 길을 떠난 그는 중앙아시아를 관통하는 육로를 통해 1275년 당시 황제인 쿠빌라이 칸(세조)이 있던 카이펑에 도착한다. 그곳에서 황제의 신임을 얻어 관리로 임명된 후 17년 동안 봉직하면서 현지 조사의 임무를 띠고 제국의 변방과 인근 나라들을 방문하였다. 1290년경 귀국길에 오르며 이번에는 바닷길을 택한 그는 수마트라 섬, 말레이 반도, 스리랑카 및 말라바르 해안 등을 지나 호르무즈 섬에 도착한 뒤 콘스탄티노플을 거쳐 고향 베네치아로 돌아온다. 1298년 제노바와의 전쟁에서 포로가 되어 감옥에 갇힌 마르코 폴로는 거기서 만난 작가 루스티켈로에게 자신의 경험담을 들려주었는데, 그렇게 해서 탄생한 작품이 바로 '세계의 불가사의에 관한 책' 《동방견문록》이다.

미지의 세계를 책 한 권에 담다

《동방견문록》은 총 8편 232장으로 구성돼 있다. 먼저 작가는 자신의 여행 동기와 책의 구술 배경을 설명한 다음, 1편에선 지금의 서아시아를, 2편에서는 아프가니스탄부터 파미르 고원을 넘어 타림 분지를 경유하는 중앙아시아를 다룬다. 3편은 몽골제국의 수도와 쿠빌라이 칸의 통치에 관한 내용이며, 4편은 중국 북부와 지금의 쓰촨, 윈난 지역을 비롯해 미얀마 등지를, 5편은 당시 남송의 영토였던 중국 동남부에 대해 기술하고 있다. 6편은 마르코 폴로 일행이 귀국길에 들른 인도양 각지의 사정을 다루고, 마지막으로 7편은 중앙아시아 대초원을 중심으로 현재의 러시아와 북극지방까지 포괄한다.

이처럼 책에서 다뤄지는 지역의 범위가 북쪽으로는 '암흑의 나라'로 불리던 극지방에서 남쪽으로는 자바 섬과 수마트라 섬에 이르고,

서쪽으로는 아나톨리아 고원에서 동쪽으로는 일본에까지 다다르고 있다. 이는 유럽을 제외하고 그 시대에 알려진 전 세계를 총괄한 것이다. 마르코 폴로는 이 책에서 특정 지역을 서술할 때 방위와 거리, 언어, 종교, 풍습 등을 자세히 기록했는데, 그렇기 때문에 이것은 단순한 여행기라기보다는 당시 유럽인들이 알지 못했던 미지의 세계에 대한 체계적인 백과사전에 가깝다고 할 수 있다.

너무나 방대해서 오히려 믿기 어려운 역설적 기록

《동방견문록》은 13세기 유라시아 대륙의 역사와 문화, 지리에 관한 문헌이다. 동시에 다양한 민족에 대한 생활 보고서의 성격도 지니고 있는데, 당시 기독교 세계관의 지배를 받던 유럽인이 이질적인 문화를 여과 없이 수용한 결과물이라는 점에서 문화적 유연성의 가치를 부각시킨다. 또한 동시대 유럽인들의 호기심과 탐구욕을 자극하여 훗날 대항해시대의 서막을 여는 자극제 역할을 하기도 했다.

그러나 한편으로 《동방견문록》이 허구라는 주장도 있다. 그 이유는 마땅히 들어갔어야 할 중국의 대표적인 풍습(젓가락, 차, 전족 등등)에 관한 서술이 빠져 있고, 중국의 역사 문헌에서 마르코 폴로에 관한 언급을 찾기 힘들며, 결정적으로 그의 여행 경로 자체가 불가능에 가깝다는 것이다. 임종을 앞둔 그에게 친구들이 영혼의 안식을 위해 책의 내용이 거짓임을 고백하고 회개하라고 권하자 그는 자기가 본 것의 절반도 다 이야기하지 못했다고 답하였다는 일화가 전해지기도 한다. 하지만 최근에 발견된 원나라 시기의 기록에서 《동방견문록》과 일치하는 부분이 확인되어 그의 중국 체류는 더 이상

의심할 수 없는 사실로 판명되었다.

단지 한 사람의 기억에만 의존해서 쓰였다고 보기에는 책에 담긴 지리적 정보가 너무나 상세하고 방대하다. 때문에 마르코 폴로의 경험을 바탕으로 당시 무역이나 선교에 종사하던 여러 상인과 종교인의 축적된 지식이 이 책에 반영되었을 것으로 추측된다. 루스티켈로에 의해 처음 기록된 후 지금까지 약 120종의 필사본과 인쇄본이 만들어졌는데, 그 과정에서 수도 없는 가감과 수정이 이루어졌을 것임은 충분히 짐작되는 바다. 결국 이 책은 어느 개인의 평범한 여행기가 아니라 시대의 요구에 따른 역사적 산물이라고 보는 편이 더 적합할 것이다.

《동방견문록》은 중세의 한 유럽인의 눈에 비친 유라시아 각지의 다양한 모습을 생생하게 담아낸 책이다. '야만의 시대'를 살던 동시대인들에게 문화적 충격을 안겨 줌으로써 유럽 문명을 근대로 이끌었고, 오늘날 우리에게도 여전히 낯선 지역에 대한 흥미를 북돋아 준다.

풍전등화와 같던
조선의 앞날을 고민한
개화사상가의 열정

유길준, 《서유견문》

개화하는 일을 주장하고 힘써서 실천하는 자는 개화의 주인이요, 개화하는 자를 부러워하며 배우기를 기뻐하고 갖기를 좋아하는 자는 개화의 빈객이며, 개화하는 자를 두려워하고 미워하며 마지못해 따르는 자는 개화의 노예라고 할 수밖에 없다. 주인의 지위에 있지 못할 바에야 차라리 빈객의 자리를 차지할망정 노예의 대열에 선다는 것은 옳지 못하다. 개화하는 방법에는 세 가지가 있다. 지혜로써 하는 방식과 용단으로써 하는 방식, 그리고 위력으로써 하는 방식이 그것이다. 이 중 지혜로써 하는 것이 가장 좋고, 용단으로 하는 것이 그다음이며, 마지막이 위력으로 하는 것이다.

세계 일주를 한 조선 최초의 국비 유학생

유길준(1856~1914)은 서울 북촌의 유서 깊은 선비 집안에서 태어났다. 박지원의 손자로 북학파의 사상을 한층 발전시킨 당대 최고의 학자 박규수 밑에서 공부하면서 박영효, 김옥균 등 훗날 개화파를 이끌게 될 문하생들과 친분을 맺는다. 당시 부정이 만연한 과거 시험에는 여러 차례 떨어졌으나 권력의 중심에 있던 민영익의 추천으로 신사유람단에 뽑혀 1881년 일본을 방문한다. 그곳의 발전된 사회상에 충격을 받은 유길준은 시찰을 마친 뒤 유정수와 함께 남아 후쿠자와 유키치의 집에 머물면서 그가 세운 게이오의숙에 다닌다. 1883년 봄에 귀국했다가 같은 해 7월 다시 견미사절단인 보빙사의 일원으로 미국을 시찰하고, 이번에는 혼자 남아서 갖은 고생 끝에 보스턴대학교에 입학하지만, 본국에서 일어난 갑신정변으로 인해 어쩔 수 없이 돌아오게 된다.

그는 일부러 유럽을 통해 귀국하는 길을 택하여 서유럽의 여러 나라들을 둘러본 후, 싱가포르, 필리핀, 홍콩, 일본 등을 거쳐 인천항에 도착한다. 오자마자 갑신정변에 연루된 혐의로 7년 동안 가택 연금을 당하는데, 이때 전부터 계획했던 《서유견문》을 집필한다. 이 책은 단순히 서구의 제도와 문물에 대한 소개에 그치지 않고, 그의 개화사상을 집약해 놓은 이론서로 높이 평가받는다. 갑오개혁 이후 다양한 정부 요직을 거치면서 개화와 개혁의 이론적 토대를 제공하고, 개혁 운동을 주도했던 그는 자신의 뜻과 달리 한일 합방이 이루어지자 심한 자괴감에 빠져 일본 정부의 회유도 마다한 채 줄곧 칩거하다가 1914년 숨을 거둔다.

사대주의와 국수주의 사이에서 모색한 참된 개화의 길

《서유견문》은 총 20편으로 구성되어 있는데, 내용상 크게 세계의 지리(1~2편), 서양의 정치·경제·교육제도(3~14편), 서양의 관습과 문명(15~18편), 서양의 주요 도시(19~20편) 등의 네 부분으로 나뉜다.

먼저 1, 2편에서는 태양과 각 행성의 크기, 거리를 비롯해 지동설까지 다루고, 천둥과 번개의 생성 원리를 과학적으로 설명한다. 이어지는 3편의 전반부 '국가의 권리'에서는 국제정치 질서의 변화와 그에 따른 국권 보전 방안을 논하며, 4편 '인민의 권리'에서부터 14편의 전반부 '상인의 대도'까지는 나라가 부강해지기 위한 조건들을 나열하면서 서양이 동양보다 월등히 앞서는 이유는 바로 정치체제의 차이 때문이라고 분석한다. 저자는 국민 개개인의 권리가 잘 지켜지고, 이를 바탕으로 국가의 권리가 보존되는 것을 서양 정치체제의 특징으로 파악하고, 조선도 그러한 점을 따라야 한다고 주장하였다.

14편의 후반부 '개화의 등급'은 이 책의 핵심에 해당하는 부분으로 개화에 관한 저자 고유의 관점이 자세히 서술돼 있다. 유길준은 여기서 시세와 처지를 고려하지 않은 채 외국의 것을 무조건 숭상하고 자기 나라의 것을 업신여기는 개화당을 개화의 죄인으로, 반면에 외국의 것을 전부 배척하고 자기 자신만을 최고라고 여기는 수구당을 개화의 원수라고 비판했다. 그가 주장한 것은 현재의 상황과 여건을 중시하는 현실적이고 점진적인 개혁론이었다. 그에 따르면, 개화자는 반(半)개화자를 권고하여 실천하도록 하고, 미(未)개화자를 가르쳐서 깨닫게 할 책임이 있으며, 개화의 주인으로서 주체적이고 적극적으로 개혁을 추진해 나가야 한다. 그러기 위해서는 정부의 역할도 중요해서 그는 정부 주도의 개혁을 강조했다. 끝으로 15편부터는 조선인 최초로 미국 유학과 세계 일주를 한 경험을 바탕으로 자신이 서양에서 보고 들은 것들을 다양한 관점에서 풀어내고 있다.

조선 말 개화사상의 교과서

유길준이 살았던 시대는 개항을 계기로 외국의 압력이 갈수록 심해지고, 전통 사회의 제반 모순이 극에 달하고 있었다. 이처럼 나라 안팎으로 어려운 상황에서 외세의 국권 침탈을 막아 자주독립을 유지하는 동시에 근대화된 국가를 수립해야 하는 시대적 과제를 받아든 그가 내놓은 답이 바로 《서유견문》이었다. 이 책은 최초로 국한문혼용체를 사용했는데, 이는 청나라와의 종속 관계를 간접적으로 부정하고, 조선의 자주와 자립을 강조하려는 의도에 따른 것으로 파악된다. 같은 맥락에서 기존의 관행과는 달리 조선의 개국 연호나 서기로 연도를 표기한 점도 눈에 띤다. 서두에서 먼저 세계 지리를 상세하게 다룬 것 또한 중국 중심의 세계관을 탈피하기 위한 의도적인 편제라고 할 수 있다. 아울러 각국의 풍습과 예절을 그 자체로 인정하는 것이야말로 세계를 이해하는 출발점이라는 주장은 오늘날의 문화상대주의로 이어졌다.

이 책은 당시 개화와 개혁을 지향하는 이들에겐 필독서였다. 교육계에서는 소학교 학생들에게 읽힐 것을 권장하였고, 〈독립신문〉과 〈황성신문)의 주요 기사들은 그 내용을 적극 활용하는 경우가 많았다. 비록 유길준이 정치가로서 자신의 사상을 실현하는 데 실패했고, 이 책도 그의 바람만큼 충분히 대중화되지는 못했지만, 개화사상의 정립과 보급에 있어 이 책이 차지한 비중에 관해서는 이론의 여지가 없다.

《서유견문》은 기본적으로 여행기의 형식을 취하고 있으나, 단순히 외국 문물을 소개하는 데 그치지 않고, 개화사상을 집대성하여 고취시킨 조선 말기의 근대적 국정 개혁서이다. 조선이 세계로 나아가기 위한 방향과 방법을 최초로 제시하고 성찰했다는 점에 그 의의가 있다.

자연환경과 일상생활의 연관성을
최초로 규명한 근대적 인문지리서

─── 이중환, 《택리지》

대저 삶터를 잡는 데는 첫째 지리가 좋아야 하고, 둘째 생리(生利)가
좋아야 하며, 셋째 인심이 좋아야 하고, 넷째 아름다운 산과 물이
있어야 한다. 이 네 가지 중 하나라도 부족하면 살기 좋은 땅이 아
니다.

시련을 딛고 학문적 성취를 이룬 인문지리학의 선구자

이중환(1690~1756)은 충청북도 공주에서 태어난 조선 후기의 실학
자이다. 과거에 급제한 뒤 관직 생활을 하던 중 붕당정치의 희생양
이 되어 여러 차례 유배를 당하였고, 결국 풀려난 뒤에도 관직에 복
귀하지 못한다. 이후 30년간 전국을 유랑하면서 사대부가 살 만한
곳이 어디일지를 고민하게 된 그는 자신이 보고 느낀 바를 정리하
여 책으로 펴냈는데, 그것이 바로 《택리지》이다. 그는 이 책을 쓰면
서 자신의 스승이자 먼 친척인 성호 이익으로부터 큰 도움을 받았
다. 당대 실학의 거두였던 이익은 그에게 자문을 해 주고, 읽고서
틀린 부분을 고쳐 주었으며, 직접 서문과 발문을 써 주는 등 물심
양면으로 지원을 아끼지 않았다. 그렇게 완성된 이 책은 조선 후기

국토에 대한 관심을 불러일으켰고, 정약용의 《아방강역고》, 신경준의 《강계지》와 같은 지리지의 편찬에 영향을 미쳤다.

이처럼 인문지리학의 선구자라고 할 수 있는 이중환은 이익의 사상을 계승하여 사대부의 특권을 비판하고, 상업과 유통을 중시하는 등 사회 개혁에 관해서도 진보적인 사고를 갖고 있었다. 비록 그의 학문적 성과가 풍수지리의 수준을 넘지 못하고, 그가 신분제도의 철폐까지 주장하진 않았다는 비판도 있긴 하지만, 이는 오히려 시대의 한계로 보는 편이 적절할 것이다.

살기 좋은 곳을 찾아 조선 팔도를 누빈 기록

이 책의 제목인 택리지(擇里志)는 '살기에 좋은 마을을 고르는 법에 대한 기록'이라는 뜻이다.

〈사민총론(四民總論)〉

1장에는 조선 시대의 네 가지 신분에 관한 내용이 나온다. 그 이유는 사는 곳의 좋고 나쁨이 당사자의 사회적 지위에 의해 좌우되기 때문이다. 당시에는 사농공상의 네 가지 신분이 존재했는데, 여기서는 그중 사(士), 즉 양반만을 대상으로 한다.

〈팔도총론(八道總論)〉

2장은 조선의 여덟 개 지방의 지리에 관한 기록이다. 살 만한 곳을 찾기 위해서는 우선 지리적 정보가 필요하기 때문에 각 지방별로 지형, 기후, 역사, 주요 인물, 명승지, 산업 등에 대해 자세히 설명한다. 이 부분을 읽어 보면 일종의 기행문 같다는 느낌을 받게 된다.

〈복거총론(卜居總論)〉

3장은 전체 분량의 거의 절반에 이를 정도로 큰 비중을 차지한다. 원래 복(卜)은 '점을 쳐서 길흉을 판단하다'라는 뜻이지만 여기서는 '헤아리다'라는 의미로 이해하는 것이 좋다. 거(居)는 '거주하다'라는 뜻이므로, 복거(卜居)란 '살 만한 곳을 가려서 정하다'라고 해석할 수 있다. 이 책에는 가거지(可居地)란 개념이 처음 등장하는데, 이는 지리, 생리, 인심, 산수의 네 가지 조건을 모두 갖춘 살기 좋은 곳을 말한다. 이 가운데 다른 셋은 별도의 설명이 필요 없겠고, 생리는 윤택한 생활에 유리한 위치를 뜻하는 것으로 땅이 기름지고 물자 수송이 편리한 곳이 그에 해당한다.

자연환경과 일상생활의 연관성을 최초로 규명

조선 시대의 지리지는 주로 국가에서 발행하여 관찬 지리지라고 했는데, 이것은 한 지역의 자연, 역사, 인구, 산업 등 각종 정보들을 단순하게 나열하는 수준이었다. 이러한 관찬 지리지는 왕의 통치에는 도움이 됐을지 몰라도 백성들의 실생활에는 별 쓸모가 없었다. 반면에 《택리지》는 세밀한 관찰을 토대로 각 지방의 사정을 자세히 묘사할 뿐만 아니라 그곳의 특성을 자연과 인문환경에 기초하여 설명하고 있어 진정한 의미의 인문지리서라고 할 수 있다.

이 책은 또 지리적인 현상의 원인을 밝혀 일반인의 궁금증을 해소해 주었는데, 가령 '평안도 지방은 지형이 높고 춥기 때문에 꽃과 과실이 적다'라든가 '교통의 요지이므로 부자가 많다'라는 식으로 인과관계가 명확히 서술돼 있다. 철원 평야의 현무암 풍화토를 다룬 부분에서 나타나는 자연지리에 대한 관심이나 실사구시의 사상에서 비롯된 공간의 경제성에 대한 강조 역시 기존의 지리지에서는 볼 수 없었던 이 책만의 특징이다.

물론 《택리지》도 조선 시대의 가치관에서 완전히 자유롭지 않기 때문에 오늘날의 기준에서 보면 비판받을 만한 점이 없지 않다. 풍수지리설의 비과학적인 면을 인용한 것이라든지, 인심을 평하면서 특정 지방을 폄하한 대목 등은 아쉬움으로 남는다. 하지만 그 당시 이 책이 시대를 상당히 앞선 지리서였으며, 그 안에는 국토에 대한 저자의 애정이 진하게 배어 있다는 점만큼은 누구도 부인할 수 없는 사실이다.

《택리지》는 실학자 이중환이 살기 좋은 곳을 찾아 30년 동안 전국을 떠돌면서 각지의 자연과 인문환경을 꼼꼼히 기록한 책이다. 일부 풍수지리적인 요소에도 불구하고 과학적인 접근으로 자연현상과 인간 생활의 관계를 규명하려고 시도한 조선 최초의 근대적 인문지리서라고 할 수 있다.

행형 기술을 통해
사회 통제의 메커니즘을 통찰하다

미셸 푸코,《감시와 처벌》

왜 매트래인가? 왜냐하면 그것은 가장 강도가 높은 상태의 규율 형태이고, 행동에 대한 모든 강제적 기술 체계가 집중되어 있는 모범 기관이기 때문이다. 거기에는 수도원, 감옥, 학교, 군대의 성격이 모두 조금씩 섞여 있다.

《감시와 처벌》(미셸 푸코 지음, 오생근 옮김, 나남, 2003, 446쪽)

권력관계를 구조주의의 측면에서 본 철학자

푸코(1926~1984)는 프랑스의 철학자이다. 철학과 심리학을 전공했고 니체, 하이데거, 알튀세르 등의 영향을 받았으며 정신의학에도 흥미를 갖고 연구를 수행했다. 감옥, 학교, 군대, 공장 등 다양한 집단을 연구하면서 인간의 사고와 행동은 일정한 틀 속에서 억압받는다는 것을 발견한다. 그는 권력을 단순히 권력자의 소유욕이나 일방적인 지배 피지배 관계로 보지 않고 정교한 사회 메커니즘으로 인식한다. 모든 시대는 권력을 통해 체제와 다른 행동을 배제시키는 장치를 갖고 있으며, 이러한 메커니즘을 통해 권력은 영속화된다. 그는 개인의 행위나 인식이 전체 체계 안에서 다른 사물들과의 관계에 따라 규정된다는 구조주의 철학을 대표한다. 그는 의사인 아버지를 둔 전형적인 부르주아 출신이었지만, 기존의 사상이나 관습, 체계를 비판함으로써 자신만의 독자적인 철학 세계를 형성하였다. 특히 당시 사상계에서 담론의 주제가 아니었던 감옥, 정신병원 등을 소재로 삼아 연구를 수행했고, 소수 집단에 관한 사회적 담론들이 어떻게 형성되고 재생산되는지를 주목했다는 점에서 높이 평가받는다.

감옥의 역사를 통해 밝혀 낸 숨겨진 권력관계

《감시와 처벌》은 신체형, 처벌, 규율, 감옥의 4부로 구성되어 있으며 그중 규율 부분이 핵심 내용이며 분량도 방대하다.

고대에 행하던 대표적인 신체형은 공개 처형이었다. 이는 군주의 격앙된 감정을 인민들에게 보여 줌으로써 공포심을 유발하여 지배 권력을 다지려는 의도가 있었다. 하지만 처형당하는 대상이 군중의 신망을 얻은 사람일 경우 비참한 최후를 맞거나 장엄하게 죽게 되면 군중은 그를 영웅시하거나 군주에게 반발하는 한계를 드러낸다. 18세기 후반에 이르러 인구가 증가하고 시민의 경제력이 향상되자 위법 행위에 대한 처벌이 신체형이 아니라 재산형으로 바뀌면서 인식이 전환되어 처벌은 범죄 방지와 죄인 교화를 위해 존재하는 것이 되었다.

푸코는 현대사회의 권력 구조를 건물 구조와 사회기관, 감옥, 시험으로 나누어 고찰한다. 우선 우리 사회 규율은 자리와 서열을 통해 위계질서가 있는 공간을 만들어 낸다고 본다. 병원이나 학교는 순종하고 복종하는 인간을 만들고 그들을 교묘히 지배하는 역할을 한다. 그는 제러미 벤담이 죄수를 효율적으로 감시하기 위해 설계한 감옥인 파놉티콘을 제시하는데, 이것은 소수의 감시자가 자신을 드러내지 않고 모든 수감자를 감시할 수 있는 구조로 만들어져 있다. 또한 시험은 사람들에게 일정한 자격을 부여하는 기준을 제시하고 이들을 줄 세움으로써 일종의 처벌 기능을 수행한다고 본다. 다음으로 감옥은 흔히 알려진 바와 달리 범죄 발생률을 줄이는 역할을 하지 않는다. 오히려 감옥은 수감자들로 하여금 미래의 범죄를 공모하게 만든다. 왜냐하면 그들은 석방된다 해도 전과자로서 일자리를 구하기도 어렵고 주거도 불안정하며 가족들은 빈곤에 시달린다. 따라서 다시 죄를 저지르게 마련이며 결국은 감옥으로 돌아갈 수밖에 없기 때문이다.

처벌의 메커니즘을 통한 현대사회 해부

푸코는 《감시와 처벌》에서 과거로부터 현대까지 이어지는 감옥의 역사를 통해, 그것이 어떤 방식으로 권력관계와 깊숙이 연관되어 있는지 보여 준다. 그리고 이를 병원, 학교, 공장 등으로 확대하여 설명한다. 정신병원은 치료를 위한 시설이라기보다 이성 중심의 사회가 미치광이를 감금하고 일반인의 일상에서 그들을 추방하기 위해 만든 것이며, 감옥 역시 범죄자들의 수용소가 아니라 사회 통제를 위한 메커니즘의 일부로 권력 집단이 자신들의 지배에 방해가 되는 자들을 격리하는 곳이다. 학교 역시 시험이라는 장치를 통해 학생들을 서열화함으로써 권력의 지배를 강화하고 억압하는 장치이다.

그는 감옥을 정점으로 감시 처벌 기구인 가정, 학교, 군대, 병원, 공장 등을 분석하고 사실상 근대사회를 감금 사회, 관리 사회, 처벌 사회, 감시 사회로 이해한다. 결국 국가의 외형적인 형벌의 변화는 권력이 자신을 보호하기 위한 장치일 뿐이고, 처벌의 종류와 감시 방법, 감옥의 등장 배경을 심층 분석한 결과 정교해진 행형 기술은 사회 전체를 통제하고 조정한다는 것이다. 또한 제러미 벤담이 말한 파놉티콘의 개념을 빌려 권력자는 발전하는 과학기술을 통해 지식을 만들어 내고, 기존 권력을 공고히 하기 위해 이를 교묘히 이용한다고 꿰뚫어 보면서 현대사회를 예리하게 해부한다.

푸코의 《감시와 처벌》은 과거로부터 현대까지의 감옥의 역사를 살펴보면서 숨겨진 권력관계를 파헤친 책이다. 이 책에 따르면 권력은 기술적으로 발전해 가고, 지식과 정보는 권력에 의해 정교해지며, 규율에 의해 인간의 사고와 행동은 통제되고, 지배구조는 더욱 강화되고 있다. 이를 통찰한 푸코는 구조주의를 대표하는 철학자로 평가된다.

이상 국가에 대한
탁월한 통찰

———— **플라톤, 《국가》**

현재 왕이나 권력자로 불리는 사람들이 충분히 철학하는 자세를 갖추지 않으면 (…) 국가와 인류에 불행이 그치지 않을 것이다. 철학자란 이데아를 인식하고 사랑하는 사람이며, 그는 무엇보다 먼저 선의 이데아를 익혀야 한다. 선의 이데아는 태양과 같아서 진리를 인식하는 사람에게 그런 능력을 부여한다.

철인정치를 꿈꾼 이상주의자

플라톤(B.C. 427~B.C. 347)은 고대 그리스의 철학자이다. 한때극작가를 꿈꾸기도 했지만, 아테네 정치를 속속들이 들여다볼 수 있는 부유한 귀족 가문에서 자랐기에 어려서부터 그도 정치에 뜻을 두었다. 하지만 그 당시의 아테네는 전성기였던 페리클레스 시대를 지나 서서히 몰락의 길로 접어들고 있었다. 특히 무능력한 30인 과두 정권을 경험하고, 스승 소크라테스를 죽음으로 몰아가는 분위기 속에서 아테네의 정치가들의 이기심과 시민들의 무지에 그는 환멸을 느끼게 된다. 그러나 소피스트들이 주류를 이루던 상황에서 좋은 삶에 대한 논의를 현실 정치와 연결하는 것은 상식에 부합하지 않았다. 사람들은 처세술과 수사학을 익히고 다수의 지지를 얻음으로써 자신들의 권력을 정당화하려 했다. 이런 이유로 플라톤은 당시 아테네의 민주정치를 반대하고 자신이 지향하는 이상 국가의 정치체제로 철인정치를 내세운다. 참주를 옳은 길로 인도하여 올바른 국가를 만들려고 시도했으나 이에 실패하면서 그는 현실 정치에 대한 마지막 꿈을 접게 된다. 그 후에 설립한 아카데미아 학원으로 지중해 인근의 많은 학생들에게 배움의 문을 열어 준 플라톤은 거대한 학문 공동체의 중심에 서게 된다.

그는 자신의 삶의 터전인 아테네의 쇠락을 지켜보면서 이상적인 국가에 대한 철학과 지향을 《국가》에 담았다. 이러한 플라톤의 사상은 이성을 중시하는 서양 사상가들에게 커다란 영향을 미쳤고, 특히 중세의 아우구스티누스가 교부철학을 형성하는 데 많은 영향을 주었다.

지혜와 인격을 구비한 철학자가 통치하는 이상 국가

플라톤의 《국가》는 10권으로 이루어져 있다. 그는 국가 구성원을 우리 몸의 머리, 가슴, 배에 비유한다. 이성을 지닌 통치자를 상징하는 머리는 지혜의 덕을 추구해야 하고, 기개를 지닌 군인을 상징하는 가슴은 용기의 덕을 키워야 하며, 욕망으로 가득 찬 시민을 상징하는 배는 절제의 덕을 함양해야 한다. 이렇게 국가를 이루는 개별 구성원이 자신의 덕을 함양하고 직분에 충실할 때 개인적으로나 국가적으로나 정의롭고 이상적인 상태가 된다.

그는 세계를 이데아의 세계와 현상의 세계로 나누었다. 현상의 세계는 감각적 경험을 통해 인식할 수 있는 불완전한 세계인 반면, 이데아의 세계는 경험을 통해서는 인식할 수 없으며, 오직 이성적 사유의 눈을 통해서만 볼 수 있는 완전한 세계이다. 그는 모든 사물에는 이데아가 있다고 보았다. 즉 사물의 수만큼 이데아가 있다. 이러한 이데아는 완전하고 이상적이며 좋은 것이다. 모든 사물의 현상은 이러한 이데아의 불완전한 모상일 뿐이다. 모든 이데아 중에서 최고의 이데아는 선의 이데아이다. 플라톤은 이러한 선의 이데아를 볼 수 있는 철학자가 정치 지도자가 되어야 이상 국가가 실현된다고 생각했다.

공산주의 사상의 지적 연원이 된 철학서

일반적으로 플라톤의 여러 대화편 중 초기 저작은 플라톤이 젊은 시절의 스승인 소크라테스의 사상을 집약한 것이고, 후기 저작일수록 그만의 고유한 사상이 두드러진다는 평가를 받는다. 그런데《국가》는 초기 저작이 아니므로 플라톤의 독자적인 사상으로 알려져 있다. 따라서 초기 저술에서 보이는 것처럼 무지에 대한 자각을 일깨우기보다 정의에 대한 구체적 내용을 전달하려 했다. 그는 여기서 아테네 민주정의 몰락 이후 현실 정치의 문제를 정의에 대한 진지한 성찰로 극복하고자 했다. 그는 이상적인 국가의 조건으로 통치자와 그를 돕는 수호자 집단의 재산 소유를 금지해야 한다고 주장한다. 뿐만 아니라 아내와 자식까지도 국가가 공동 관리해야 한다고 생각했다. 바로 이러한 생각이 훗날 공동 생산과 공동 분배를 추구한 공산주의 사상의 지적 연원이 된다. 세속적 성공만을 꿈꾸면서 옳음에 대한 진지한 성찰이 부족했던 당시 분위기 속에서 그는 지혜와 인격을 구비한 올바른 철학자를 양성해 좋은 정치, 이상 국가를 이루려 했다는 점에서 높이 평가된다.

《국가》는 아테네의 현실 정치에 실망한 플라톤이 정의로운 국가만이 좋은 국가라는 믿음으로 저술한 책이다. 그는 이 책에서 이데아의 세계를 통찰할 수 있는 철인이 다스리는 철인정치야말로 이상 국가를 실현하는 방안이라고 주장한다. 본인이 몸담고 있는 아테네의 몰락을 지켜보면서 그는 자신이 생각한 이상적인 국가의 청사진을 제시한다.

국가 주도의 중상주의를
자유방임 경제로

애덤 스미스, 《국부론》

우리가 매일 식사를 준비할 수 있는 이유는 푸줏간 주인과 양조장 주인, 빵집 주인의 자비심 때문이 아니다. 오히려 그들이 자기네 이익을 추구하기 위해 애쓴 덕분이다. 다시 말해 그들이 우리에게 자비심을 베푼 덕이 아니라 자신들의 이익을 구하려 했기 때문에 그렇게 된 것이다.

고전 경제학의 아버지

스미스(1723~1790)는 스코틀랜드 출신의 경제학자다. 세관원의 아들로 태어나 글래스고대학교와 옥스퍼드대학교에서 공부했고, 나중에 글래스고대학교에서 도덕철학을 가르쳤다. 당시는 국가가 주도하여 중상주의 정책을 펼친 시기였다. 다른 나라에 비해 한발 앞서 갔던 영국조차도 단지 몇 개의 수공업 공장과 기계 시설 공장만 있을 뿐이었고, 이제 막 산업자본주의로 넘어가던 시대였다. 따라서 국가가 개인의 자유로운 경제 활동을 규제하는 일이 빈번했다. 이러한 상황 속에서 그는 당시 학문의 정체성이 아직 모호했던 경제학에 깊은 관심을 가졌다. 그리고 국가의 경제 규제가 철폐되어야 자본주의가 더욱 발전할 수 있다는 신념을 품었다. 이러한 생각을 바탕으로 자본주의 경제체제의 성격과 특징을 분석한 저서를 내놓았는데, 그것이 바로 《국부론》이다.

'보이지 않는 손'은 국부 창출의 원동력이다

《국부론》의 원래 제목은 '모든 국민의 부의 성질 및 원인에 관한 연구'이다. 제목으로 알 수 있듯이 스미스는 이 책에서 '부의 원천'을 밝혀 내는 데 역점을 두었다. 책의 전체 내용은 생산 이론과 가격 이론, 자본축적 이론, 경제성장 이론, 경제사상 체계의 역사적 고찰, 재정 이론의 5편으로 구성되어 있다.

스미스는 국부의 원천은 노동이며 부를 증진시키기 위해서는 노동 생산성의 향상이 중요한데 이를 위해서는 분업이 필수라고 분석하였다. 분업은 모든 공정을 노동자 혼자서 수행하지 않고 각자 맡은 작업을 하는 것이다. 이렇게 하면 반복 노동을 통해 노동의 숙련도가 향상돼 효율적으로 직무를 수행할 수 있다. 스미스는 이러한 분업이 자급자족 체제가 아니라 교환경제, 즉 시장이 전제되어야 가능하다고 주장하였다.

스미스는 당시 유럽을 지배하던 국가 주도의 중상주의 정책을 비판하였다. 오히려 개별 경제 주체가 자신의 이익 극대화를 위해 최선의 노력을 기울일 때 국가의 부가 극대화된다고 주장하였다. 정부가 개별 경제 주체의 경제 행위에 개입하지 않고, 시장에서의 수요와 공급에 의해 재화와 용역이 자유롭게 거래되면 사회 전체적으로 자원이 가장 잘 분배되고 국가의 부는 저절로 가장 많아진다고 주장하였다. 이를 '보이지 않는 손'의 원리라고 표현했다. 스미스는 개인의 이기심에서 비롯된 경제 행위가 결국 사회 전체의 이익을 가져온다고 보았다. 즉 개인은 국가의 부를 추구하려는 의도도 없고 자신이 국가의 부에 얼마나 기여하는지 관심조차 없지만, 오직 자신의 이익만을 추구하는 과정에서 보이지 않는 손에 이끌려 의도하지 않았던 국가의 부를 최대한 쌓아 올린다는 것이다. 이런 논리에 기반하여 스미스는 국가 주도의 중상주의를 반대하고 자유주의경제체제를 옹호했다.

자본주의 경제체제에 대한 최초의 체계적인 분석

스미스는 《국부론》에서 인간의 이기주의가 사회 전체의 이익이 된다고 분명히 밝힌다. 그는 경제란 자선 행위로 비롯되지 않으며, 경제활동에 참여하는 모든 사람이 각자 부를 추구하기 때문에 가능하다고 보았다. 자비심은 도덕적으로는 좋을지 모르나 경제에서는 그렇지 않다는 것이다. 오히려 개인의 이기심은 전 국민의 질서와 복지, 번영의 원천이라는 것이다. 이러한 스미스의 핵심 사상은 자유주의경제의 신조가 되었고 자유방임주의와 맞물려 국가 주도의 중상주의 정책을 밀어내고 자유주의경제 질서가 자리 잡는 데 결정적 역할을 하였다.

하지만 20세기 초 스미스의 주장인 고전 경제학이 지나치게 낙관적이라는 비판이 제기되었다. 왜냐하면 시장이 모든 경제문제를 해결해 주리라는 기대가 처참히 무너지는 사건이 발생했기 때문이다. 그것이 바로 1930년대 세계 대공황이다. 시장은 실패했고, 빈익빈 부익부 현상은 가속화되었다. 이에 경제 영역에 대한 국가의 개입을 인정하는 케인스의 수정자본주의 이론이 등장하여 문제를 해결하는 듯했으나 다시금 실패로 이어졌다. 그리고 1970년대부터 '다시 시장으로'의 기치를 내걸고 신자유주의가 등장했다가 퇴조하는 등 경제 기조는 계속해서 변화하고 있다. 하지만 고전 경제학의 가치는 여전히 남아 있다. 스미스의 이론은 경제성장을 인간의 이기심과 결부시킴으로써 실제 경제 현상을 정확히 파악했기 때문이다.

고전 경제학의 창시자인 애덤 스미스는 《국부론》에서 분업의 중요성을 강조했고, 개별 경제 주체의 이익 추구 행위가 보이지 않는 손에 이끌려 저절로 국부를 증진시킨다고 주장한다. 《국부론》은 근대 자본주의 경제체제를 체계적으로 분석한 최초의 저작으로 자유방임주의의 이론적 근거를 제공했다.

일본인의 이중성에 대한
날카로운 해부

───── 루스 베네딕트, 《국화와 칼》

일본인의 인생관은 주(忠), 고(孝), 기리(義理), 진(仁), 인정(人情) 등
의 표현에 나타나 있다. 그들은 '인간의 의무 전체'가, 마치 지도 위
의 여러 지역처럼 명확히 구별된 몇 개의 부분으로 나뉘어 있다고
생각한다. 그들은 인생이 '주의 세계', '고의 세계', '기리의 세계', '진
의 세계', '인정의 세계' 등으로 이루어져 있다고 말한다. 저마다의
세계는 각각 특유하고 세밀하게 규정된 법이 있다. 그리고 사람은
다른 사람을 완전한 인격의 소유자로 판단하지 않고, '고를 모른다'
든지, '기리를 모른다'든지 하는 기준으로 판단한다. 그들은 미국인
처럼 어떤 사람을 부정하다고 비난하지 않고, 그가 해야 할 의무를
완전히 수행하지 않은 행동이 무엇인지 분명하게 제시한다.

일본인의 이중성을 날카롭게 파헤친 인류학자

베네딕트(1887~1948)는 미국 뉴욕에서 태어났다. 컬럼비아대학교에
서 스승 프란츠 보아스를 만난 뒤에 인류학 연구에 매진하게 되었
고 이후로 인류학 발전에 크게 기여했다. 난청에다 동성애자였던 까

닭에 항상 사회의 이질적인 존재에 민감했던 그녀는, 1920년대에 미국 인디언 부족들을 연구했다. 주요 저서로는 《문화의 패턴》, 《주니 족 신화》, 《인종 : 과학과 정치》 등이 있다.

2차 세계대전이 한창이던 1944년 6월에 베네딕트는 미국 국무부로부터 일본에 대한 연구를 의뢰받았다. 한 번도 일본을 가 보지 않았던 그녀는 각종 자료와 주변 사람들의 경험에 의존해 보고서를 작성했다. 일본이라는 나라를 연구할수록 앞뒤가 맞지 않는 모순에 당혹스러워하던 그녀는 바로 이런 모순이 일본인의 민족적 본질임을 깨달았다. 그녀가 본 일본인은 손에는 아름다운 국화를 들고 있지만(다테마에, 겉모습), 허리에는 차가운 칼을 찬 사람(혼네, 속마음)이었다. 이 같은 분석이 담긴 보고서는 1946년에 단행본 《국화와 칼》로 출간되었다.

국화와 칼로 표현되는 일본 문화의 특성

저자는 일본이 계층, 더 정확히 말하면, 각자 알맞은 위치를 차지하는 것을 기본으로 하는 사회라고 분석한다. 일본은 아시아의 어느 나라보다도 서구화되었음에도 불구하고, 여전히 귀족주의적이고 가부장적인 사회이며, 이러한 계층 구조는 몇 세기에 걸쳐 조직된 생활 규칙이라고 말한다. 일본인의 천황 폐하에 대한 헌신적인 태도 역시 이러한 계층 구조와 자신의 위치를 지키려는 성향을 통해 이해할 수 있다고 지적한다. 또한 일본인의 책무 체계는 크게 인(仁), 은(恩), 의무(義務), 기리(義理)로 나뉘며 이는 타인과 관계를 설정하는 기준으로 작용한다고 한다. 그들은 각각의 책무에 따라 타인을 대하는 태도를 결정하고 이러한 책무를 다하기 위해 노력하며, 이를 위해 많은 인내와 노력을 기울인다고 한다. 이것은 긴장을 완화시키는 도구로 활용된 쾌락의 추구, 치(恥)에 대한 의무를 다하기 위해 요구된 성실(誠實), 이들을 달성하기 위해 지속적으로 행해졌던 자기 단련을 통해 이루어졌다.

저자는 일본이 메이지 유신 이후 봉건적 신분 질서를 없애고 근대 국가를 형성하는 과정을 세부적으로 묘사한다. 1868년의 왕정복고에 의해 이중 통치가 종말을 고하자 신정부는 모든 번(藩)에서 다이묘들의 과세권을 철폐했고, 그들에게 정규 봉록의 반액에 상당하는 액수를 나누어 주었다. 그다음 5년 동안에는 계급 간의 일체 법률상 불평등이 철폐되었고, 토지 양도를 금지하는 법률이 철폐되었으며, 번과 번 사이를 격리하는 장벽이 제거되었다. 1876년에는 다이묘 및 사무라이의 봉록이 5년 내지 15년을 상환 기간으로 하는 공채에 의한 일시불로 지급되었다. 이 돈을 자금으로 하여 다이묘와 사무라이들은 새로운 비봉건적 경제체제에서 사업을 시작할 수가 있었다.

저자는 일본의 아이들은 서구인이 상상하는 것과는 다른 방법으로 양육되고 있음을 파악했다. 그 아이들에게는 최대의 자유가 허락된다. 그러나 유아기를 지나면서부터 구속이 커지고, 결혼 전후의 시기에는 자유가 극도로 제한된다. 행위에 대한 책임을 져야 할 나이가 되어 감에 따라 사회의 구속을 받게 되는 것이다. 성인이 된 후 인간은 능력의 정점에 도달하지만 일본인은 자신의 생활을 자신의 취향대로 누릴 권리를 인정받지 못한다. 그들은 속박이 가장 좋은 정신적 훈련이며, 자유에 의해서는 달성될 수 없는 결과를 빚어낸다고 믿는다. 그리고 그들이 아이를 원하는 이유가 있는데, 그것은 혈통을 잇기 위해서라고 저자는 파악한다.

전후 일본과 일본인에 대한 가장 정확한 분석

《국화와 칼》은 전후 일본과 일본인을 가장 잘 설명한 책으로 널리 알려져 있다. 일본인의 일본인다운 행동, 즉 외부인들은 이해할 수 없고, 일관성이 없어 보이는 그들의 행동과 성격을 문화인류학의 관점에서 파악했다. 제목인 '국화와 칼'에서 국화는 평화를 상징하고 칼은 전쟁을 상징하는데, 이를 통해 평화를 사랑하면서도 전쟁을 좋아하는 일본인의 이중성을 단적으로 표현했다. 이처럼 일본 문화를 다각도로 탐색하고, 진쟁 중의 일본인, 메이지 유신, 덕의 딜레마, 인정의 세계, 자기 수양, 패전 후의 일본인 등으로 나눠 일본을 문화인류학적으로 깊이 있게 분석한 베네딕트의 이 저작은 서양에서 일본론의 고전으로 불린다.

《국화와 칼》은 7세기에서 20세기 2차 세계대전에 이르기까지 일본인의 계층적 위계질서, 치욕과 명예, 의리, 인정, 은혜 개념 등을 분석한 책이다. 배우와 예술을 존경하고 국화를 가꾸는 데 비상한 나라. 그러면서도 칼을 숭배하며 사무라이에게 최고의 영예를 돌리는 나라. 얼핏 보면 모순된 일본이라는 나라가 때로는 매력적으로 때로는 무섭게 느껴지는 이유를 이 책은 설득력 있게 제시한다. 전쟁 상황에서 적국인 일본인의 정서와 기질을 연구해야 하는 자국의 필요성을 떠나 저자는 여기서 일본 문화론을 완성하고, 일본 문화 분석의 기본 준거를 마련했다.

071

군주는 뱀같이
지혜로워야 한다

니콜로 마키아벨리,《군주론》

군주된 자는, 나라를 지키기 위해 곧이곧대로 미덕을 발휘해선 안 된다는 사실을 명심해야 한다. 배신도 하고, 때로는 잔인해져야 한다. 인간성을 포기해야 할 때도, 신앙심조차 잠시 잊어야 할 때도 있다. 그러므로 군주에게는 운명과 상황에 따라 적절한 임기응변이 필요하다. 할 수 있다면 착해져라. 하지만 필요할 때는 주저 없이 사악해시라. 군주에게 가장 중요한 일이 무엇인가? 나라를 지키고 번영시키는 일이다. 일단 그렇게만 하면, 무슨 짓을 했든 칭송받으며, 위대한 군주로 추앙받을 것이다.

조국 이탈리아의 통일을 갈망한 열정의 사상가

마키아벨리(1469~1527)는 이탈리아 피렌체 출생의 정치사상가이다. 변호사인 아버지의 열성적인 교육으로 어릴 때부터 인문학을 수학하여 서른 살도 되기 전에 피렌체의 제2장관직에 임명되어 고위 공직자 생활을 하게 된다. 하지만 당시 강대국이었던 프랑스에 지원을 요청하러 갔다가 냉대와 멸시를 받으면서 강력한 이탈리아에 대한 열망을 품게 된다. 그는 정치인으로서 각국의 지도자들을 두루 만나고, 그들의 인품과 행동 방식을 그리스와 로마의 고전에 등장하는 인물들과 비교하면서 국제 정세와 정치, 통치술에 대한 다양한 지식을 쌓아 갔다. 그러던 중 뜻하지 않게 정치적 음모에 연루되어 감옥에 수감되고, 공직에서 해임되었으며, 재산도 몰수당한다. 그 후 작은 농장에서 칩거하면서 그동안 바쁜 공무로 인해 엄두도 내지 못했던 저술 활동에 전념한다. 15~16세기의 이탈리아는 유럽의 다른 강대국과 달리 구심점을 상실한 채 여러 소국으로 나뉘어 분열과 혼란에서 벗어나지 못했다. 마키아벨리는 자신이 공부한 바를 바탕으로 조국 이탈리아의 통일에 방해가 되는 낡은 사상과 관습을 송두리째 없애야 한다고 생각해《군주론》을 썼다.

군주는 사자의 용맹과 여우의 꾀를 지녀야 한다

《군주론》은 전체 26장으로 구성되어 있는데, 크게 군주국의 권력 유지와 군대의 조직, 군주의 자질과 위기관리 능력으로 나눌 수 있다.

1~14장은 군주국의 권력 유지와 군대의 조직에 관한 내용이다. 마키아벨리는 군주국을 세습 군주국과 신생 군주국으로 나누어 유형에 따른 사례를 제시하면서 국가를 잘 유지하는 방법을 적고 있다. 군주는 성공하려면 좋은 법과 좋은 군대를 갖추어야 하고 용병이나 원군은 도움이 되지 않는다고 강조하면서 왕이 절대적으로 의존할 수 있는 자국 군대를 통해 항상 전쟁에 대비하는 태세를 갖추어야 한다고 역설한다.

15~26장은 군주의 자질과 위기관리 능력에 관한 내용이다. 그는 개

인이든 국가든 더 우수한 덕을 소유할 때 번영하고 발전할 수 있다고 했다. 덕의 대표적인 속성은 강한 남성적 힘이며 이러한 덕을 잘 발휘할 수 있는 사람이 정치 지도자의 자격이 있다. 지도자는 때로 기독교적인 미덕을 잠시 뒤로하고, 거짓말이나 잔혹한 살육도 저지를 수 있어야 한다. 즉 국가의 발전이라는 큰 도덕을 위해 사소한 악덕을 행할 필요도 있으며, 사자의 용맹과 여우의 꾀를 모범으로 삼아야 한다. 그는 이탈리아의 여러 군주들을 분석하면서 자신의 조국이 통일되지 못한 까닭을 설명하는데, 거기에는 불운도 따랐지만 주된 이유는 왕의 무능력 때문이라고 분석한다. 따라서 강력한 지도자와 자국민으로 구성된 강한 군대를 갖추어 외적에 철저히 대응해야 한다고 주장한다.

현실주의 정치사상에 대한 최초의 분석

마키아벨리는 인간을 사회적·정치적 존재로 이해한다. 정치는 힘의 관계에서 비롯되고 당시 이탈리아의 재건을 위해서는 악행을 피할 수 없다는 통찰에 사상의 기반을 두었다. 당시 많은 소국가로 난립해 있던 조국의 통일을 위해 강대한 권력을 가진 군주가 필요하고 이를 위해서는 사소한 도덕에 얽매이지 않아야 한다. 오늘날 마키아벨리즘이 목적을 위해 수단과 방법을 가리지 않는 비열한 수단으로 통하는 이유가 바로 여기에 있다. 그는 공직에 복귀하려고 당시 집권자였던 젊은 메디치에게 《군주론》을 헌정했지만, 메디치는 이를 들춰 보지도 않고 폐기해 버려 이 책은 그의 생전에 빛을 보지 못했다. 마키아벨리 사후에 교황청은 이 책을 금서 목록에 포함시키고 악마의 책이라 불렀다. 프리드리히 2세는 마키아벨리를 비판하고 반(反)군주론을 쓰면서 국가보다 국민의 행복이 더 중요하다고 주장했다.

하지만 18세기부터 마키아벨리는 재평가를 받는다. 악행도 서슴지 말라는 그의 주장은 조국의 어두운 현실을 극복하려는 애국심과 충정으로 이해되기 시작한다. 또한 국가의 유지와 번영의 관건은 시민의 덕이라는 주장은, 장 자크 루소와 애덤 스미스에게 영감을 주어 프랑스혁명과 미국 독립전쟁에 영향을 미쳤다. 이런 점 때문에 마키아벨리는 근대 민주주의와 공화주의의 선구로 평가되기도 하였다. 또한 현대에 안토니오 그람시를 비롯한 사회주의 진영에서는 《군주론》이 영웅적으로 투쟁하는 고독한 군주의 모습을 보여 줌으로써 사회주의 정당이 가야 할 길을 제시했다고 평가했다.

《군주론》은 당시 집권 세력에 헌정된 책으로, 분열과 대립으로 치닫던 당시 이탈리아의 통일을 위해서는 절대 군주와 강한 군대의 조직이 필수라고 보았다. 또한 정치 행위는 기독교적·윤리적 가치로부터 자유로워야 한다고 주장했다. 이 책은 근대 현실주의 정치사상에 관한 최초의 저작으로 평가된다.

전체주의와 계획경제의
허구성을 폭로하다

프리드리히 하이에크, 《노예의 길》

하나의 계획에 따라 모든 경제활동을 지시하려는 시도는 무수한 의
문을 제기하게 할 것이고, 이 의문들에 대한 답변이 근거로 삼아야
할 것은 오직 윤리 규범뿐이지만 문제는 현존하는 윤리들 속에는 무
엇이 구체적으로 행해져야 한다는 것에 대한 합의된 견해가 들어 있
지 않으므로 그 어떤 답변도 줄 수 없게 된다.

《노예의 길》(프리드리히 하이에크 지음, 김이석 옮김, 나남, 2006, 106쪽)

신자유주의의 아버지

하이에크(1899~1992)는 오스트리아에서 태어난 영국의 경제학자이
다. 대학 교수인 아버지의 영향으로 어릴 때부터 귀족적인 전통 속
에서 자랐다. 대학에서 법학, 심리학, 경제학을 공부하고 화폐론과
경기변동론을 연구하였다. 자유주의경제학을 옹호했던 하이에크는
런던대학교 재직 시절 수정자본주의를 옹호한 케인스와 치열한 이
론적 공방을 벌였다. 하지만 세계 대공황이 발생하고, 이에 대한 해
결책으로 많은 나라에서 케인스의 이론을 선택하자 그는 좌절하였
다. 2차 세계대전 중 영국에서 계획경제로 나아가는 움직임이 일어

나자 이를 심각하게 우려하여 쓰게 된 책이 《노예의 길》이다. 자유주의경제학 입장에서 모든 계획경제에 반대한 이 책은 출간 직후 베스트셀러가 되었다. 학문적으로 하이에크는 신자유주의를 주장한 시카고학파에 속하며, 스웨덴의 군나르 뮈르달과 함께 발표한 '화폐와 경제변동의 연구'로 1974년 노벨 경제학상을 수상하였다.

계획경제의 필연적인 실패를 예견

하이에크는 《노예의 길》에서 모든 계획은 반드시 전체주의에 이른다는 주장을 펼친다. 계획이 성공하려면 사회에서 추구하는 가치의 서열이 명확해야 하고 이는 완전무결하게 조정되어야 한다. 하지만, 이것은 인간 사회에서 불가능한 일이다. 또한 계획이 성공하려면 가치를 적재적소에 배치할 수 있는 도덕률이 있어야 하는데 이 역시 불가능하다. 어느 누구도 인간의 동기를 의식적으로 조정할 수 없으며, 국가가 특정한 목적을 실현하기 위해 개인을 통제하는 경우 국가는 도덕적으로 불완전하기에 자의적으로 행해질 수 밖에 없다. 또 국가가 계획하는 일이 많아질수록 이것은 국민에게 강요가 될 뿐이라고 하이에크는 주장한다.

이러한 관점에서 그는 계획경제를 실시하는 파시즘과 사회주의를 통렬히 비판했다. 하이에크는 나치즘의 독일과 파시즘의 이탈리아를 사례로 들면서 이들 국가의 전제적인 정치체제는 계획경제를 채택한 결과라고 분석하였다. 계획경제를 기반으로 하는 사회주의에서는 생산과 가격을 통제하는 새로운 지배계급이 부상하고, 이는 필연적으로 국민의 자유를 억압하며, 그들의 자의적인 권력에 의해 국민은 노예로 전락한다는 것이다. 사회주의뿐만 아니라 복지국가를 추구하는 서구의 경제체제도 국가의 개입을 일부 허용하고 있기 때문에 같은 맥락에서 비판하였다.

그에 따르면, 개인 간의 경쟁은 국가의 자의적인 사회 통제가 불필요하고, 개인에게 선택의 자유를 부여한다. 그는 정부의 개입 없이 개인의 경제활동을 서로 조절할 수 있는 유일한 방법을 경쟁이라고 여겨, 이러한 경쟁을 허용하고 조장하는 자유주의경제체제를 옹호하였다. 여기서 그가 말하는 자유주의는 제멋대로의 자유방임과는 분명히 다르다. 하이테크는 개인의 자유를 충분히 보장하기 위해서는 어느 정도 법적인 장치가 필요하다고 보았다. 또한 개인의 자유로운 활동을 통해서만 완전고용, 사회보장, 빈곤으로부터의 해방을 얻을 수 있다고 주장한다. 그에 따르면, 전체의 행복이나 최대 대수의 최대 행복 등이 국가 행위의 절대적 기준이 될 경우 어떤 개인도 자유로울 수 없으며, 자기 자신의 생활을 영위할 수 없다. 왜냐하면 국가는 사회의 행복과 전체의 복지가 무엇보다 중요하다는 미명하에 월권을 행사하여 개인의 자유를 침해하기 때문이다.

'다시 시장'으로의 복원

하이에크는 독일과 러시아의 사례를 통해 전체주의와 계획경제의 허구성을 폭로하였으며, 사회주의와 전체주의뿐만 아니라, 서구의 복지국가가 채택한 케인스의 이론에 맞서 자유주의경제와 시장경제를 옹호하였다. 즉 국가가 경제에 개입하면 합리적인 가격 결정을 못하게 되어 결국 전체주의와 노예의 길로 들어서게 된다는 것이 그의 주장의 핵심이다.

하이에크는 자유경쟁 원리를 경제철학의 근본으로 삼고, 화폐 정책을 가장 중시하는 시카고학파에 속한다. 이들은 시장경제가 충분히 작동하면, 외부경제의 존재나 공공재 부족 등 예외적인 경우를 제외하고, 경제 자원이 효율적으로 배분되고 저절로 시장 균형이 실현된다고 믿었다. 이들은 이처럼 시장 기능을 절대적으로 신뢰하지만, 정부의 역할은 상당히 불신한다. 1970년대 서구 복지국가에서 이른바 복지병이 등장하고, 높은 실업률과 경기 침체가 공존하는 스태그플레이션이 나타나자 하이에크의 이론은 재조명되었다. 그의 사상은 1980년대 레이거노믹스와 대처리즘을 통해 현실 정치에 구현되었으며, 이는 신자유주의 이념이 전 세계로 전파되는 시발점이 되었다.

《노예의 길》에서 하이에크는 계획경제가 국가의 전체주의화를 초래해 개인의 자유를 억압하고 노예의 길로 이끄는 지름길이라고 밝히면서 자유주의경제를 옹호하였다. 그는 사회주의뿐만 아니라 어느 정도의 국가 개입을 인정하는 케인스의 이론도 비판의 대상으로 삼아 오늘날 신자유주의의 사상적 아버지로 불린다.

073

인간과 사회의 모순을
파헤친 냉철한 지성

라인홀드 니버, 《도덕적 인간과 비도덕적 사회》

인간은 자신의 이해관계뿐만 아니라 다른 사람들의 이해관계도 고려하며, 행위의 문제를 결정함에 있어 다른 사람들의 이익을 더욱 존중할 수도 있다는 의미에서 도덕적이다. 그러나 인간의 집단은 개인과 비교할 때 충동을 올바르게 인도하고 때에 따라 억제할 수 있는 이성과 자기 극복 능력, 그리고 다른 사람들의 욕구를 수용하는 능력이 훨씬 결여되어 있다.

《도덕적 인간과 비도덕적 사회》(라인홀드 니버 지음, 이한우 옮김, 문예출판사, 2000, 9~13쪽)

개인과 사회의 관계를 탐구한 신학자

니버(1892~1971)는 예일대학교 신학대에서 학사 및 석사 학위를 받고 디트로이트에서 13년간 목사로 활동했다. 그 후 1928년 유니온 신학교의 교수로 초빙되어 기독교 윤리학과 실천신학 강의로 명성을 얻었고, 옥스퍼드, 하버드 등 유수의 대학교에서 명예 박사 학위를 받았다. 니버는 인간 개개인은 얼마든지 도덕적일 수 있어도 그런 개인들이 모여 집단이 되면 전혀 다른 특성, 즉 집단 이익을 추구

하는 새로운 논리와 생리를 가짐으로써 사회는 비도덕적이 된다고
《도덕적 인간과 비도덕적 사회》에서 역설했다. 이 책은 자본주의가
극심한 위기에 봉착했던 대공황기에 저술되었기에 비극적이고 비관
적인 감정과 논조가 짙게 배어 있다.

냉철한 지성으로 인간과 사회의 모순을 파헤치다

니버에 의하면 개인은 동정심도 있고, 자기를 희생하면서 다른 사
람을 도우려는 이타심이나 이해심을 가질 수 있다. 그러나 사회집단
은 그렇지 않아서 국가나 계급이 자기들의 이익을 위해서는 부도덕
한 행위도 감행한다. 즉 인간은 개인의 입장에서 행동할 때 자신의
관심보다 타인의 관심과 유익을 먼저 생각할 수 있지만, 사회집단의
경우는 그것이 불가능하다. 왜냐하면 인간은 개인으로 있을 때보다
집단이 될 때 자기 보호와 상대를 누르려는 이기심이 본능적으로
강하게 나타나기 때문이다. 인간의 이성은 합리적이지만 본능적인
충동보다 강하진 않아서 본능적 욕구를 정당화하기 십상이다. 또한
인간의 이성은 사회집단 안에서 쉽게 변질될 수 있기 때문에 개인
의 이타주의는 쉽사리 이기주의로 바뀌고 만다.

이를 통해 니버는 '권력의 불균형'을 지적한다. 과거 고대와 중세 시
대에는 군사력이 권력이었다면 근대 이후에는 새로이 경제 권력이
등장했다. 오늘날 대두되는 문제의 중심엔 언제나 경제력의 다툼
이 있다. 이는 단순히 누군가를 지배하는 차원을 떠나 현실의 재화
(財貨)가 불공평하게 배분되는 현실에서 자연스럽게 맞닥뜨리는 현
상이다. 따라서 니버는 집단 간의 관계는 항상 윤리가 아니라 정치

에 기반을 두어야 한다고 주장한다. 집단 상호 간의 협력에서 어느 정도는 강제력 요소(coercion factor)가 있어야 하며, 폭력이 본질적으로 비도덕적이라는 가정은 잘못이라고 지적한다. 그는 폭력을 자연적이며 불가피한 악의의 표현으로 보고, 비폭력을 선의의 표현이라고 보는 것이다. 폭력은 본질적으로 악하고 비폭력은 본질적으로 선하다. 그러나 악의 이외에 본질적으로 부도덕한 것은 없고, 선의 이외에 본질적으로 선한 것도 없다. 강제력의 윤리적 정당성을 인정한다면, 비록 도덕적으로 위험하다 해도, 폭력적 강제력과 비폭력적 강제력을 정확히 구분할 수는 없다. 그러므로 종교적·도덕적 요소가 이런 폭력이나 강제력과 결부되어야 한다고 니버는 주장한다.

미국의 낙관주의에 내민 도전장

니버에 따르면 종교적 이상주의자들은 인간의 심성에 종교적인 선한 의지, 사랑의 마음을 심어 주면 사회가 더욱 아름다워질 것이라고 낙관했고, 합리적 도덕론자들은 개인의 이기주의가 교육이나 조정 등의 합리성의 발전을 통해 해결될 수 있을 것이라고 낙관한다. 그러나 니버는 사회집단의 악을 견제하기 위해서는 개개인의 양심이나 윤리 의식만으로는 부족하다고 지적한다. 그는 사회가 악을 견제하는 강제력을 지녀야 한다고 주장한다.

《도덕적 인간과 비도덕적 사회》는 19세기 미국을 지배하던 낙관주의에 강력히 도전했다. 또한 인간성의 부정적 측면을 강조함으로써 미국 기독교계가 인간 죄성을 재인식하도록 했으며, 기독교 윤리의 흐름도 힘의 사용을 인정하는 현실주의로 바꿔 놓았다.

《도덕적 인간과 비도덕적 사회》는 개인 윤리와 도덕주의의 한계성을 밝혀 사회윤리학에 획기적인 공헌을 한 책이다. 니버는 개인 간의 분쟁의 경우 종교와 교육, 혹은 이성과 양심에 호소함으로써 어느 정도 해결이 가능하지만, 집단 사이에서는 이기심으로 인해 그런 수단으로는 분쟁을 해결할 수 없다고 분석했다. 따라서 인간과 사회 양자를 종합하여 개인 도덕과 사회 도덕이 양립하는 변증법적 접근을 시도하여 현대사회가 앓고 있는 집단이기주의를 줄일 수 있는 방안을 찾으려 했다.

074

무제한의 권력을 갖춘
전능한 지배자 리바이어던

———— **토마스 홉스, 《리바이어던》**

사람이 만인의 만인에 대한 투쟁 상태에 직면했다면, 모든 사람은 자신의 이성의 지배를 받는다. 그래서 적에 맞서 생명을 유지하기 위해 모든 것을 이용한다. 따라서 모든 사람은 모든 것에 대한 권리가 있고 심지어 타인의 신체에 대한 권리까지 있다. 그런데 모든 사람이 모든 것에 대한 권리가 있다는 이 자연적 권리가 지속되는 한, 그가 강하건 현명하건 간에 자연이 본래 그 사람에게 허용한 삶을 살 수 있다는 보장은 누구에게도 없다.

왕권신수설을 사회계약설로 대체한 사상가

홉스(1588~1679)는 영국의 철학자, 정치학자이다. 무명의 목사 아들로 태어나 사촌의 도움으로 겨우 교육을 받았다. 대학에서 스콜라철학을 전공했으나 졸업 후 유럽 여행을 하면서 자신의 전공이 이미 서구에서 쇠락하고 있음을 깨닫게 된다. 그래서 그는 여행에서 돌아와 새로이 고대 역사가들과 시인들을 연구하였다. 홉스는 베이컨의 비서로 일하면서 그의 사상에 영향을 받았고, 유럽 방문을 계기로 데카르트와도 교유하게 된다. 그는 스튜어트 왕조를 지지하는 정치가로 지목받아 청교도혁명 직전에 프랑스로 망명했고, 크롬웰 정권하에서 다시 런던으로 돌아와 정치에 개입하지 않고 오로지 학문에만 매진했다. 그는 30년 전쟁과 17세기 중반 내전을 목격하면서 전쟁에서 드러나는 인간의 잔인함이 가장 자연스러운 인간의 본성이라 여겼다. 또한 내란의 제1원인을 주권이 누구에게 있는지 명확하지 않다는 점에서 찾았다. 그는 인간의 본질에 대한 이해를 통해 주권의 필요성을 강조했으며, 군주의 절대 주권을 확립함으로써 인민의 안전과 평화를 실현할 수 있다는 신념으로 《리바이어던》을 저술한다. 여기에 등장하는 핵심 개념인 사회계약은 존 로크, 장 자크 루소에게 계승되어 오늘날 서구 민주주의 이론에 큰 영향을 주었다.

만인에 대한 만인의 투쟁

《리바이어던》의 부제는 '교회 및 시민 공동체의 내용, 형태, 권력'이다. 서론과 결론을 제외하고 전체 4부 47장으로 구성되어 있다.
홉스는 인간의 모든 욕구와 행동은 자기 보존이라는 목적을 가진다고 보았다. 이러한 인간은 태생적으로 이기적인 존재일 수밖에 없으며, 윤리나 국가 같은 인위적인 장치가 없는 '자연 상태'에서 저마다 자신의 생존과 이익을 추구하는 '만인의 만인에 대한 투쟁 상태'에 처하게 된다. 이때 인간의 삶은 고독하고, 불쌍하며, 거칠다. 한마디로 동물적인 삶일 뿐이다. 그는 인간이 비참한 상태에서 벗어나 평화로운 삶을 살기 위해 사회계약을 맺어 자연권을 제한하고, 자신들의 권리를 리바이어던인 국가에 양도해야 한다고 보았다. 국가를 세워 통치자에게 절대권을 부여해야 한다는 것이다. 그리고 모든 사람이 예외 없이 리바이어던의 권위에 절대 복종해야 하는 의무를 져야 하고, 지배자의 권력은 무제한적이어야 한다고 주장한다.

홉스는 국가를 자연인보다 강한 인공적 인간으로 보고 이를 인간에 비유한다. 주권은 영혼에 해당하고 권리와 법률은 의지, 처벌과 포상은 신경과 시각, 첩자와 특사는 눈과 귀, 경찰은 손, 합법 단체들은 근육, 화합은 건강, 소요는 병, 내란은 죽음에 해당한다고 보았다. 개인의 신앙은 인간의 내면에 관한 문제이므로 국가는 이를 구속할 수 없으며, 로마 교회가 지상의 국가에 대해 지배권을 행사하는 것은 성경을 잘못 해석한 데서 비롯된 것이므로 국가는 로마 교회에서 독립해야 한다고 주장한다. 그는 무제한의 권력을 갖춘 전능한 지배자를 염두에 두고 절대 군주제를 옹호했다.

사회계약을 통한 국가 성립의 이론화

'리바이어던'은 구약성서 욥기 41장에 나오는 바다 괴물이다. 그것은 인간의 힘을 뛰어넘는 매우 강한 동물로, 약육강식의 자연 상태에 질서를 부여하는 국가 또는 절대 군주를 상징한다. 홉스는 인간은 본래 악한 존재라고 보았다. 그리고 국가는 이러한 인간의 권리와 욕망의 충족을 극대화하는 동시에 각자 누리는 권리들 간의 충돌을 최소화하는 역할을 수행해야 한다고 말한다. 《리바이어던》은 유럽에서 망명 중이던 찰스 2세에게 헌정되었으나 사회계약을 바탕으로 절대왕권을 옹호한 논의 방식은 수용되지 못했다. 홉스는 군주의 절대 권력을 강조했지만, 군주가 시민들의 계약을 통해 권력을 획득할 경우 이는 아래로부터 형성된 것이기에 당시 위정자들의 정서로는 용납될 수 없었다. 따라서 그들은 홉스의 논리보다 신이 왕의 권력을 부여한다는 왕권신수설을 수용했다.

홉스의 《리바이어던》은 출간 이후 정치적, 종교적으로 큰 반향을 불러일으켰다. 의회론자들은 군주의 절대권을 비판했고, 왕권론자들은 사회계약을 비판했다. 또 종교계에서는 인간을 동물로 상정하는 홉스의 인간관을 공격했고, 청교도들은 그의 사상이 공적인 도덕감을 결여했다고 통렬히 비판했다. 하지만 왕권신수설에 맞서 군주와 백성 간의 계약이 아니라 백성들 사이에서의 계약을 통한 국가 성립을 이론화한 홉스의 공적은 오늘날 민주주의 이론에 큰 영향을 주었다.

《리바이어던》은 인간의 이기적 본성을 전제하여, 사람들은 자기 보존을 위해 계약을 맺어 국가를 만듦으로써 스스로의 자연권을 제한하고 이를 국가에 양도하여 그것에 절대 복종해야 한다고 밝히고 있다. 이는 기존의 왕권신수설을 비판하고 절대 군주제를 이상적인 국가 형태로 제시했으며, 로크, 루소를 거치면서 오늘날 민주주의 이론에 큰 영향을 주었다.

인류 공동의 번영과
생존을 위한 대안

문명은 궁극적 인간 종족이며, 문명의 충돌은 지구적 규모에서 펼쳐지는 부족 간의 분쟁이다. 미래에는 상이한 문명에 속하는 국가와 집단이 제3의 문명에 속하는 대상과 겨루어 자신들의 이익을 증진시키거나 그 밖의 공동 목적을 추구하기 위해 제한적이고 임기응변적이며 전략적인 연대와 결속을 맺을 것이다. 과거 냉전 시대의 군사 동맹처럼 상이한 문명에 속하는 국가 간의 연합은 약화되거나 사라질 가능성이 높다.

《문명의 충돌》(새뮤얼 헌팅턴 지음, 이희재 옮김, 김영사, 1997, 277쪽)

세계 정세의 핵심을 파악한 정치학자

헌팅턴(1927~2008)은 미국 뉴욕에서 태어나, 1946년 예일대학교를 졸업한 뒤 1951년에 하버드대학교에서 박사 학위를 받았다. 그는 군사정치학과 비교정치학 분야에서 두각을 나타냈고, 이론 정치뿐 아니라 현실 정치를 두루 체험한 정치학자로 평가받고 있다. 베트남전쟁 당시 '전략촌' 정책을 수립했으며, 1974년부터 1976년까지 국방 및 군비 감축 민주당 자문회의 의장을, 카터 행정부에서는 국가안

전보장회의 안보기획조정관을 지내는 등 현실 정치에 적극 참여했다. 저서로는《제3의 물결》,《미국 정치론》,《쉽지 않은 선택》,《문명의 충돌》 등이 있다. 1996년에 출간된 《문명의 충돌》에서 그는 서구 기독교 문명과 이슬람, 아시아 유교 문화권의 충돌을 예견하고, '이념은 가고 문명이 그 자리를 차지한다'는 말을 남기기도 했다.

냉전이 끝나고 시작된 문명 간의 충돌

저자는 냉전 시대가 1980년대 말에 역사의 무대에서 사라졌지만, 일방적인 서구 자본주의 체제의 승리로 완결된 것은 아니며, 오히려 과거 인류가 경험해 온, 종교로 대표되는 문명권 사이의 긴장과 분쟁이 다시 빚어질지 모른다고 경고한다. 그는 향후 세계 정치는 장기간 주도권을 행사해 온 서구 문명으로부터 비서구 문명으로 무게 중심이 옮겨 가고 있다고 주장하고, 그 유력 후보로 중화, 일본, 힌두, 이슬람, 정교, 서구, 라틴아메리카, 아프리카의 문명권을 거론한다. 예를 들면, 아시아 문명은 정치·경제·군사적인 면에서 그 힘이 커지고 있고, 이슬람권 국가들의 경우 인구가 폭발적으로 증가함으로써 그와 인접한 국가들에게 위협이 되고 있다. 이들은 세력이 커지면서 자국 문화의 가치를 적극적으로 내세우는 경향을 보인다. 아시아의 경제성장과 이슬람의 인구 증가는 앞으로 몇십 년간 국제 질서에 커다란 불안 요소로 작용하여 비서구 문명과 서구 문명 간에 불가피한 충돌을 야기할 것이라고 헌팅턴은 예견한다.

이렇게 세계 정세가 새로운 변화를 맞게 되면 각국은 해당 문명권의 주도국 혹은 핵심국을 중심으로 뭉칠 것이다. 이렇게 되면 주요 문명의 핵심국들이 냉전 시대의 두 초강대국의 자리를 대신해 한 세력의 구심점으로 부상하게 되는데, 이러한 추세는 서구, 정교, 중화 문명에서 두드러지게 나타난다. 보편성을 내세우는 서구는 이슬람, 중국과 같은 다른 문명과 갈등을 빚고 단지 이슬람권과 비이슬람권 사이의 단순한 분쟁이 '형제국들의 규합'을 통한 전쟁으로 확장될 우려가 있다.

이런 현실 분석을 통해 저자는 미래에 대해 이렇게 조언한다. 미국은 서구의 정체성을 재인식하고 자기 문명을 보편이 아닌 특수한 것으로 받아들여야 한다. 개별 문명을 받아들이고 균형 잡힌 국제 질서를 다시 세울 때만이 인류의 생존을 위협할 수 있는 세계대전을 막을 수 있다. 평화와 문명의 미래는 세계의 주요 문명을 이끄는 정치인, 종교인, 지식인들이 얼마나 서로를 이해하고 협력하느냐에 달려 있다.

인류 공동의 번영과 생존을 위한 대안

《문명의 충돌》은 냉전 종식 이후 달라진 세계 정치의 성격을 규명하며, 세계의 정치인들에게 앞으로 일어날 새로운 대립관계를 보여준다. 헌팅턴은 1993년 〈문명의 충돌〉이라는 논문을 발표했는데 이것이 큰 파장을 일으키며 그에 대한 온갖 질문이 쏟아졌다. 이 책은 그때의 질문들에 대한 답변을 더욱 포괄적이고 심층적으로 제공하기 위해, 그리고 세계정세를 바라보는 새로운 패러다임을 내놓기 위해 집필되었다. 저자는 세계정세를 해석할 때 '문명'이라는 새로운 패러다임을 제시했고, 우리 사회의 장래를 바라보는 중요한 시각을 열어 주었다. 뿐만 아니라 문명의 화해와 공존의 중요성을 역설했다. 보편적 가치를 서구 고유의 것으로 설정하여 우월성을 내세우고, 세계 질서가 서구 문명을 바탕으로 재정립되어야 한다고 주장할 정도로 편향된 관점을 드러낸 한계가 있지만, 인류 공동의 번영과 생존을 위협하는 문명 간의 충돌을 경계하고 대안을 제시했다는 점에서 이 책은 그 의의가 있다.

《문명의 충돌》은 전 세계 언론과 학계에 뜨거운 반향과 논란을 불러일으키며, 21세기 세계 정치를 이해하는 혁명적 패러다임을 제시했다. 이 책에서 헌팅턴은 냉전 이후의 갈등 양상이 이데올로기의 충돌에서 문명의 충돌로 바뀌고 있으며, 세계 질서 재편의 핵심 변수는 문명이라고 선언한다. 실제로 오늘날 일어나는 갖가지 분쟁들은 그의 주장에 상당히 부합하며, 특히 2001년 미국에서 발생한 9·11 테러는 서방과 이슬람 세계의 갈등을 보여 주는 대표적인 사례라고 할 수 있다.

평등과 개인주의에서 비롯되는 민주주의의 위험성에 대한 진단

알렉시스 드 토크빌, 《미국의 민주주의》

평등은 개인을 약하게 하는 반면 국가를 강력하게 만든다. 그렇다고 해서 불평등이 만연했던 과거로 돌아갈 수는 없다. 이 평등의 원리가 인간으로 하여금 옛날 같은 예속 상태로 나아가게 할지 아니면 평등이 제공하는 새로운 이익(독립, 자유, 지혜, 인간의 무한가능성)을 얻는 쪽으로 나아가게 할지는 알 수 없다. 이것은 전적으로 우리 자신의 노력 여하에 달려 있다.

유럽식 민주주의의 한계를 극복하고자 한 정치학자

토크빌(1805~1859)은 프랑스 노르망디 지방의 귀족으로 정치학자이자 역사가이다. 그는 제정기로부터 왕정복고, 7월 왕정, 제2공화제, 제2제정까지 이어지는 격동기를 살았다. 그는 대학에서 법학을 전공하고 베르사유 재판소의 배석판사를 하다가 행형 제도 연구를 위해 미국으로 건너갔다. 당시로서는 신생국인 미국의 민주주의를 보면서, 민주주의의 미래를 예견하고 유럽의 제도와 비교하면서 유럽에 적합한 민주주의의 길을 모색하였다. 그는 민주 사회에서 중시하는 평등의 원리가 인간과 사회에 미치는 부정적인 영향을 파악하고 이것이 멀지 않은 미래에 가장 큰 위험 요인이라고 분석하였다. 토크빌은 프랑스의 중앙정부와 지방정부의 균형 문제를 해결할 수 있는 방안으로 기독교와 자유주의가 결합된 미국의 제도에 관심을 가졌다. 이것을 '기독교적인 자유관'이라고 표현했는데, 귀국 후 이를 바탕으로 《미국의 민주주의》를 저술한다. 그는 현실 정치에서도 왕성하게 활동했으며 영국에서 자유주의자들과 친교를 쌓고, 특히 존 스튜어트 밀에게 큰 영향을 주었다.

자유와 평등, 개인과 집단은 양립할 수 있는가

《미국의 민주주의》는 두 권으로 되어 있으며, 평등화에서 오는 민주주의의 위험성, 개인주의에서 비롯된 민주주의의 위험성, 미국과 프랑스 민주주의 비교로 주요 내용을 나누어 볼 수 있다.

토크빌에 따르면, 민주주의 사회는 자유와 평등의 가치를 모두 추구하지만, 경제 안정과 조건의 평등화를 위해 자유를 포기하고 평등을 추구하는 경향이 크다. 민주 사회에서 이러한 평등화의 추세는 역사의 흐름이기에 거스를 수 없다. 하지만 이럴 경우 점차 표준화되고 획일적인 사회가 되어 오히려 평등에서 전제주의가 나타날 수 있다.

민주 사회에서는 개인주의가 만연하면서 공동체의 친밀한 유대는 상실되고 경제 안정과 조건의 평등을 추구하는 가운데, 중앙정부의 권력이 비대해지고 교회, 가족, 길드, 지역 공동체 등 전통적 집단이 약화된다. 또한 다수의 여론이 힘을 얻으면서 소수 의견은 설 자리가 없어지고, 정치 무관심이 심화되면서 사적인 이해가 공적인 영역에서 활개를 치게 된다.

그는 미국의 풍부한 제도, 관습, 종교 등을 귀족주의 경향이 있는 유럽 사회와 비교하면서, 미국이 프랑스보다 민주적인 이유를 양국의 다양한 관습 차이로 설명했다. 미국은 타운십 제도, 즉 지방 분권이 잘 발달했고 수많은 자발적 결사체가 제 역할을 수행하고 있다고 보았다. 이러한 제도와 관습이 중앙 권력의 비대화를 방지하고 전제화를 막았으며, 다수의 횡포에 맞서 소수의 권리와 이익을 보호하고 시민들의 공공의식을 함양하게 했다는 것이다. 더불어 미국에서는 종교가 정치에 직접 관여하지 않지만, 이를 공론장에 불러들여 시민의 덕을 키울 수 있었다. 하지만 프랑스는 이러한 제도와 관습이 없기 때문에 민주주의가 제대로 발전할 수 없었다고 그는 분석했다.

유럽의 민주주의 발전에 관한 제언

토크빌은 7개월의 짧은 여행을 통해 미국 민주주의의 장점과 단점을 치밀하게 분석하여, 선진적인 미국의 정치를 통해 유럽 민주주의의 한계를 극복하려 했다. 당시 다른 정치 사상가들이 민주주의의 문제를 무정부 상태로 예견했으나, 그는 민주 사회가 향후 정치적 무관심과 전제 정치를 초래할 것이라고 분석했다. 토크빌은 민주주의를 유지하기 위해서는 공공 의식과 시민의 덕을 함양하기 위한 다양한 결사체가 필요하다고 보았고, 개인의 고립을 방지하기 위해 종교의 필요성을 역설하였다.

이 책은 1권이 출간된 직후 미국과 영국에서 큰 주목을 받았다. 토크빌은 현대의 몽테스키외라고 불릴 정도로 유명해졌으며, 정치인으로서 지방분권화 운동을 강력하게 추진하기도 하였다. 특히 미국과 러시아가 세계 강국으로 등장할 것이라고 예측했고, 현대 민주주의의 문제점으로 지적되는 대중 여론의 강력한 영향력, 자유의 자발적 포기와 정치적 무관심, 평등에 대한 열망, 로비 문화 등을 예견하여 미래 사회에 나타날 민주주의의 문제점을 내다봤다는 평가를 받는다.

《미국의 민주주의》는 토크빌이 미국을 여행한 후 민주주의가 필연적인 역사의 흐름이라는 것을 깨닫고, 평등화의 위험성과 민주주의 자체의 문제점을 지적하면서 이에 대한 해결책을 제시한 책이다. 그는 미국식 민주주의의 장점을 분석함으로써 프랑스를 비롯한 유럽이 나아가야 할 방향을 제시하였다.

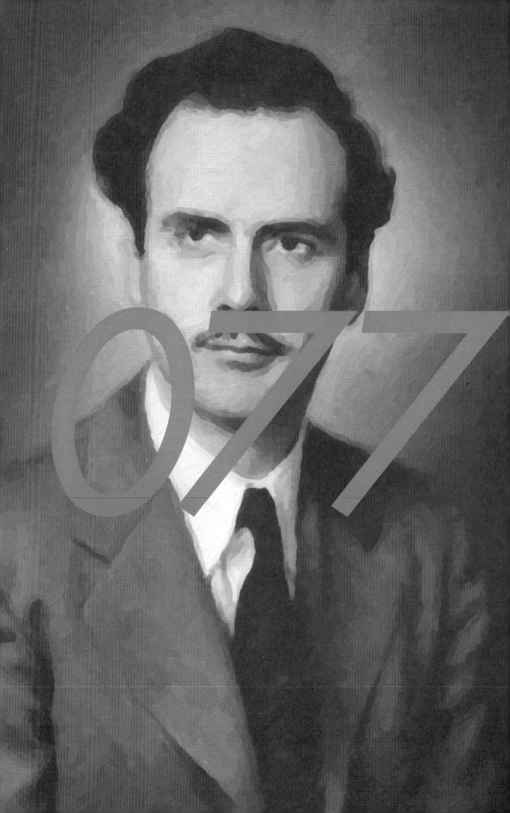

미디어
세상을 움직이는 힘

허버트 마셜 맥루언, 《미디어의 이해》

뜨거운 미디어란 단일한 감각을 고밀도로 확장시키는 미디어이다. 여기서 고밀도란 데이터로 가득 찬 상태를 말한다. 사진은 시각적인 면에서 고밀도이다. 반면 만화는 제공되는 시각적 정보가 극히 적다는 점에서 저밀도이다. (…) 주어지는 정보량이 적어서 듣는 사람이 보충해야 하는 연설은 저밀도의 차가운 미디어다. 반면 뜨거운 미디어는 이용자가 채워 넣거나 완성해야 할 것이 별로 없다. 따라서 뜨거운 미디어는 이용자의 참여도가 낮고 차가운 미디어는 이용자의 참여도 높다.

《미디어의 이해》(마셜 매클루언 지음, 김상호 옮김, 커뮤니케이션북스, 2011, 60쪽)

미디어의 새로운 역할에 주목한 문화비평가

맥루언(1911~1980)은 캐나다 출신의 커뮤니케이션 이론가이자, 문화비평가이다. 대학에서 기계공학과 영문학을 전공했으나 미국 교육방송협회의 미디어 프로젝트에 참여하면서 미디어 분야에 관심을 갖기 시작했다. 그 후 미디어 테크놀로지와 광고에 관심을 갖고 연구하여 미디어 이론가 및 문화비평가로 변신하였다. 또한 토론토 커뮤니케이션 학파의 일원으로 학문 공동체를 형성하여 활동하였다. 맥루언은 세상을 움직이는 힘이 메시지의 역할이고 미디어는 이를 담는 도구로만 이해했던 기존 관점에서 과감히 벗어나 미디어 자체의 속성이 사회와 역사를 변화시켰다고 주장했다. 또한 근대의 인쇄 혁명과 텔레비전으로 대표되는 전자미디어가 서구 문명에 미칠 영향을 예견하였다. 이러한 생각이 반영된 책이 《미디어의 이해》다. 테크놀로지의 매체성을 중심으로 인간의 역사와 세계를 문명사 차원에서 통찰한 맥루언의 이론은 언론학, 사회학, 역사학, 철학 등 다양한 분야에 큰 영향을 주었다.

미디어는 곧 메시지

맥루언은 미디어를 개인 신체의 확장으로 보고, 이러한 미디어는 담고 있는 메시지와 상관없이 우리가 세상을 인식하는 방식에 영향을 준다고 주장했다. 그가 말하는 미디어는 단지 텔레비전, 전화, 라디오만이 아니라 언어, 문자, 돈, 자전거, 도로, 숫자 등 인간의 신체와 감각을 확장하는 모든 기술과 도구를 포함한다. 예를 들면 책은 눈의 확장이고 바퀴는 다리의 확장이며 옷은 피부의 확장이다. 따라서 미디어가 달라지면, 메시지도 달라지고, 이를 해석하는 우리의 사고방식과 생활방식도 바뀐다는 측면에서 미디어 자체가 곧 메시지라고 보았다.

정보량과 이용자의 참여도에 따라 맥루언은 미디어를 핫미디어와 쿨미디어로 나누었다. 신문, 영화, 라디오와 같이 정보량이 많고 이용자의 참여를 요구하지 않는 미디어는 핫미디어이고, 텔레비전, 전화, 만화와 같이 정보량이 적고 이용자의 상상력 등 참여와 관여를 요구하는 미디어는 쿨미디어이다. 따라서 그는 한 시대의 지배적인 미디어에 따라 문명의 성격이 달라진다고 보았다. 맥루언은 이 책에서 전화, 축음기, 라디오, 자동차, 무기, 타자기, 게임, 광고 등 다양한 미디어를 제시하면서 자신의 이론을 설명하고 있다. 미디어가 달라지면 메시지도 달라지고, 이용자가 세계를 인식하는 방법도 달라진다. 왜냐하면 미디어 테크놀로지는 이용자에게 무의식적인 영향을 미치는데, 이는 테크놀로지가 이용자의 현실 경험을 전달하고 변형하기 때문이다.

미디어의 본질과 속성 자체에 대한 치밀한 연구

맥루언은 《미디어의 이해》에서 미디어가 우리 인간과 사회에 미치는 영향과 함께 '미디어는 메시지다', '지구촌', '핫미디어와 쿨미디어' 등 미디어의 핵심을 통찰하는 개념을 제시했다. 마차를 타고 다닐 때와 전차를 타고 다닐 때 인간의 생활과 사고가 바뀌듯이 미디어가 달라지면 인간의 생활상과 사회도 변화한다고 맥루언은 주장했다.

미디어는 인간의 힘과 속도를 증가시키는 확장 기능을 수행한다고 보았고, '뜨거움과 차가움'이라는 단어로 특정 매체가 인간의 의미 작용에 미치는 영향을 기술했다. 또한 미디어의 특성과 사회 변동의 상관성을 분석하려 했으며 문명도 핫과 쿨로 구분하기도 했다. 특히 텔레비전은 빠른 속도와 깊은 침투력으로 전 세계의 거리를 점점 좁혀 하나의 촌락으로 바꾸어 놓았다고 주장한다. 즉각성, 동시성을 지닌 통신 수단은 사건과 사람의 물리적 거리를 해소하고, 옛날에 작은 마을에 살던 사람들처럼 촌락에서 사건을 목격하고 경험을 공유하게 한다는 측면에서 '지구촌'이라는 개념을 낳았다.

그의 주장은 기술 결정론의 한계와 더불어 미국의 문화제국주의를 정당화한다는 점에서 비판을 받기도 한다. 하지만 메시지에만 관심을 갖던 기존 연구 방식에서 과감히 탈피해 문화비평가로서 미디어의 본질과 속성 자체에 천착했고, 특히 오늘날의 인터넷 시대를 예견하여 '맥루언 르네상스'란 용어를 탄생시켰을 정도로 언론학 분야에서 높은 평가를 받고 있다.

《미디어의 이해》는 기술 결정론의 입장에서 미디어가 담고 있는 메시지가 아니라 미디어 자체의 성질에 따라 사회가 역사적으로 형성되어 왔음을 밝힌 책이다. 미디어의 의미와 기능을 선구적으로 해석하고 있으며 미디어에 대한 논의를 대중화시키는 데에도 공헌했다는 평가를 받는다.

078

자연성을 기초로 한
자연주의 교육 방법론

───── **장 자크 루소**, 《에밀》

빈곤도 체면도 부모로서 자식을 직접 키워야 한다는 일에서 그를 면
제시켜 줄 수 없다. 독자들이여, 이에 관해 나를 믿어도 좋다. 인간
적인 온정을 가지고 있으면서 그토록 신성한 의무를 저버리는 자가
있다면, 그는 오랫동안 자신의 잘못에 대해 통한의 눈물을 쏟을 것
이며, 결코 무엇으로도 위로받지 못할 것이다.

새로운 교육론을 설파한 계몽주의 사상가

루소(1712~1778)는 제네바에서 출생한 프랑스의 사상가이자 소설
가이다. 출생 직후 모친이 사망하여 시계 수리공인 아버지, 고모,
외삼촌, 목사에게 양육되었다. 특히 목사의 집에서 라틴어를 비롯한
다양한 교육을 받았으나 인위적이고 엄격한 교육 방식은 그에게 맞
지 않았다. 부모의 따뜻한 보살핌 없이 유년기를 보낸 그는 열여섯
살부터 방랑 생활을 했는데, 법원 서기, 동판 조각사의 견습공 등을
거쳐 악보 필경사로 일하면서 비로소 파리에 정착한다. 파란만장한
청소년기를 보낸 루소는 평생 꾸준히 책을 읽었으며, 이를 통해 자

아를 형성했다. 나중에 당대의 계몽주의자인 디드로, 달랑베르 등과 친교를 쌓으면서 《백과전서》 편집에 참여하기도 했다. 파리에서 만난 여인숙 하녀와의 사이에서 다섯 자녀를 두었으나 모두 고아원에 맡기게 된다. 그는 불우한 소년기, 어린 시절의 방황, 고아원에 자식을 맡긴 비정함 등 자신이 겪은 경험을 토대로 《에밀》를 집필하였다. 인간의 자연성을 기초로 한 그의 자연주의 교육 방법론은 당시는 물론이고 지금까지도 많은 것을 시사하고 있다.

인간의 선한 본성을 보존하는 교육을 강조

《에밀》은 주인공 에밀이 25년간 받는 교육에 관한 내용으로 전체 5편으로 구성되어 있다.

루소는 기존의 학교 교육이나 가정 교육을 비판하면서 출생에서부터 5세까지의 영유아기에는 신체 교육이 무엇보다 중요하다고 보았다. 이 시기에는 타고난 자연성을 살려 외적 환경이나 개인적 습관, 편견 등의 나쁜 환경에서 어린이를 보호해야 한다는 것이다.

5~12세까지의 아동기에는 감각 훈련이 중요하다고 보았고, 이때에도 역시 인간의 타고난 자연성을 존중하는 교육을 강조한다. 루소는 감각 훈련이 신체 발달에 매우 중요하다는 이론을 구체적으로 제시하였다. 자연을 접할 수 있는 전원 풍경만이 유일한 교육의 장소라고 주장하면서 이 시기에 책을 통한 감각 훈련이나 지식 획득은 무의미할 뿐 아니라 심지어 해롭다고 보았다.

소년기인 12~15세까지는 기본적으로 신체적·감각적 발달을 중시하고 지적 발달을 도모해야 한다고 보았다. 이 시기에는 이성에 의지하여 자연과 사회, 인간에 대한 유용한 지식을 학습할 수 있다고 보았고, 지금까지의 소극적 교육을 탈피해 적극적 교육으로 전환하는 기점이 된다고 했다.

15~20세까지의 청년기에는 도덕 교육과 종교 교육이 중요함을 강조했다. 자유로운 상태에서 교육함으로써 이들이 사춘기의 정서 변화를 자연스럽게 받아들이게 해야 한다. 또 도덕성의 정착을 통해 이성이 완전해질 수 있도록 교육해야 한다고 주장했다. 특히 이 시기에는 도덕적, 종교적 감성이 성숙해지며, 신체 변화가 많이 나타나는데, 루소는 이를 제2의 탄생이라고 했다. 마지막으로 5편에서는 에밀의 약혼자인 소피의 등장을 통해 여성 교육과 정치 교육에 대해 기술하였다.

인간주의 교육의 서막을 열다

루소는 《에밀》에서 당시 교육 내용과 방법을 비판하고 교육의 새로운 청사진을 제시하였다. 이는 근대 교육의 주요 원리가 된 아동 중심의 교육, 자연주의 교육, 신체 교육, 감각 훈련, 실물 교육, 자발성, 소극 교육, 심리 관찰 등이었다. 특히 체육에 관해서 그는 보다 좋은 사회를 일구는 유덕한 인간을 키운다는 교육의 기본 과제를 위해 기존 가치관에 물들지 않은 연령대의 신체 활동을 중시했다. 《에밀》이 출간된 후 상류층 여성들은 유모에게 대신 시키지 않고 직접 수유하는 등 이 책은 일종의 육아 지침서가 되기도 했다.

하지만 저자가 자신의 자녀들을 모두 고아원에 보냈다는 사실은 당대에도 많은 사람들의 입길에 오르내렸다. 루소 자신도 이를 의식하여 그에 대한 죄의식과 변명을 이 책뿐만 아니라 여러 저작에서 되풀이했다. 후세 사람들은 자신의 삶과 사상의 불일치에 대한 진지한 성찰과 반성을 과감히 드러낸 루소의 솔직함을 오히려 높이 평가하기도 했다. 당대의 종교관을 부정하는 서술로 인해 그는 기소당했고, 《에밀》은 판매 금지 처분을 받게 된다. 그럼에도 불구하고 인간의 자연성에 따라 선한 본성을 잃지 않도록 교육해야 한다는 루소의 주장은 널리 받아들여졌고, 이 책은 인간주의 교육의 서막을 열었다는 평가를 받는다.

《에밀》은 주인공 에밀이 태어나서 성인이 될 때까지 받은 교육 과정을 기술한 책으로 성장 단계별로 행해야 할 교육의 내용과 방법을 담았다. 부모에 의한 인위적이고 엄격한 교육을 비판하고, 아동 본위의 교육, 자연주의 교육, 체육과 감각 훈련의 중요성 등을 강조하면서 자연 상태에 가까운 교육이 참된 교육임을 밝힌 루소는 계몽주의 시대의 대표적인 교육 이론가로 평가된다.

이데올로기의 시대
그 한복판에서 끝을 바라보다

—————— 대니얼 벨,《이데올로기의 종언》

이데올로기의 종언이 바로 유토피아의 종언은 아니다. 이런 점에서 이데올로기의 함정을 알고 있으면 곧 거기서 유토피아의 논의를 다시 시작할 수가 있게 된다. 언제나 그런 것처럼 인간은 자기의 잠재적인 정열을 지성에 융합시키는 어떤 양식을 필요로 한다는 의미에서, 어느 때보다도 더욱 유토피아에 대한 일종의 욕구가 오늘날 역시 존재하고 있다. 그러나 천국에 이르는 사다리는 이미 '신앙의 계단'이 아닌 경험의 사다리여야만 한다. 즉, 현대에서의 유토피아라고 하는 것은 바라고자 하는 목표, 거기에 도달하는 방법, 그 사업에 요구되는 비용 등 모든 것으로부터 이 결정이 정당하다고 느껴져야만 한다.

《이데올로기의 종언》(다니엘 벨 지음, 이상두 옮김, 범우사, 268쪽, 1999)

소련의 붕괴를 미리 예측한 사회학자

벨(1919~2011)은 미국 뉴욕에서 태어나, 뉴욕시립대학교를 졸업했다. 잡지 〈뉴 리더〉의 편집자로 언론계에 발을 내딛은 그는 1948년부터 10년간 〈포천〉에서 편집자로 있으면서 여러 가지 사회문제에 대한 칼럼을 썼다. 1959년에 컬럼비아대학교 사회학 교수로 임용 되었고, 나중에 하버드대학교로 자리를 옮겼다. 활발한 저술 활동 으로 많은 책을 썼는데, 《마르크스 사회주의의 역사》, 《노동과 불 만》, 《미국의 신우익》, 《급진적 우파》, 《오늘의 자본주의》 등이 있으 며, 특히 1960년에 출간된 《이데올로기의 종언》은 그의 초기 사상 이 집약돼 있는 저서로서 전 세계 지성인들 사이에서 큰 반향을 일 으켰다. 여기서 그는 '탈산업사회'라는 새로운 개념을 제시해 학계 의 주목을 받았으며, 소련의 붕괴를 미리 예측하여 놀라움을 주기 도 했다. 이런 성과로 인해 20세기 후반에 새롭게 떠오른 분야인 미 래학의 선두 주자로 자리매김할 수 있었다.

냉전은 유토피아를 놓고 벌이는 허망한 싸움

벨이 그 전까지 쓴 칼럼과 논문을 모아서 엮은 이 책은 크게 두 부 분으로 구성되어 있는데, 1부에서는 현대 미국을 설명하는 다양한 사회학 이론들의 오류를 지적하고, 2부에선 정치에서 이데올로기가 하는 역할을 조명하며, 이데올로기와 지식인의 관계에서 제기되는 핵심적인 문제들을 짚어 본다.

저자는 서구 사회에서 우파와 좌파, 자유주의와 사회주의 간의 갈 등은 더 이상 유효하지 않으며, 자본주의 체제를 전복시키려던 혁 명적 이데올로기는 그 의의를 상실했다고 주장한다. 특히 그는 마르 크스주의를 강하게 비판하는데, 사유재산 제도만 폐지되면 인간이 자유로워질 것이라는 마르크스주의의 전망은 유토피아적 환상에 불과하다는 것이다. 또한 소련의 이데올로기는 동유럽의 여러 나라에서 이미 강제력과 설득력을 상실했다면서, 결국 인류의 공산주의 실험은 실패했다고 단언한다.

이 책이 나온 것은 냉전이 한창 진행 중이던 시기로, 벨은 그것이 유토피아를 놓고 벌이는 허망한 이데올로기 전쟁이라고 생각했다. 그는 자본주의 진영에 속한 나라들이 특정한 이데올로기로는 규정할 수 없는 국가 형태를 갖추어 가는 것을 보면서 그러한 판단을 내린 것이다. 그러나 19세기의 낡은 이데올로기는 활력을 잃었어도 아시아와 아프리카의 신생국들에서는 산업화, 근대화, 민족주의 등 새로운 이데올로기가 형성될 것이라고 전망했다.

30년 후를 내다본 놀라운 통찰력

《이데올로기의 종언》에서 벨은 냉전이 한창이던 시기에 그 냉전의 원인이 된 이데올로기가 이미 시효를 다했다고 선언한다. 당시로서는 쉽게 받아들이기 어려운 주장이었을지 몰라도 현재 시점에서 보면 상당히 앞선 통찰력과 예언자적인 시각을 보여 주었다고 할 수 있다. 이후 많은 나라들이 이데올로기가 아닌 현실적인 필요에 따라 양 체제의 특색과 장점을 적절히 수용하였고, 그 결과 자본주의 국가들도 정부가 시장에 적극적으로 개입하는 혼합 경제체제를 채택했으며, 사회적 약자를 보호하는 복지 시스템을 구축해 나갔다.

벨은 당시 미국 사회가 안고 있던 여러 가지 문제들을 분석하면서 현대 자본주의와 대중사회의 미래에 대한 우려를 표명하였다. 그에 따르면, 1950년대 미국은 유례없는 경제적 번영을 누렸지만, 화이트 칼라의 등장과 대중사회의 대두, 정책 결정의 관료화, 매카시즘 열

풍 등으로 인한 사회문제는 좀처럼 해결되지 않았으며, 오히려 새로운 긴장과 위기를 초래하고 있었다. 이 시기 미국에는 오로지 물신주의만 존재할 뿐 사람들을 유토피아로 안내하는 이데올로기는 부재했다고 그는 말한다. 반대로 소련의 경우에는 자신의 정치적 정당성을 주장하기 위해 공산주의라는 이데올로기를 도용하고 있으며, 마르크스·레닌주의가 실제로는 그 나라의 현실과 맞지 않는다고 비판했다. 소련식 공산주의 체제의 몰락을 1950년대에 이미 정확하게 예측한 벨은 이 책에서 기존의 이데올로기가 더 이상 지식인들의 열정을 불러일으킬 만한 호소력을 갖지 못한다는 사실을 지적한 것이지 결코 모든 이데올로기적 사고의 무용함을 주장한 것은 아니다. 또한 이데올로기의 종언이 유토피아의 종언을 의미하는 것도 아니라고 그는 밝히고 있다.

《이데올로기의 종언》은 20세기 냉전의 원인이 된 공산주의와 자본주의의 대립을 비판하며, 양 체제는 서로의 장점을 취해 새롭게 변화해 갈 것이라고 주장한다. 이 책에서 전망한 대로 냉전의 한 축이었던 소련은 붕괴했고, 서유럽의 자본주의 나라들은 사회주의적 정책을 상당 부분 받아들였다. 그러나 아직도 세계 유일의 분단국가로남아 있는 우리에게는 이 책이 시사하는 바가 여전히 크다고 할 수있다.

자본주의에 대한
가장 중요하고 핵심적인 비판

카를 마르크스,《자본론》

자본가는 자신이 투자한 총자본이 어느 정도의 잉여가치, 즉 이윤을 만들어 냈는지에 관심이 있기 때문에 이윤율을 중시한다. 그러나 불변자본은 잉여가치를 만들지 않고, 가변자본에 해당하는 노동력만이 잉여가치를 만든다. 그러므로 이윤율은 노동에 대한 착취도를 정확히 나타내지 못한다.

(…)

노동에 대한 착취도를 정확하게 보여 주는 공식은 잉여가치율＝잉여가치/가변자본＝잉여노동/필요노동이다. 잉여가치율이 100퍼센트라는 것은, 노동자가 절반의 노동시간에는 자신의 노동력을 재생산하기 위해 일하고, 나머지 절반의 노동시간에는 자본가에게 잉여가치를 생산해 주는 일을 한다는 것을 의미한다.

공산주의의 창시자

마르크스(1818~1883)는 유태계 변호사의 아들로 독일의 소도시 트리어에서 태어났다. 그는 베를린에서 철학을 공부하고, 헤겔 철학의 보수성을 비판한 청년헤겔학파에 참여했다. 당시는 온 가족이 공장에서 일을 하더라도 하루 세 끼 먹을 돈도 벌지 못하던 시대였다. 마르크스에게 철학이란 세계를 변화시키는 혁명의 출발점이자 도구였다. 〈라인신문〉의 편집장이었던 그는 신문이 폐간되자 파리로 간다. 그곳에서 사상의 동반자 엥겔스를 만나 1947년 '공산주의자동맹'의 강령을 밝힌 〈공산당 선언〉을 작성한다. 1848년 독일에서 3월 혁명이 일어나자 마르크스는 쾰른으로 옮겨 〈신라인신문〉을 발간했지만, 혁명이 실패한 후 추방되어 이후 줄곧 런던에서 살았다. 그곳에서 《자본론》을 집필하기 시작해서 첫 권을 완성했으며, 나머지는 그의 사후에 엥겔스가 유고를 정리하여 발간했다.

자본주의 경제체제의 내적 구조와 운동 법칙을 분석

《자본론》은 자본의 생산과정을 분석하고(1권), 자본의 유통 과정(2권)과 자본의 총 과정(3권)을 밝힌다.

1권에서는 자본이 어떻게 잉여가치를 만들어 내며, 자본축적은 어떻게 이루어지는지를 설명한다. 마르크스는 '교환가치'(노동의 가격이나 대가)와 '사용가치'(총노동시간에 생산해 낸 물건의 가치)라는 개념을 이용하여, 노동시간의 전체 가치(사용가치)에서 임금(교환가치)을 제하고 남는 잉여가치를 자본가가 차지한다고 설명한다. 그렇게 보면 자본가가 가져가는 잉여가치는 노동자가 생산한 것이다. 자본가는 더 많은 잉여가치를 얻기 위해 노동시간 연장(절대적 잉여가치)이나 노동 생산성 향상(상대적 잉여가치)을 통해 이윤을 창출하고 자본을 축적한다. 이러한 과정에서 일어나는 생산 설비 증가와 생산의 효율성 제고를 '확대재생산'이라 하며, 기계와 자본에 대한 노동자의 종속 현상을 '노동 소외'라고 한다. 확대재생산을 통해 자본의 축적은 더욱 빨라져 대자본이 형성된다.

2권은 자본이 잉여가치를 얻기 위해 어떻게 순환 운동과 회전 운동을 하는지 설명한다. 자본가는 화폐를 가지고 생산에 필요한 생산수단이나 노동력 같은 상품을 구입한다. 이렇게 구입한 생산수단과 노동력을 결합하여 상품을 생산하게 된다. 이 과정에서 노동력은 자신의 가치보다 더 많은 잉여가치를 생산하여 그만큼의 가치가 더해진 상품이 생산된다. 이러한 잉여가치가 더해진 상품을 판매하여 처음에 들어간 화폐보다 많은 화폐를 얻는다. 이처럼 자본은 순환 운동을 통해서 축적된다. 그런데 순환은 한 번으로 그치지 않고 반복적인 회전 운동을 통해 더 많은 잉여가치를 생산하려 한다.

3권은 개별 자본이 서로 어떤 영향을 주고받으면서 전체적으로 운동하는지를 설명한다. 사회적 총자본은 생산수단을 생산하는 부분과 소비수단을 생산하는 부분으로 구성된다. 자본가는 잉여가치의 원천보다는 총자본이 얼마나 이윤을 생산하는가에 관심을 갖는다. 따라서 이윤율이 낮은 분야의 자본을 높은 분야로 이동시킨다. 이러한 자본의 이동을 통해 분배된 자본의 이윤율은 점차 비슷한 수준에 도달하여 평균 이윤율이 형성된다. 평균 이윤율의 저하는 자본주의 모순을 심화시킨다. 이윤율이 떨어지면 자본가들은 잉여가치의 양을 늘리기 위해 더 많이 생산하려고 하기 때문에 과잉 생산, 즉 공황으로 이어진다. 이러한 자본주의의 근본 모순은 노동자의 계급투쟁을 야기해 마침내 기존 체제가 무너지게 된다.

20세기 인류에게 가장 큰 영향을 미친 사상

마르크스는 이 책에서 자본주의의 생산양식을 치밀하게 분석한 결과, 자본주의의 내적 모순에 의해 필연적으로 공산주의가 도래할 것이라고 말한다. 특히 자본주의사회를 유지시키는 가치 창출 과정과 잉여가치의 본질을 밝혀 노동자에 대한 자본가의 착취를 규명했다. 또한 끝없는 잉여가치의 추구는 노동 착취율을 높이고, (기술 개발을 통해) 이윤의 폭을 확대하며, 식민지 개발로 나아간다고 주장했다. 자본주의의 몰락을 공언한 그의 예측은 빗나갔고, 실제로 몰락한 것은 자본주의가 아니라 오히려 공산주의였다. 하지만 그렇다고 《자본론》이 경제학의 역사에서 지워져 버린 것은 아니다. 오늘날 선진 자본주의국가에서 노동자의 평균임금과 복지 수준은 향상되었지만, 여전히 빈부 격차와 빈곤층은 존재한다. 마르크스의 이론은 여전히 이에 대한 가장 과학적인 설명을 제공한다. 《자본론》은 20세기의 가장 중요한 지적 성과물 중 하나로서 100년 이상 전 세계에서 다양한 방식으로 대중들을 선동했고, 지식인들에게 영감을 주었다. 마르크스가 죽고 나서 영국의 일간지 〈펠멜 가제트〉는 다음과 같이 보도했다. "《자본론》은 미완성이지만 수많은 책들을 낳을 것이며, 사회문제를 진지하게 생각하는 모든 계급의 사람들에게 점점 더 큰 영향을 미치게 될지도 모른다."

《자본론》은 19세기 자본주의사회를 연구 분석한 마르크스의 저서로서 20세기 인류에게 가장 큰 영향을 미친 책 가운데 하나로 꼽힌다. 이 책에서 그는 자본주의 경제의 특징은 무엇인지, 그것은 어떻게 운영되며, 어떤 문제점을 안고 있는지를 밝힘으로써 자본주의 몰락의 필연성을 주장했다. 이 책은 이후 국제 공산주의 운동의 이론적 경전이 되었다.

081

자본주의의 경제적 성공은
필연적으로 그 정치적 실패를 가져온다

조지프 슘페터, 《자본주의·사회주의·민주주의》

자본주의는 생존할 수 있는가. 아니다. 내 생각에는 자본주의는 생존할 수 없다. (…) 내가 확립하려는 테제는 다음과 같다. 즉 자본주의 체제의 현실적·전망적 성과는 자본주의가 경제적 실패의 중압에 의해 붕괴된다는 아이디어를 부정하지만, 자본주의 체제의 바로 그 성공이 오히려 이 체제를 옹호하는 사회제도들의 토대를 침식하여 '불가피하게' 그 존속을 불가능하게 만들며, 그의 추정상속자로서의 사회주의를 강력히 지향하는 상태를 만들어 낸다는 것이 그것이다.

《자본주의·사회주의·민주주의》(조지프 슘페터 지음, 변상진 옮김, 한길사, 2011, 149~150쪽)

자본주의의 미래가 사회주의라고 주장한 경제학자

슘페터(1883~1950)는 오스트리아 출신으로 옛 합스부르크 제국의 모라비아에서 출생했다. 그는 케인스와 함께 20세기 전반을 대표하는 경제학자이다. 계량경제학회 창립자의 한 사람으로서 미국경제학회 회장을 맡기도 했다. 스물다섯 살 때 첫 저서《이론경제학의 본질과 주요 내용》을 펴냈고, 4년 후《경제 발전의 이론》을 내놓아 세계적으로 유명해졌다. 그의 이론에 의하면, 자본주의 발전의 담당자인 기업가가 도입하는 새로운 방안(기술 진보, 생산 조직의 개선, 신제품 개발, 새로운 판로 개척 등)이 경제 발전의 동력이고, 이는 은행을 통한 신용창조에 의해 가능해진다. 이러한 중심 구상은 《경기순환론》에서도 그대로 이어졌는데, 새로운 방안의 도입에 따른 '창조적 파괴'가 경기순환을 일으키는 원천이라고 보고, 이론적·역사적·통계적 분석으로 이를 뒷받침하기 위해 노력했다.

《자본주의·사회주의·민주주의》에서는 자본주의 발전에 따라 기업가 기능이 쇠퇴하고, 정부 개입이 증대하면서 민간 부문의 활력이 약화된다고 보고, 이런 요인을 함께 고려하여 독특한 자본주의 붕괴론을 끌어냈다. 또한 사회주의가 어떻게 민주적인 체제가 될 수 있는지를 논하는 등 비교체제론에까지 시야를 넓혔다.

마르크스의 이론에 입각해 자본주의의 모순을 분석

이 책은 총 5부로 구성돼 있다. 마르크스의 이론을 예리하게 비판하고, 자본주의의 운명, 민주주의의 여러 모순 등을 경제학의 차원을 넘어 정치·사회학까지 아우르며 폭넓게 분석했다.

1부 마르크스 학설에서는 그의 자본주의 붕괴론을 비판했다. 마르크스의 이론은 생산수단의 소유 여부로 계급을 양분했는데, 이는 문화나 관념 같은 상부구조의 영향을 배제함으로써 자본가에 대한 왜곡된 인식을 초래했다. 즉 《자본론》에는 자본가의 자본 축적 방식만이 기술돼 있다. 하지만 노동과 저축에 열의가 있던 일부의 사람도 자본가가 되었음을 인정해야 한다고 슘페터는 주장한다. 마르크스의 노동가치설이나 궁핍화 이론도 실제와는 다르며, 자본주의는 기업가의 혁신을 통해 지속적으로 생산력을 증가시켜 왔다는 사실도 지적한다. 이러한 기업가의 혁신 노력은 생산에 대한 노동력의 기여도를 낮춘다면서 그는 노동가치설과 자본주의 발전 과정에서 나타난다는 대중의 궁핍화 이론을 반박했다.

2부에서는 자본주의 경제체제의 본성을 설명하면서 자본주의의 눈부신 업적을 예찬하는 동시에 자본주의 붕괴 이론을 전개했다. 자본주의를 기업가의 혁신 노력으로 끊임없이 발전하는 창조적 파괴 과정으로 설명한 그는 마르크스가 주장한 자본주의의 붕괴는 있을 수 없다고 말하고, 사회학의 측면에서 자본주의 붕괴론을 설명한다.

먼저 자본주의가 성숙 단계에 들어서면 혁신의 주체가 기업가가 아닌 전문가에게로 이전되고, 이에 따라 혁신을 담당했던 기업가의 기능은 사라진다. 그다음 합리적 사고가 확대되면서 자신들을 정치적으로 보호해 주었던 봉건 지배층을 부르주아 스스로 내몰고, 이로써 방패막이를 잃게 된다. 끝으로 합리적 사고방식이 전 사회로 확대되면서 자본주의의 근본 가치인 사유재산 제도나 계약 제도가 공격받게 된다. 이러한 공격은 주로 지식인에 의해 이루어지는데, 숫자가 크게 늘어난 지식인을 흡수하거나 적절히 배치할 조건이 형성되지 않기 때문에 그들이 체제에 불만을 품는 적대 세력으로 전환된다는 것이다.

3부에서는 사회주의를 규정하고 검토함으로써 그 출현 가능성을 긍정했다. 사회주의를 '중앙 당국이 생산 전 과정을 총괄하지만, 동시에 중앙 당국은 의회 등의 견제를 받고, 기업 현장 관리자의 자율성도 보장하는 체제'로 파악한다. 이러한 계획경제는 경쟁 배제, 과잉 생산 방지, 실업 해소 등의 장점이 있다. 그러나 사회주의로의 이행 과정은 자본주의가 성숙한 뒤에 일어난다. 그래서 자본주의가 미성숙한 상태에서 계급이 양분되어 급격한 변동을 가져오는 사회주의 혁명보다는 영국식의 점진적 사회혁명이 바람직하다고 보았다.

4부에서는 국가가 인민의 의사를 얼마나 반영하는가라는 고전적 민주주의 개념을 부정한다. 대신 현실 민주주의는 통치자가 어떤 사람인지에 따라 그 실현 여부가 판가름 나기 때문에 정치적 주도권을 장악하기 위한 자유경쟁이 가능한 체제를 수립해야 한다고 주장한다. 이런 조건이 갖추어지면 사회주의에서도 민주주의가 충분히 가능하다는 것이다.

5부에서는 자본주의가 존속하면서 사회적으로 조정, 통제되는 관리 자본주의의 성격을 고찰한다. 점진적인 사회주의화는 전 세계의 기본 방향이며, 미국도 거기서 예외가 아니라고 주장했다.

독특한 자본주의 붕괴론

인류의 역사는 여러 단계를 거쳐 오늘날의 자본주의에 이르렀다. 그렇다면 자본주의 다음에는 어떤 사회가 올까? 마르크스와 그 지지자들은 자본주의가 자체 모순 때문에 무너지고 사회주의가 뒤를 이을 것이라고 주장했다. 그런데 마르크스주의자들과는 전혀 다른 이유와 논리로 자본주의의 미래는 사회주의라고 주장한 경제학자가 있다. 바로 조지프 슘페터이다. 그의 논리는 《자본주의·사회주의·민주주의》에서 전개된다.

출간된 지 70년이 넘는 이 책이 고전의 반열에 이른 이유는 계급 모순과 이로 인한 정치혁명으로 자본주의가 붕괴할 것이라는 마르크스의 이론을 효과적으로 반박했기 때문이다. 아울러 자본주의 발전 과정을 '창조적 파괴'라는 개념을 이용해 설명하고, 지속 가능성을 긍정적으로 바라봤기 때문이다. 따라서 오늘날 경제학을 논할 때 빠뜨릴 수 없는 책으로 언급되고 있다.

슘페터는 《자본주의·사회주의·민주주의》를 통해 경제적 진화라는 관점으로 자본주의의 성장과 소멸을 바라보았고, 19세기 이후 인간을 괴롭혀 온 이념의 문제들을 정치적 관점이 아닌 경제적 잣대로 정리했다. 슘페터의 이론 앞에서는 '자본주의의 반대말이 사회주의', '사회주의와 공산주의는 동의어' 같은 그릇된 정치적 선입견들이 무력해질 수밖에 없다.

파시즘의 등장을 학문적으로
고찰한 사회심리학의 고전

에리히 프롬, 《자유로부터의 도피》

민주주의는 인간 정신이 가질 수 있는 가장 강한 하나의 신념, 생명
과 진리에 대한 신념, 그리고 개체적 자아의 적극적이고 자발적인 실
현으로서의 자유에 대한 신념을 사람들에게 심어 줄 수 있어야만
허무주의의 세력을 이겨 낼 수 있을 것이다.

《자유로부터의 도피》(에리히 프롬 지음, 김석희 옮김, 휴머니스트, 2012, 283쪽)

자유를 찾아 망명한 사회심리학자

프롬(1900~1980)은 독일 프랑크푸르트의 유태인 가정에서 태어났
다. 하이델베르크대학교에서 사회학으로 박사 학위를 받은 후 프리
다 라이히만의 연구소에서 정신분석학을 공부했다. 1930년부터 10
년간 프랑크푸르트 사회연구소 소속으로 〈분석적 사회심리학의 방
법과 과제〉라는 논문을 통해 프로이트와 마르크스의 사상을 통합
하는 새로운 사회심리학을 정립하였다. 1933년에 히틀러가 집권하
자 탄압을 피해 미국으로 망명한 그는 여러 대학과 연구소를 거쳐
1950년 멕시코 국립자치대학교의 정신분석학 및 의학 교수로 임용
되었다. 이후 미국과 멕시코, 스위스를 오가며 지내다가 1973년 스

위스에 정착해 말년을 보냈다.

그의 저서들은 대부분 널리 알려져 있는데, 자유와 복종의 갈림길에 선 근현대인의 처지를 분석한 《자유로부터의 도피》를 비롯하여 현대인의 삶의 방식에 근본적인 의문을 제기하는 《소유냐 존재냐》, 자신의 이상이었던 사회주의 휴머니즘을 설명한 《사회주의 인간론》, 그리고 사랑에 대한 학문적 접근으로 세계적인 베스트셀러가 된 《사랑의 기술》 등이 있다. 그는 현대 대중사회의 본질을 정신분석학과 사회심리학의 관점에서 예리하게 파헤쳤다는 평가를 받는다.

스스로 권위의 포로가 되어 버린 인간

이 책에서 프롬은 적응이란 개념을 제시한다. 그것은 두 가지로 나뉘는데, 먼저 정적인 적응은 사회체제에의 적응을 뜻하고, 동적인 적응은 '개성의 실현'으로서 적극적 자유를 의미한다. 인간은 집단에 소속되기를 바라지만, 한편으로는 그에 대한 반발로 자유를 갈망하는 딜레마를 갖고 있다. 그런데 개성을 실현하는 과정에서 필연적으로 생기는 고독은 인간으로 하여금 권위에 복종하도록 만든다. 결국 인간은 속박에서 벗어나기 위해 개성을 추구하지만, 고독 앞에 좌절하게 되는 것이다.

중세 사람들에게는 사회적 억압으로부터 벗어나고자 하는 욕망이 있었다. 그런 그들에게 자유와 독립이라는 새로운 감정을 표현한 루터주의와 칼뱅주의는 호소력을 지닐 수밖에 없었다. 그러나 루터는 사람들을 교회의 권위로부터는 해방시켰지만, 동시에 훨씬 더 독재적인 권위에 복종시켰다. 자신을 버림으로써 사랑받게 된다는 그의 논리에서 복종의 대상은 비단 신뿐만 아니라 국가나 지도자가 될 수도 있기 때문이다. 결국 자본주의로의 급속한 이행은 사회적 권위에 자발적으로 복종하는 근대인을 만들어 냈다. 그들은 고독 앞에 나약해져서 자유로부터 도피하는 경향을 보였는데, 이러한 현상이 정점에 달했을 때 등장한 것이 바로 나치즘이며, 그것을 통해 개개인은 '자율적인' 집단에 완전히 매료되었다.

근대를 지나 현대에 이른 오늘날에도 사람들은 여전히 고독과 허무로부터 헤어나지 못하고 있다. 프롬은 이러한 상황에서 벗어나 인간으로서의 존엄과 가치를 회복할 것을 주장하며, 방황하는 현대인의 고뇌를 치유할 해결책으로 '사회민주주의'를 제시한다.

파시즘의 등장을 학문적으로 고찰한 사회심리학의 고전

《자유로부터의 도피》는 봉건적 제도가 사라졌음에도 불구하고 파시즘과 같은 자유에 반하는 이데올로기가 등장하는 원인을 사회심리학의 측면에서 분석한다. 1942년에 출간된 이 책이 오늘날의 상황을 정확하게 예측하고, 해결책까지 제시하는 것은 참으로 놀라운 일이 아닐 수 없다. 저자는 산업화가 심화될수록 인간이 기계의 부속품과 같아져서 개성을 상실하고, 더 이상 고독과 불안을 느끼지 못하는 존재가 된다면서, 이를 해결하는 데에는 자발성을 주된 요소로 하는 자유가 큰 역할을 할 것이라고 말한다.

이 책은 또 자유의 문제를 심리학적으로 접근하는 특징을 가졌다. 프롬은 이른바 신프로이트 학파 또는 프로이트 좌파로 분류되는데,

그들이 주장하는 바의 핵심은 결국 사회화된 프로이트주의라고 할 수 있다. 사회적인 인간관계 속에서 형성되는 충동이나 욕구가 분명히 존재한다고 보는 신프로이트 학파는 인간의 모든 정신 활동이 성욕에서 비롯된다는 프로이트 이론의 기본 전제를 거부한다. 그리하여 이 책에서 저자는 프로이트의 천재적 통찰력에 기대면서도 그의 사회적 반동성을 극복할 수 있었다.

역사를 움직이는 힘이 무엇이냐는 질문에 저자는 사회·경제적 조건, 이데올로기, 그리고 '사회적 성격'이라고 답하는데, 바로 그 사회적 성격이라는 개념을 최초로 제시한 것도 이 책의 뛰어난 점이다.

에리히 프롬은 《자유로부터의 도피》에서 자유가 근대인들을 중세의 속박으로부터 구해 내고, 그들에게 독립성과 합리성을 가져다주었지만, 그와 함께 고독과 불안까지 안겨 주었으며, 그 결과 인간은 스스로 자유로부터 도망치게 되었다고 말한다. 따라서 이제는 단지 '신과 권위로부터의 자유'에 만족할 것이 아니라 보다 적극적인 의미의 자유를 찾아 나서야 한다고 주장한다.

진정한 자유에 대한
진지한 성찰

한 사람을 제외하고 모든 인류가 동일한 의견을 가졌다고 해 보자. 그 한 사람이 자신의 생각을 말하지 못하도록 전 인류가 강제하는 것은 부당하다. 이는 권력을 지닌 한 사람이 자기와 생각이 다른 모든 사람에게 침묵을 강요하는 것이 부당한 것과 마찬가지이다.

진정한 자유를 외친 외로운 선각자

밀(1806~1873)은 영국의 전성기였던 19세기 빅토리아시대에 살았던 철학자이자 윤리 사상가, 정치경제학자였다. 그는 아버지의 영향으로 어릴 때부터 여러 학문과 다양한 사상을 접할 수 있었다. 당대의 석학이었던 제러미 벤담과 교류하면서 초기에는 '최대 다수의 최대 행복의 원리'를 내세운 공리주의에 심취했지만, 점차 벤담의 양적 공리주의에 회의를 품게 되어 훗날 지속적이고 정신적인 쾌락을 중시하는 질적 공리주의를 주창하였다. 빅토리아시대는 정치적으로 민주주의가 제도화되었고, 많은 식민지를 두고 경제적으로 풍요와 번영을 누렸기에 당시 영국은 그야말로 최강의 국가였다. 하지만 밀은 시민을 구속하던 엄격한 풍속과 관습, 민주주의의 의사 결정 방법인 다수결의 문제점에 주목하면서 개인의 자유와 다양성의 존중을 강조했고, 그러한 사상을 집약해 놓은 것이 바로 《자유론》이다.

자유의 참된 의미

《자유론》은 크게 개인의 자유와 사회의 권력, 사상과 토론의 자유, 다수의 횡포와 개인의 자유, 이 세 가지 문제를 논하고 있다.

밀은 우선 사회가 개인에게 정당하게 행사할 수 있는 권력이 무엇인지를 밝히려 한다. 밀은 개인의 일을, 자기 자신에게만 관계되는 일과 다른 사람에게도 영향을 미치는 일로 나누었다. 그는 전자에 대해서는 개인이 어떤 결정을 내리든 사회가 관여해서는 안 된다고 보았다. 반면 후자의 경우 다른 사람에게 피해를 주지 않는 범위 내에서 자유롭게 그의 행위를 결정할 수 있다고 보았다. 이것이 그가 제시한 '위해의 원리'이다. 즉 개인은 다른 사람의 자유를 박탈하거나 자유를 얻으려는 노력을 방해하지 않는 한, 각자 자신이 원하는 삶을 영위할 수 있다.

밀에 따르면, 개인은 자유를 누림으로써 자아를 실현하고 행복을 누릴 뿐만 아니라 공동체를 발전시킬 수 있다. 이 중 가장 중요한 것이 바로 사상의 자유와 토론의 자유이다. 밀은 단 한 사람의 그릇된 주장일지라도 이를 발표할 기회를 주고, 서로 다른 견해를 토론할 수 있는 장을 마련해야 하며, 비판과 토론 과정을 통해 진리에 다가갈 수 있다고 보았다.

역사적으로 사람들은 자유란 폭력적인 국가 권력을 제한함으로써 확보할 수 있다고 생각하였다. 그래서 자유를 쟁취하기 위한 투쟁을 벌였고, 결국 국민주권의 민주주의 시대를 맞이하게 되었다. 하지만 이때 새롭게 등장한 문제가 다수의 횡포이다. 사실 다수 의견이란 이성적·논리적 사고에 따라 치밀하게 논증된 것이 아니라 대부분의 사람이 옳다고 생각하는 감정, 여론, 관습에 따라 결정되기 마련이다. 따라서 다수의 횡포를 통해 그들과 생각을 달리하는 소수를 억압하고 의견을 발표할 기회조차 주지 않으며 소심한 대중들에게 암묵적 동의를 강요하는 것은 옳지 않다. 이는 개성을 말살하고, 정신을 황폐화시키는 일이기 때문이다. 따라서 밀은 절대 권력을 손아귀에 쥔 위정자를 경계했듯이 다수의 횡포도 충분히 경계해야 한다고 주장하였다.

다수의 횡포에 맞선 개인의 자유를 고민하다

영국의 풍요로운 전성기에 살았던 밀은 우월감에 젖어 현실에 안주했던 대다수 영국인들과 달리 사회의 문제점을 날카롭게 파악하고, 미래에 대두될 문제들을 내다보았다. 민주주의에서 가장 일반적인 의사 결정 방법인 다수결에 대해 아무런 의심도 품지 않고 당연하게 받아들였던 시절, 그것이 개인의 자유를 억압할 뿐 아니라 개인의 행복과 사회의 발전을 저해할 수 있다는 점을 그는 분명히 밝혔다.

밀은 '자유란 남에게 피해를 주지 않는 한도 내에서 자신이 원하는 바를 선택하는 것'이라고 강조한다. 더불어 개인의 다양성과 개성을 인정하고 자유를 보장해야 하며, 다수의 횡포가 개인의 자유를 침해해서는 안 된다고 힘주어 강조한다. 우리가 살아가는 현대 사회는 다양한 생각과 신념들이 공존하고 밀의 시대에 비해 논쟁거리가 많아지고 있다. 점점 다수 여론의 힘이 강화되고, 정보사회의 도래로 개인의 자율성과 독창성이 침해될 개연성이 증대되고 있다. 따라서 사상과 양심의 자유를 주장하면서 다수의 횡포에 맞서 인간의 진정한 자유에 대해 고민한 《자유론》은 오늘날 더욱 호소력을 발휘한다.

《자유론》은 다수의 횡포, 이성적으로 논증되지 않는 관습과 여론 등 사회 권력 속에서 살아갈 수밖에 없는 우리 인간이 지닌 진정한 자유에 대해 연구한 책이다. 그는 진정한 자유란 다른 사람에게 피해를 주지 않는 범위 내에서 자신이 원하는 삶을 살아갈 수 있는 자유라고 보고, 이러한 자유를 누릴 때 인류의 행복이 증진되고 사회 발전이 가능하다고 강조했다.

왕권신수설을 부정하고
정부의 역할을 논하다

존 로크, 《정부론》

대지나 하등동물은 만인의 공유물이다. 하지만 사람은 자신의 신체에 대한 소유권을 가지고 있다. 그 권리는 오로지 본인의 것이다. 그의 노동과 손의 수고로움을 통한 것은 바로 그의 소유이기 때문이다. 무엇이든 그의 손을 움직이게 되면 그는 거기에 무엇인가를 더한 것이며, 이런 행위에 의해 어떤 대상은 그의 소유물이 되는 것이다.

홉스의 계약론을 발전시킨 정치 사상가

로크(1632~1704)는 영국의 철학자, 경제학자, 정치 사상가이다. 청교도주의 법률가였던 아버지를 두었고 정결하고도 엄숙한 가정에서 자랐다. 그는 옥스퍼드대학교에서 철학, 자연과학, 의학을 전공했는데, 당시는 청교도혁명, 왕정복고, 명예혁명을 거치면서 절대왕정이 의회정으로 바뀌는 정치적 격변기였다. 이러한 영국의 시민혁명기에 로크는 현실 정치에도 관여했는데 정치적인 문제로 네덜란드로 망명했다. 그러나 폐결핵으로 프랑스에서 요양해 있었고, 명예혁명 이후에 다시 영국으로 돌아왔다.

그는 절대왕정에 반대하며 행정권을 이양한 입헌군주제를 옹호하기 위해 《정부론》을 저술하였다. 이 책에서 로크는 홉스의 계약론에서 아이디어를 얻어 독창적인 사회계약론을 발전시켰으며, 이는 루소의 민주주의 이론에 지대한 영향을 끼쳤다.

모든 인간은 동일한 자유와 평등을 누릴 수 있어야 한다

《정부론》은 두 편의 논문으로 구성되어 있는데, '로버트 필머 경과 그 일파의 잘못된 원리와 논거를 논박한다'와 '시민 정부의 참된 기원과 범위, 그리고 목적에 관한 소론'이 그것이다.

필머는 아버지의 자식의 대한 절대적 지배권을 전제로 신이 아담에게 부여한 절대적 권력이 군주에게 계승된 것으로 보고 왕권의 절대성을 주장했다. 이에 대해 로크는 부권이란 미성년의 자식이 스스로 소유권을 관리할 수 없을 때에만 인정된다고 보았다. 따라서 이를 정치권력과 동일시해서는 안 된다고 주장하면서 왕권신수설을 부정했다.

로크는 모든 인간이 자연법에 따라 생활한다고 보았다. 자연법에 따르면, 인간은 모두 동일한 자유와 평등을 누리는 존재로 어느 누구도 타인의 생명, 건강, 자유 및 재산을 함부로 침해해서는 안 된다. 자연 상태는 본래 평화롭고 목가적인 상태였다. 대지 위에 존재하는 모든 것은 인간의 생명과 자기 보존을 위해 사용할 수 있는 공유물이다. 사람들은 자기 보존을 위해 노동을 해서 공유물의 일부를 소유할 권리를 가진다.

이런 권리를 행사하는 데 있어 대지가 방대하고 인구수가 적어 자연의 산물이 풍부할 때는 분쟁이나 갈등으로 치달을 염려가 없었다. 하지만 화폐가 등장하면서 사람들은 부를 축적할 수 있었고, 능력의 차이가 재산의 불균등을 낳자 결국 분쟁이 일어났다. 하지만 자연 상태에서는 갈등과 분쟁을 해결하고 이를 통해 개인의 생명과 자유, 자산을 지켜 줄 수 있는 법률적·사회적 장치가 없었다. 따라서 개인의 권리 보호와 분쟁 해결에 대한 권한을 위탁하기 위해 정치사회가 등장했다는 것이다. 정치권력은 개인의 생명, 자유, 자산을 안전하게 보장하는 데에만 존재 이유가 있으므로, 만일 권력이 전제정으로 치달을 경우 국민들은 저항권과 혁명권을 가진다고 주장하였다.

왕권 제한을 통한 명예혁명의 옹호

로크는 《정부론》을 통해 영국의 명예혁명을 지지하면서 왕권의 제한과 부르주아 의회의 조화를 도모하였다. 그는 이 책에서 왕권신수설을 비판하고 사회계약설을 제시하면서 정치권력의 발생과 기원을 논하고 있다. 자연법 사상에 토대를 둔 그의 사회계약론은 홉스를 계승하고 있지만, 내용은 서로 다르다. 홉스는 성악설을 전제로 자연 상태를 만인의 만인에 대한 투쟁 상태로 묘사하고, 개인의 생명 보장을 위해 모든 권리를 무조건 절대군주에게 위임했다고 보았다. 반면 로크는 인간의 자연 상태를 질서 있는 상호부조 상태로 파악했고, 노동 투자에 의한 사유재산을 자연권의 테두리 안에서 이해하였다. 또한 부르주아적 소유와 일정 한도 내에서 혁명권을 인정하였다. 로크의 사상은 인간의 이성을 바탕으로 하고 있다는 점에서 계몽주의의 성격을 지닌다. 그는 명예혁명을 대변하였으며 프랑스혁명이나 미국독립혁명 등에 큰 영향을 미쳤다.

《정부론》에서 로크는 두 편의 논문을 통해 왕권신수설을 비판하고 사회계약설을 바탕으로 한 제한 군주론을 제시함으로써 영국의 명예혁명을 옹호하였다. 그는 자유주의 정치 이론을 정초한 계몽주의 사상가이자 자유주의 이론가로 평가받고 있다.

085

약자에게 최대 이득을
누구에게나 공정한 기회를

존 롤스, 《정의론》

나의 목적은 이를 테면 로크, 루소 그리고 칸트에게서 흔히 알려져 있는 사회 계약의 이론을 추상화함으로써 일반화된 정의관을 제시하는 일이다. 그러기 위해서 우리는 원초적 계약을 어떤 사람이 특정 사회를 택하거나 특정 형태의 정부를 세우는 것으로 생각해서는 안 된다. 오히려 핵심이 되는 생각은 사회의 기본 구조에 대한 정의의 원칙들이 원초적 합의의 대상이라는 점에 있다. 그것은 자신의 이익 증진에 관심을 가진 자유롭고 합리적인 사람들이 평등한 최초의 입장에서 그들 조직체의 기본 조건을 규정하는 것으로 채택하게 될 원칙들이다. 이러한 원칙들은 그 후의 모든 합의를 규제하는 것으로서, 참여하게 될 사회 협동체의 종류와 설립할 정부 형태를 명시해 준다. 정의의 원칙들을 이렇게 보는 방식을 나는 공정으로서의 정의라고 부르고자 한다.

《정의론》(존 롤즈 지음, 황경식 옮김, 이학사, 2003, 45쪽)

한평생 '정의'라는 주제를 연구한 학자

롤스(1921~2002)는 미국 볼티모어에서 태어났다. 프린스턴대학교에서 철학 박사 학위를 받은 뒤 코넬대학교과 메사추세츠대학교에서 교수를 지냈다. 1962년에는 하버드대학교로 자리를 옮겨 그곳에서 정년 퇴임했다. 롤스는 평생 정의라는 한 가지 주제만 파고든 단일 주제의 철학자로 유명하다. 1958년에 논문 〈공정으로서의 정의〉를 발표한 이후, 사회정의에 대한 현대적 해석에 관심을 기울여 〈분배적 정의〉, 〈시민 불복종〉, 〈정의감〉 등의 논문을 썼다. 이를 통해 그는 학계의 관심을 받기 시작했다. 논문에서 단편적으로 제시한 생각들을 일관되게 정리하여 1971년 발간한 책이 《정의론》인데, 이는 20여 년에 걸친 연구의 결실이라고 할 수 있다.

정의를 위한 두 가지 원칙

롤스는 《정의론》의 첫머리에서 "진리가 사상 체계에서 최고의 덕이 듯이 사회제도에 관한 최고의 덕은 공정이다. 불공정한 법과 제도는 아무리 효율적이고 잘 정리되었다 할지라도 개정되거나 폐기되어야 한"다고 말하고, 공정한 사회의 두 가지 기본 원칙을 제시한다. 자유의 배분에 관한 것(제1원칙)과 사회적·경제적 가치 배분에 관한 것(제2원칙)인데, 그 내용은 다음과 같다.

제1원칙은 '모든 사람이 기본 자유를 완벽하게 누릴 수 있도록 해야 한다'이다. 즉 양심의 자유나 언론의 자유와 같은 기본 자유는 모든 사람이 평등하게 최대한 누릴 수 있어야 한다는 것이다. 평등한 자유는 언론 및 결사의 자유, 양심의 자유와 사상의 자유, 인신의 자유, 사유재산 소유의 자유, 체포와 구금으로부터의 자유, 공직을 가질 자유 등이다. 평등한 자유의 원칙인 제1원칙은 제2원칙에 항상 우선한다. 즉 많은 이익이 주어진다고 해도 기본 자유에 대한 침해를 정당화할 수는 없다는 것이다.

롤스는 이러한 기본 자유의 목록에 생산수단 소유의 자유를 포함하지 않는다. 이것은 정의의 원칙에 의해 구성된 정의로운 사회를 꼽을 때 자유 시장 체제와 사회주의 체제를 부정하지 않는 롤스의 기본 생각에서 연유한다.

제2원칙은 '가장 빈곤한 사람들의 복지를 우선 배려해야 한다'이다. 사회적·경제적 불평등 문제는 우선 가장 불리한 처지에 있는 사람들이 최대의 이익을 얻을 수 있도록, 또 기회 균등의 조건 아래 모든 사람이 공직에 나아갈 수 있는 방향으로 풀어 나가야 한다는 것이다. 즉 제2원칙은 공정한 기회의 균등의 원칙이라고 할 수 있다. 직위와 직책을 가질 수 있는 기회뿐만 아니라, 삶의 기회도 평등하게 보장해야 한다는 것이다. 이러한 점에서 능력이 있으면 출세할 수 있다는 자유주의 체제의 기회 보장과는 다르다.

사회주의적 요구를 반영한 자유주의 평등 이념

1950년대 대부분의 철학자들은 정치학, 사회철학 등 규범학에 관심을 기울이지 않았다. 도덕은 한갓 감정 표현이나 주관적 소견에 불과하다는 정의주의가 주류였으며, 기껏해야 사회복지의 극대화 원리를 내세우는 공리주의가 있을 뿐이었다. 공공 정책 담당자들은 어려운 정치 문제를 해결하는 데 이용할 수 있는 간명하고 엄정한 방법을 제공하는 틀로 공리주의를 수용했다. 그러나 자본주의의 지배 이념으로서 개인의 이익보다는 집단의 이익을 우선하는 경향은 점차 권리론자들의 비판을 받았다.

이러한 상황에서 《정의론》은 이후 중대한 변화를 초래했다. 첫째, 사회주의적 비판을 일부 수용하여 사회적으로 혜택받지 못한 계층의 복지와 존엄을 보장하기 위해 반드시 요구되는 소득, 부, 교육 및 취업의 기회, 의료와 여타 재화들에 대한 좀 더 평등한 분배를 요구하게 되었다. 둘째, 학계를 주도하던 공리주의자들은 곳곳에서 수세에 몰렸고 셋째, 규범 철학의 복권이 주창되었다.

롤스의 정의관은 자유주의 이념과 사회주의 이념을 가장 체계적이고 조화롭게 통합한 것으로, 어떤 이론과도 견주기 어려운 위치를 점하고 있다. 롤스의 주장은 행정학에 큰 영향을 미쳐 1970년대에는 이른바 '신행정론'의 활력소가 되었다.

평등보다 자유를 우선하는 자유주의와 평등을 우선하는 사회주의가 대화하고 화해하는 데에 자유와 평등의 가치를 조정하려는 《정의론》은 하나의 실마리를 제공할 수 있다. 자유가 인간에게 더없이 중요한 가치이나 모든 이의 실질적 자유를 구현하기 위해서는 평등에도 관심을 기울여야 한다는 롤스의 자유주의적 평등 이념은 통일 한국의 정의관 구상에서 주목할 필요가 있다.

세밀한 분석력으로 여성의 문제를
고찰한 혁명적 여성론

시몬 드 보부아르, 《제2의 성》

여자는 태어나는 것이 아니라 여자로 만들어지는 것이다. 남자가 사회에서 취하고 있는 형태는 결코 어떤 생리적·심리적·경제적 운명으로 결정되는 것이 아니다. 문명 전체가 수컷과 거세체(去勢體)와의 중간 산물을 만들어, 그것에 여성이라는 이름을 붙였을 뿐이다.
(…)
만약 여자아이가 성인이 되기 전부터, 때로는 아주 어렸을 때부터 이미 성적으로 특별한 것처럼 우리들 눈에 비쳐지는 일이 있더라도, 그것은 신비한 본능이 그 여자아이를 태어날 때부터 수동성, 교태, 모성애에 어울리게 해 버렸기 때문이 아니라, 거의 처음부터 아이의 생활에 타인이 개입하여, 아이는 강제적으로 그 인생의 직분을 떠맡게 돼 버렸기 때문이다.

《제2의 성》(시몬느 드 보부아르 지음, 이희영 옮김, 동서문화사, 2009, 342~343쪽)

여성운동의 최고 사제이자 페미니즘의 어머니

보부아르(1908~1986)는 몰락해 가는 부르주아 가정에서 장녀로 태어났다. 열 살 때 가세가 완전히 기울었고, 가톨릭 계열의 학교를 거쳐 열아홉 살 때 소르본대학교에서 문학사 학위를 받았다. 스물한 살 때는 철학 교수 자격시험에 차석이자 최연소로 합격했다. 마르세유, 루앙, 파리 등의 학교에서 가르쳤지만, 1943년에 해고당했다. 그녀를 잘 따르던 여학생의 부모가 보부아르가 문란한 생활로 제자들에게 나쁜 영향을 미친다며 학교 당국에 진정을 냈던 것이다.

그녀가 받은 충격은 컸지만, 첫 소설 《초대받은 여자》를 출간하여 호평을 받으면서 본격적인 작가 생활을 시작했다. 사르트르와 함께 문학 잡지 〈현대〉를 창간하여 주요 멤버로 활약했으며, 1949년에는 《제2의 성》을 펴내 프랑스는 물론 전 세계적으로 큰 영향을 미쳤다. 역사 속에서 여성이 어떻게 다루어져 왔는가를 고찰한 이 책은 여성학의 가장 중요한 저서로 평가받는다. 보부아르는 사회의 불의와 부정에 항의하고, 각종 시위에도 참여하는 등 행동하는 지성의 면모를 보여 주었다. 프랑스 공산당과 함께할 때도 있었지만, 현실 공산주의에 환멸을 느끼고 독자 노선을 추구했으며, 드골 정부에 반대하며 알제리 독립을 지지했다. 1970년대부터는 여성해방운동에 적극 참여해 낙태와 피임 자유화, 노동 현장에서 여성 노동자의 권익 보호, 가정 폭력 근절에 앞장섰다.

여성은 태어나는 것이 아니라 만들어지는 것

보부아르의 철학은 구성주의에 입각해 있다. "여성은 여성으로 태어나는 것이 아니라 여성으로 만들어진"다는 유명한 말은, 여성이 사회적으로 구성된다는 것을 강조하는 말이다. 이러한 주장은 여성이 여성으로 태어난다고 생각했던 통념을 깨 버렸다. 다시 말해 여자와 남자는 신체적이고 생리적인 차이가 있기 때문에 다르며, 이러한 차이는 본질적이라는 통념을 깬 것이다. 남자와 다른 여자는 여자의 분수를 지켜야 한다는 논리 또한 반박한 것이다.

보부아르는 여자가 '제2의 성'으로 살아야 하는 이유를 생물학적 결정론에서 찾지 않았다. 그녀는 남성이 여성을 사회적 타자로 만들기 위해 여성다움의 '신화'를 구축했다고 본다. '잠자는 숲 속의 미녀', '영웅적인 어머니' 등이 이런 신화의 내용을 이룬다. 여성은 수동적이고, 부드럽고, 베푸는 성격을 소유하면서 동시에 요부의 이미지도 가져야 한다. 여자가 아내, 어머니, 연인, 첩, 매춘부라는 사회적 역할을 수행하도록 '여성의 신화'가 만들어진 것이다.

보부아르는 사회가 만들어 놓은 여성다움의 신화를 비판하면서 여성들이 스스로 이를 받아들인다는 점도 비판한다. 여성들이 자신의 '타자성'을 비극적으로 수용하는 '여성의 신비'로 가득 차 있다는 것이다. 그녀는 여성다움의 신화와 여성을 이상화하는 남성 가부장제의 희생자인 여성들이 이런 신화를 내면화하고 받아들임으로써 가부장제에 공모한다는 사실을 지적했는데, 그 이유는 여성이 주체가 될 수 있는 수단을 갖고 있지 않기 때문이라고 설명한다. 또한 여성의 '뿌리 깊은 공모'는 여성들이 '타자'의 역할을 수행하는 데

만족하고 자기가 주체가 되기를 바라지 않기 때문이라고 주장한다. 보부아르는 여성들이 타자로 존재하길 멈추고 싶다면, 상황을 극복하는 주체가 되어야 하고, 이러한 변화의 선봉대원이 되어야 하며, 사회주의적인 사회변혁을 위해 노력해야 한다고 주장한다. 또한 여자는 자기를 확립하려는 기본 요구와, 여자를 비본질적인 존재로 형성하려는 상황의 요구 사이에서 갈등을 일으킨다고 보면서, 여성들이 주체로 우뚝 서려는 강인한 의지를 품어야 한다고 강조한다. 이를 위해서는 남자들 사이에서 분산되어 살아가는 여성들이 서로를 '우리'라고 호명할 수 있는 연대가 필요하다고 제안한다. 가족 제도와 결혼 제도에 매인 여성들이 아버지, 남편, 아들, 오빠를 벗어나 다른 여성과 더 충일한 연대의식을 느끼기가 쉽지 않다는 점이 여성의 변화가 늦어지는 이유 중의 하나라고 생각한다면, 보부아르의 분석과 제안은 지금도 의미가 있다.

남성은 물론 여성에게도 울리는 경종

《제2의 성》은 여성학의 역사에서 가장 중요한 저서다. 보부아르는 이 책을 통해 "여자는 태어나는 것이 아니라 여자로 만들어진"다는 불후의 명언을 남기며 남성 중심 사회에 경종을 울렸다. 이 책에서 그녀는 "남성이 여성에게 신비함이라는 거짓된 아우라를 주입시켜 여성을 사회적 타자로 만들었"다고 선언했다. 보부아르의 지적은 현대 여성학의 교과서가 됐다. 이 책이 엄청난 반향을 일으키자 프랑스 정부는 서둘러 '여성의 날'을 제정했고, 이 책이 출간된 이후부터 지식인들이 남성과 여성을 계급적 시각이 아닌 '차이의 시각'으로 이해하기 시작했다. 《제2의 성》은 나온 지 반세기가 넘었지만 여전히 인상적이며, 지난 50년 동안 여성에게 일어난 변화를 우리에게 알려 준다.

보부아르는 평생을 여성 인권을 주장하는 데 보냈다. 《제2의 성》은 바로 그런 운동의 일환으로 3년간의 집필 끝에 완성한 책이다. 저자는 여성을 다양한 시각으로 알아보고 성 정체성을 규정하고 있다. 그리고 여성은 결코 남성보다 열등한 존재가 아니므로 당당하게 동등한 위치에 서서 사회적 자유를 누릴 권리가 있다는 점을 역설한다.

사회구조와 권력의 변화를 예고한
미래 사회 보고서

─────   **앨빈 토플러, 《제3의 물결》**

오늘날의 대중매체는 인쇄 매체와 전자 매체를 불문하고, 커뮤니케
이션 수요에 대응하여 인류가 살아남기 위해 필요한 방대한 정보량
과 다양한 문화를 제공해 주기에는 아주 부적절하다. 제3의 물결 문
명에서는 소수의 대중매체가 문화를 지배하는 것은 아니다. 상호간
에 작용하여 탈대중화된 매체에 의존하면서 사회의 흐름에 극도로
다양하고 때로는 고도로 개성적인 이미지를 공급해 주게 될 것이다.

《제3의 물결》(앨빈 토플러 지음, 원창엽 옮김, 홍신문화사, 2006, 496쪽)

날카로운 통찰력을 보여 준 미래학자

토플러는(1928~) 미국의 미래학자이다. 뉴욕에서 출생하여 뉴욕대
학교를 졸업했다. 그는 다양한 이력의 소유자인데, 공장 노동자 생
활을 했는가 하면 신문 기자로도 일했고, 세계적으로 권위 있는
경제지 〈포춘〉의 편집장으로 일했고, 코넬대학교의 객원 교수를
지냈다.

토플러는 미래학의 선두주자, 특히 정보화 시대의 미래를 맨 먼저 주목한 학자다. 그가 저술한 《미래 쇼크》, 《제3의 물결》, 《권력이동》, 《부의 미래》는 전 세계적인 베스트셀러였고, 지금도 언론이 끊임없이 인용하는 미래학의 대표 서적으로 손꼽힌다. 《미래 쇼크》에는 '인간이 어떻게 하면 미래의 변화에 적응할 수 있을 것인가?' 등에 대한 답을 담았다. 《제3의 물결》에서는 처음 농경 기술을 발견하여 농사를 짓고 살았던 수천 년 동안의 농업 시대를 '제1의 물결'로, 산업혁명 후 약 300년 동안 진행된 산업 시대를 '제2의 물결'로, 이어 과학기술이 발전하면서 이전 시대보다 훨씬 빠른 속도로 변화하는 변혁기의 현대를 '제3의 물결'로 정의하고, 다가오는 정보혁명과 정보사회를 예견했다. 《권력이동》에서는 21세기를 앞두고 폭력, 부, 지식 등 사회 각 부문의 권력 변동이 어떤 양상을 취하고 있는지, 다가올 변화를 누가 어떻게 통제할 수 있을지를 다루었다. 《부의 미래》를 통해서는 다가올 '제4의 물결'을 예고했다.

설득력 있게 제시된 인류의 미래상

《제3의 물결》은 미래학자의 안목으로 한 시대의 위기 상황을 분석하고 낙관적인 미래상을 제시한 책으로, 4부 28장으로 구성되어 있다.

이 책에서 토플러는 제1의 물결인 농업혁명, 제2의 물결인 산업혁명에 이은 제3의 물결로 정보혁명을 정의했다. 인류는 농경 기술을 발견한 이래 1만 년 동안 '제1의 물결'을 겪고, 산업혁명에 의한 기술혁신으로 300년 동안 '제2의 물결'을 경험했으며, 고도로 발달한 과학

기술에 의해 '제3의 물결'이라 불리는 미증유의 대변혁을 맞이했다. 첫 번째 물결로 인류는 수렵 채집 사회에서 농경 사회로 변화했다. 두 번째 물결로 농경 사회는 산업사회로 변화했다. 제2의 물결 사회는 고도로 산업화되어 있으며 대량 생산, 대량 분배, 대량 소비, 대량 교육, 대량 휴양, 대중문화와 대량 살상 무기들에 기반하고 있다. 이러한 것들은 표준화, 전문화, 동시화, 집중화, 극대화, 중앙집권화를 통해 서로 엮이게 되었다. 이 과정에서 사회, 지식, 가족이 더욱 작은 단위로 세분화되어 공동체 생활과 문화가 산산이 부서지고 말았다.

세 번째 물결로 산업사회는 정보사회로 변화했다. 1950년대 후반부터 세계는 정보사회라는 변혁을 맞이했다. 정보사회는 고도의 과학 기술로 지탱되며, 탈대량화, 다양화, 지식 기반 생산 및 변화의 가속화라는 성격을 띠고 있다. 사회는 이제 거꾸로도, 앞으로도 그리고 옆으로도 변화 발전할 수 있다. 이 사회는 각양각색의 재생 에너지 자원을 기반으로 하여 전혀 새로운 생활양식을 낳았는데, 전자 기술을 기반으로 자택 근무를 할 수 있는 일렉트로닉 주택이 그 예가 될 수 있다. 또한 소비와 생산 형태에도 커다란 변화가 나타난다. 이제 소비자는 규격화된 상품에 만족하지 않고 창조적 소비자가 되고 싶어 한다. 이러한 소비자의 다양한 욕구와 생활양식의 다양화는 다품종 소량 생산을 더욱 촉진하고, 소비자의 다양화에 따라가기 위해 판매 방법에도 새로운 전환이 초래된다.

다가올 사회구조와 권력의 변화를 예고

《제3의 물결》은 우리가 성장해 온 옛 문명을 서술했으며, 현재의 자료와 정보를 근거로 이미 우리의 중심에 자리 잡고 있는 새로운 문명의 미래를 담담하게 그려 내고 있다. 토플러는 이 책을 통해 농업혁명인 제1의 물결, 산업혁명인 제2의 물결을 거쳐 제3의 물결인 '정보혁명의 시대'가 올 것이라고 예견했다. 1960~1970년대에 미국과 유럽을 중심으로 한 서구사회는 패배주의와 비관론이 팽배해 있었다. 인플레이션·실업·에너지 위기로 인해 경기가 침체되었고, 사회적으로는 반전 운동이 일고, 환각제 남용, 히피 문화의 대두 등 분열과 혼란이 극심한 상태였다. 이것이 정신적 혼란을 가중시켰던 것이다. 그러나 토플러는 이 시기를 사회·경제적인 새로운 시작의 발판으로 해석했다.

그는 산업사회를 지배해 온 표준화, 전문화, 집중화 등의 원리가 붕괴되어 보다 인간적이고 다양한 민주 사회가 도래할 것이며, 이에 따라 인간관과 노동·가족·사회·정치의 형태도 근본적으로 달라진다고 예고했다.

1980년대 《제3의 물결》은 큰 파장을 일으키기기도 했지만, 이제는 고유명사로 쓰일 정도로 보편적인 개념이 되었다. 현재까지도 정보사회를 논할 때면 빠지지 않고 이 책이 등장한다. 21세기를 맞이한 오늘날 토플러의 분석과 통찰이 여전히 빛을 발하는 이유는 인류의 삶과 인류를 둘러싼 환경의 변화를 꿰뚫는 저자의 혜안 때문일 것이다.

《제3의 물결》은 토플러의 대표 저서로 인류 문명의 발전 과정을 세 개의 큰 물결로 나누어 분석하고 있다. 제2의 물결인 산업혁명을 기반으로 새로이 탄생한 제3의 물결인 정보혁명을 흥미롭게 소개한 사회·문명 비평서이다. 여기서 토플러는 당시의 사회가 멸망으로 치닫고 있는 게 아니라 전자정보 산업혁명이 이끄는 제3의 물결 문명으로 접어든 것이라고 해석한다. 온갖 혼란과 위기는 새로운 문명을 탄생시키는 진통에 불과하다는 그의 긍정적 메시지는 인류에게 극복의 에너지를 전달한다.

사실과 현상에 대한 과학적 탐구

088

우리 삶의 일부가 된
화학의 대중화를 위한 노력

로알드 호프만, 《같기도 하고 아니 같기도 하고》

화학은 노력하고 있는 화학자들에게도 흥미로운 것이지만, 화학자가
아니면서 화학을 이용하거나 오용하고 있는 사람들에게도 흥미로운
것이라고 생각한다. 그 이유는 화학의 활동이 우리 마음속 깊은 곳
의 길과 평행으로 달리기 때문이다.

《같기도 하고 아니 같기도 하고》(로얼드 호프만 지음, 이덕환 옮김, 까치, 1996, 349쪽)

화학을 오해의 늪에서 건져 내고자 한 '화학의 시인'
호프만(1937~)은 폴란드 태생으로 1949년 가족과 함께 미국으로 이
주해 하버드대학교에서 박사 학위를 받았다. 1965년 코넬대학교 교
수로 임용된 그는 로버트 우드워드와의 공동 연구를 통해 다양한
유기화학 반응을 설명하는 '우드워드-호프만 규칙'을 발견했고, 이에
관한 연구를 지속하여 1981년 일본의 후쿠이 겐이치와 함께 노벨
화학상을 수상했다. 한편 문학에도 관심을 가져 두 권의 시집과 한
권의 시화집을 펴냈으며, 〈산소〉라는 희곡을 공동으로 집필하기도
했다.

그는 화학이 화학자들만의 전유물이 아니라 그 결과를 이용하는 소비자들에게도 충분히 흥미로운 분야라고 주장하며, 소비자들이 화학 물질에 대한 정확한 정보를 바탕으로 서로의 생각을 나누는 것이 가장 이상적이라고 말한다. 이를 위해 청소년들이 중고등학교 때 화학 수업을 소홀히 하지 않기를 바랐는데, 1995년에 출간된 《같기도 하고 아니 같기도 하고》에는 그런 그의 생각이 잘 나타나 있다. 이 책에서 그는 화학이 항상 옳은 것은 아니지만, 그 덕분에 우리 삶이 편리해진 경우가 많은데도 불구하고, '인위적' 혹은 '비자연적'이란 부정적인 의미의 수식어가 따라붙는 화학을 그저 편견 없이 이해해 달라는 메시지를 전하고 있다.

같기도 하고 아니 같기도 한 화학의 이원성

이 책의 내용은 크게 세 가지 갈래로 구분할 수 있다.

첫째는 화학에서의 이분법적인 개념에 대한 설명이다. 다른 학문도 그럴 수 있겠지만, 화학에는 '이성질체(분자식은 같으나 분자의 배열이 다른 물체)', '정적-동적'과 같은 이분법적인 개념들이 유난히 자주 등장하는데, 저자는 이러한 대립적 상황이 긴박감을 더해 변화를 가능하게 하는 요소들이라고 말한다.

그다음은 화학자들에 관한 설명으로 그들이 주로 하는 일은 논문을 쓰는 것인데, 호프만이 생각할 때 화학 논문은 "'진실'이라고 생각되는 사실에만 근거를 두는 것"이 가장 이상적이다. 그런 이상적인 논문을 쓰려는 노력 때문에 일반인이 화학 논문을 읽으면 '억제된 긴박감'을 느끼게 된다. 그는 화학 논문도 일종의 문학적 창작물로서 "화학 연구를 인위적이고 추상적으로 구상한 것이어서, 독자들에게 감정적이거나 미학적인 반응을 일으키기도 한"다고 주장한다. 논문에서 추구하는 미학이란 그것이 전 세계로 퍼져서 실제 화학 반응으로 재현되어 새로운 물질을 합성하는 데 활용되는 '연대성'이다. 이 과정을 더 효율적이고 아름답게 만들기 위해 화학기호와 같은 여러 가지 장치들이 고안되었다.

끝으로 화학자와 이원성의 관계를 설명하는데, 그가 보기에 화학자가 갖추어야 하는 자질은 '이것이 무엇인가', '이 합성된 물질이 여타의 물질과는 다른 것인가' 등의 질문을 스스로 던지게 만드는 호기심이다. 이러한 질문이 흥미로운 까닭은 "대립되는 요소로 표현되는 물질과 마음의 연결 고리를 이해했기 때문"이라고 그는 말한다. 즉 이상과 현실, 구조와 표현의 괴리감 같은 것들이 화학자의 흥미를 자극한다는 것이다.

화학의 대중화를 위해 쓰인 교양서

《같기도 하고 아니 같기도 하고》가 쓰인 시기에 화학 분야에서 활발하게 이루어지던 연구는 원소의 합성과 고분자에 관한 것이었다. 논문의 대부분은 기호와 난해한 그림으로 되어 있어 일반인이 이해하기 어려웠고, 거기에 화학이 인위적인 것을 만들어 낸다는 거부감까지 겹쳐 대중과의 거리는 점점 멀어지고 있었다. 그러한 간극을 조금이라도 줄이고 싶었던 호프만은 화학이 얼마나 재미있는 학문인지를 알려서 누구나 부담 없이 접근할 수 있게 하려는 의도로 이 책을 펴냈다.

뉴스에서 화학과 관련된 내용이 나올 때 무슨 소리인지 알아듣지 못해 답답했던 기억이 모두들 한 번쯤 있을 것이다. 미국의 한 화학자가 유통이 금지된 염산에페드린을 이용한 기존의 방법이 아니라 시중에서 쉽게 구할 수 있는 벤질시아나이드를 이용해 메스암페타민을 제조한 것이 큰 화제가 된 적이 있다. 아마도 대부분의 사람들은 정확히 이해하지 못한 채 '그들만의 이야기'라고 외면했겠지만, 메스암페타민은 다름 아닌 필로폰으로 그 사건은 우리의 삶과 밀접한 관련이 있는 것이다. 이 책이 지닌 미덕은 그런 생소한 화학 물질들을 일일이 소개하는 것이 아니라 겁먹지 않고 다가갈 수 있는 방법을 알려 준다는 데 있다. 일반인을 대상으로 한 교양서답게 저자는 어려운 전문용어나 수식을 쉽게 풀어서 설명하여 독자의 이해를 돕는다.

로알드 호프만은 화학이 이미 우리 삶의 일부분이기 때문에 올바른 판단을 내리기 위해서는 관련 지식을 쌓을 필요가 있다고 강조한다. 그리하여 그는 《같기도 하고 아니 같기도 하고》에서 '분자모방', '이성질체' 등 낯선 용어와 개념에 대한 설명을 통해 보통 사람들을 신기한 화학의 세계로 이끈다.

과학의 역사 :
갈릴레이부터 아인슈타인까지

———— 찰스 길리스피, 《객관성의 칼날》

참으로 일거에 과학 전반을 창시한 지성과 개성을 연구하는 것은 언제나 노력을 쏟을 가치가 있는 일일 것이다. 같은 인간인 이상 이 승리를 나눌 권리도 있고 그것을 존경할 의무도 있다. 그것은 인간성 전체를 고양한다.

《객관성의 칼날》(찰스 길리스피 지음, 이필렬 옮김, 새물결, 2005, 152쪽)

학문의 바다에 과학사라는 새 배를 띄운 과학사학자

길리스피(1918~)는 미국 펜실베이니아 출신의 과학사학자이다. 학부에서 화학을 전공한 그는 대학원을 화학공학과로 들어갔으나 1년 만에 역사학과로 옮겨 그곳에서 박사 학위를 받았다. 그가 본격적으로 연구에 돌입한 1950년대는 과학사가 비로소 역사학의 한 분야로서 독립적인 지위를 인정받기 시작한 때였다. 여러 대학에서 공식적으로 과학사 과정을 개설하였고, 다양한 전공의 학생들이 해당 과정을 이수했다. 1960년에 길리스피가 교수로 있던 프린스턴대학교도 그러한 흐름에 동참했는데, 그는 토마스 쿤과 함께 새로 생긴

학과를 이끌면서 그곳이 추후 과학사 연구의 중심이 되도록 하는
데 공헌했다.

주로 18~19세기의 유럽 역사에 관심이 많았던 그는 계몽주의 시
대와 프랑스혁명기의 과학과 정치의 관계를 분석한 저작들로 유명
하다.

과학의 역사 : 갈릴레이부터 아인슈타인까지

《객관성의 칼날》은 길리스피가 1956년부터 3년간 학부 수업에서
강의한 내용을 바탕으로 쓴 책이다. 갈릴레이의 지동설을 시작으로
하비의 혈액 순환설, 보일의 입자설, 뉴턴의 만유인력의 발견과 광
학 분야에서의 성과 등 과학사의 패러다임을 바꾼 주요 인물과 그
업적을 자세히 다루고 있다.

그러나 이 책은 단순히 해당 이론이나 법칙 또는 공식을 설명하는
것이 아니라 그것이 만들어지기까지 얼마나 많은 논의가 필요했는
지를 보여 주는 데 더 큰 비중을 둔다. 하나의 생각이 보편적으로
인정받게 되는 과정에서 수많은 과학자들과 사상가들의 개입이 이
루어졌다는 사실을 강조하고, 그들의 저서에서 유명한 대목들을 소
개하고 분석한다. 다시 말해 '객관성의 칼날'이 어느 곳을 향했었는
지를 재현하는 것이다.

한편 이 책이 다루는 범위는 비단 과학에만 한정되지 않는다. 물론
근대 이전에는 과학과 철학의 구분이 모호하기도 했지만, 뉴턴의 성
공 이후 과학 지상주의가 만연했던 18세기 계몽주의 시대를 조명하
면서, 과학의 부상이 과학자들은 물론이고 사상가들 그리고 사회

전반에 어떠한 영향을 미쳤으며, 거기에 사람들은 어떻게 반응했는지를 자세히 살피고 있다.

객관성의 칼날은 어디를 향해야 하는가

이 책은 지동설에서 상대성이론에 이르기까지 역사적으로 중요한 과학적 사실들이 발견되는 과정을 아주 상세하고 광범위하게 서술하고 있어 그 내용이 애초에 학부생들을 대상으로 한 것이었다고는 믿기 어려울 정도이다. 저자는 과학자와 철학자, 사상가 등 수많은 인물들의 저서와 서신을 분석하면서 그러한 발견이 있기까지의 사고 과정을 재구성해 냈다.

하지만 지금은 이미 21세기이다. 어쩌면 이 책이 나온 시점까지 이루어진 발전보다 그 후 반세기 동안의 과학적 성과가 더 크다고 해도 과언이 아닐 것이다. 현대 과학은 너무나 어렵고 복잡해져서 더이상 다른 분야의 학자들이 감히 접근할 수 없는 분야가 되어 버렸다. 최근에는 로봇 기술의 발전에 따른 인간과 로봇 간의 관계, 생명과학에서 시도되는 인간 복제나 우주의 기원에 대한 논쟁 정도만이 그나마 사회적으로 논의되는 주제일 것이다. 설사 재료과학 분야에서 '꿈의 신소재'가 나온다 하더라도 화제가 되는 것은 잠시뿐 대부분의 사람들은 그 의미를 깊이 생각하려 하지 않는다. 이는 과학의 객관화, 즉 과학을 있는 그대로 바라보는 의식이 사회 전반에 자리잡은 결과이다.

그러므로 이제는 특정 이론이 아니라 과학 자체에 '객관성의 칼날'을 들이댈 필요가 있다. 이 책에 나오는 위대한 과학자들은 남들과 생각이 크게 달랐던 게 아니라 현상을 매우 객관적으로 바라봤던 것이다. 이처럼 과학이 고도로 발달한 오늘날에도 과학자들과 과학자가 되길 꿈꾸는 학생들에게 이 책은 훌륭한 길잡이가 되기에 충분하다.

《객관성의 칼날》은 과학사의 분기점마다 패러다임을 바꿔 놓은 위대한 과학자들을 조명한다. 그들의 지성과 개성이 곧 '객관성의 칼날'이 되었는데, 길리스피는 이 번뜩이는 칼날이 남겨 온 흔적들을 따라가면서 과학의 발전 경로를 추적하고 있다. 그 과정에서 세밀하게 묘사된 여러 학자들의 사고 전개를 살펴보는 것은 흥미로운 일이 아닐 수 없다.

과학의 발전은
어떻게 이루어지는가

토마스 쿤,《과학 혁명의 구조》

과학 혁명이란 보다 옛 패러다임이 전반적이거나 부분적으로 서로
양립되지 않는 새것에 의해 대치되는 비축적적인 발전에서의 에피
소드들로 간주되었다. (…) 과학 혁명이란 과학의 탐구를 주도했던
기존 패러다임이 자연 현상에 대한 다각적인 탐사에서 이제 더 이
상 적절한 구실을 하지 못한다는 의식이 점차로 증대되면서 시작
되는데, 이런 의식은 과학 전문 분야 좁은 하위 분야에 종종 국한
된다.

《과학 혁명의 구조》(토마스 쿤 지음, 김명자·홍성욱 옮김, 까치, 2013, 184~185쪽)

'패러다임'의 개념을 창안한 과학철학자

쿤(1922-1996)은 미국 신시내티 출신의 과학철학자로 하버드대학교
에서 학위를 받고, 버클리대학교와 스탠퍼드대학교에서 교수를 지
냈다. 그는 뉴턴 역학에 대한 과학사 강의를 준비하기 위해 아리스
토텔레스의 《자연학》을 읽다가 고전 철학의 대가인 그가 윤리학에
서 아주 합리적으로 이론을 전개한 것과 달리 물체의 운동에 관해

서는 완전히 잘못 설명하고 있다는 것을 발견한다. 그리하여 이토록 훌륭한 철학자가 어떻게 틀린 생각을 할 수 있는지 의문을 갖게 되었고, 그것을 연구하는 과정에서 아리스토텔레스와 갈릴레이는 역학의 가장 기본적인 개념인 운동에 대해 서로 다르게 이해했다는 사실을 깨달았다. 이것은 결국 그로 하여금 과학의 발전이 누적적이거나 오류를 교정해 나가는 식이 아니라 패러다임의 변화에서 비롯되는 비연속적인 단절을 통해 이루어진다는 결론에 이르게 하였다. 이러한 패러다임의 변화를 그는 '과학 혁명'이라고 불렀는데, 이에 대해 상세히 설명한 《과학 혁명의 구조》는 20세기 과학사에 큰 획을 그은 저작이다.

과학의 발전은 어떻게 이루어지는가

《과학 혁명의 구조》는 총 13장으로 구성되어 있다. 쿤의 견해에 따르면, 과학의 발전은 이상 현상의 출현으로 기존의 과학이 위기를 맞아 붕괴될 때 일어난다. 예를 들어 어떤 이론에 의해 과학적 지식이 발전하다가 더 이상 그 이론으로는 설명할 수 없는 현상이 나타날 때, 이는 그 시대의 과학자들이 공유하는 패러다임으로는 해결이 불가능한 과제가 된다. 그러면 이 문제를 풀기 위해 과학 혁명, 즉 패러다임의 변화가 일어나고, 그 결과 새로운 과학이 출현하게 된다. 정리하자면, 전 과학(pre-science) → 첫 번째 정상 과학(normal science) → 첫 번째 위기 → 첫 번째 과학 혁명 → 두 번째 정상 과학 → 두 번째 위기 → 두 번째 과학 혁명 → … 이러한 연쇄적인 과정이 곧 과학의 발전이다.

패러다임이란 쿤이 창안한 개념으로 한 시대나 특정 분야의 학자들, 또는 사회 전체가 공유하는 이론, 법칙, 지식 등을 의미하며, 넓게는 가치관이나 사고방식을 뜻하기도 한다. 전(前) 과학은 아직 공유된 패러다임이 없는 상태에서 다양한 패러다임들이 서로 경쟁하는 단계이다. 그러다가 어느 하나가 주도권을 잡게 되면 대다수 과학자들이 그것을 공유하는데, 이를 정상 과학이라고 부른다.

그러나 그 어떤 패러다임도 영원할 수는 없다. 시간이 지나면 현재의 패러다임으로는 풀리지 않는 문제가 등장하고, 그런 경우가 점점 잦아지면서 정상 과학은 위기에 직면한다. 이 위기를 돌파하기 위해서는 연구 방법을 바꾸고 개념 체제를 재구성하는 대대적인 변화가 불가피한데, 이것이 바로 패러다임의 전환, 즉 과학 혁명이다. 그 후에는 과학자들이 재차 바뀐 패러다임을 공유하는 과정을 거쳐 새로운 정상 과학이 등장한다.

다른 학문 분야로까지 파급된 패러다임의 영향력

원래 물리학이 전공인 쿤은 박사 논문을 준비하면서 과학사에 관심을 갖게 되었고, 이후 코페르니쿠스에 대한 연구로 그 분야에서 인정받기 시작한다. 이 책이 나오기 전까지 현대 과학철학은 언어 분석을 통해서 과학과 비과학을 구분하고, 과학의 지속적인 발전을 설명하고자 했으나, 쿤의 등장으로 인해 비로소 과학사의 중요성을 실감하게 된다. 뿐만 아니라 과학자 집단에 대한 이해와 그 구조, 그들 간의 상호작용 등이 핵심적인 요소로 부각되었다.

그의 이론은 과학계보다 오히려 다른 학문 분야에서 더 적극적으로 수용되었는데, 철학, 역사학, 인류학, 사회학, 여성학, 국가 정책, 심지어 예술계에서도 쿤의 모형을 적용한 연구가 활발히 이루어졌다. 학문의 발전이란 기존의 패러다임이 무너지고 새로운 패러다임에 합의하는 과정을 통해 비연속적으로 이루어진다는 것이 그의 이론의 핵심이다.

《과학 혁명의 구조》는 정상 과학이 위기에 직면했을 때 과학 혁명, 즉 패러다임의 변화를 통해 새로운 정상 과학이 나타나는 과정을 설명한다. 이를 통해 과학의 발전은 누적되지 않고 비연속적으로 이루어지는 것임을 보여 주었고, 다른 학문 분야에도 발전에 대한 새로운 시각을 갖는 계기를 마련해 주었다.

과학의 발전을 통해
증명된 이성의 힘

앨프리드 화이트헤드, 《과학과 근대 세계》

내가 이 책에서 설명하려는 주제는 이러한 과학의 성장이 우리의 정
신을 새로운 색으로 칠해 온 결과 우리의 지적 능력은 더욱 발달하
였으며, 과거에는 특이한 것으로 여겨졌던 전문 지식과 새로운 사상
들이 오늘날 지성인들 사이에서는 상식적인 것으로 받아들여지게 되
었다는 사실이다. (…) 이 책의 핵심은 이성의 힘, 즉 이성이 인류
생활에 결정적인 영향을 미친다는 것이다. 알렉산드로스에서 카이사
르, 카이사르에서 나폴레옹에 이르기까지 위대한 정복자들은 후대
에 큰 영향을 미쳤다. 그러나 그것은 탈레스에서 현재에 이르는 사
상가들이 인간의 습관과 정신에 일으킨 완전한 변화에 비하면 아무
것도 아니다. 그들은 개개인으로서는 무력했으나 궁극적으로는 세계
를 지배해 온 것이다.

수학에서 출발한 철학자

화이트헤드(1861~1947)는 영국 남부에서 태어나 케임브리지대학교
에서 수학을 전공했다. 졸업 후 모교에서 10년간 강의하면서 제자
인 버트런드 러셀과 공동으로 세 권짜리 《수학 원리》를 집필했는데,

이 책은 현대 수학의 고전으로 일컬어진다. 1910년부터는 런던대학교와 임페리얼대학교에서 주로 가르친 그는 점차 철학에 관심을 쏟았으며, 훗날 학문적 성과를 인정받은 것도 수학보다는 철학에서였다. 1920년 과학철학에 관한 저서 《자연의 개념》이 출간되고 4년 후 63세의 나이로 하버드대학교 철학과 교수로 초빙되어 남은 생을 미국에서 보냈다. 그 시기 동안 화이트 헤드는 《과학과 근대 세계》, 《발달 중인 종교》, 《과정과 실재》, 《관념의 모험》 등 다수의 책을 펴냈다.

그의 연구는 수학과 논리학에서 출발하여 인식론을 거쳐 형이상학에까지 이르렀는데, 《과학과 근대 세계》는 그처럼 그가 사유의 폭을 넓혀 가던 시기에 쓴 과도기적 저작으로 과학사의 발달을 철학적 관점에서 고찰하고 있다.

17~19세기의 과학사를 철학적으로 조명

이 책은 저자의 과학사 수업에서 교과서로 사용된 것으로 시대 순으로 구성되어 있다.

17세기 과학 발전의 기반이 된 것은 다음의 세 가지로, 첫째는 수학의 발달, 둘째는 자연에 질서가 존재한다는 본능적인 믿음, 셋째는 중세 후기에 나타난 제약 없는 합리주의이다. 이것들을 바탕으로 사물의 진행과 기능을 결정하는 성격을 분석함으로써 진리를 추구할 수 있다는 믿음이 생겨났다. 17세기의 과학철학은 물리학에 토대를 두고 있었는데, 당시에 해결하지 못한 문제는 공간 내에서 이동하는 물질의 배치 구조에 따라 존재하는 유기체를 물리적 법칙에 의해 설명하는 일이었다. 또한 귀납법을 합리적으로 정상화하는 것도 풀지 못한 과제로 남아 있었다. 17세기 말에 이르러 뉴턴은 측정을 통한 물리학을 완성시켰고, 이는 18세기에도 꾸준히 효력을 발휘했다.

한편 과학 체계는 신학 체계보다 오래 지속되었고, 신에 대한 흥미를 잃어버린 인류는 과학과 공학에 관심을 갖게 되었다. 18세기 초에 조지 버클리는 단순 정의의 존재를 부인하면서 과학 체계의 기초에 철학적 비판을 가했지만, 당시 과학계의 주된 흐름을 바꿔 놓지는 못했다. 이후 낭만주의 운동이 일어났는데, 이 시기 작가들의 자연시는 자연의 유기체관을 지켜 내려는 투쟁이자 사물의 본질로부터 가치를 배척하는 것에 대한 반항이었으며, 이는 앞서 버클리의 사상이 다시 부활한 것이라고 할 수 있다.

19세기 과학은 다음의 세 가지로부터 출발했다. 첫째는 종교의 부활과 예술 및 정치 분야에서 일어난 낭만주의 운동이고, 둘째는 사상의 지평을 새롭게 연 과학의 발전, 셋째는 일상을 완전히 바꿔 놓은 기술의 혁신이다. 이 시기에 상대성이론과 양자론을 통해 현대 과학의 이론적 토대가 완성되었다.

다른 분야와의 연관성 속에서 살펴본 과학

《과학과 근대 세계》는 철학 교수였던 저자가 대학에서 한 강연을 토대로 쓴 책으로 1925년에 발간되었다. 이 책은 17~19세기의 과학사를 고찰하면서 과학의 원리가 어떤 식으로 발전했는지를 설명하며, 철학과 종교 등 다른 분야와의 연관성을 밝힘으로써 과학의 발달을 다양한 측면에서 조명한다. 과학이 급속도로 발전하고 있고, 과학기술 없이는 사회의 유지 자체가 불가능해진 오늘날 과거 300년 동안의 과학의 흐름을 되짚어 보는 것은 그 의미가 매우 크다고 하겠다. 이 책에도 언급되었듯 자연계의 보편적인 현상은 항상 반복을 거듭하기 때문에 지금까지 과학의 발달 양상과 다른 학문과의 연관성을 살펴보는 일은 아주 중요하다. 이러한 고증을 통해 우리는 현대 과학을 더욱 품격 있게 발전시키고, 과학기술에 의존해 살아가는 시민들의 지성을 일깨울 수 있을 것이다.

화이트헤드는 근대 과학의 발전을 다른 학문과의 연관성 속에서 살펴면서 일정한 방향을 추구하는 이성이 장기간의 예비 과정을 거쳐 발현되는 모습에 관해 서술한다. 그는 《과학과 근대 세계》에서 과연 어떻게 이성이 승리를 거두고, 성공의 절정에서 나타나는 한계를 극복하기 위해 창조적인 상상력이 발휘되는지를 설명하는데, 결국 핵심은 이성이 인류의 활동을 좌우할 정도의 영향력을 가졌다는 것이다.

이론물리학의 거장이 사유한
부분과 전체의 관계

───────── 베르너 하이젠베르크,《부분과 전체》

과학적 기술적 진보는 결과적으로는 틀림없이 세상에서 독립된 정치
적 단위를 차츰 크게 할 것이고, 따라서 그 수가 차츰 줄어들면서
결국에는 하나의 중심적인 질서를 유지하는 관계로 나아가게 될 것
이다. 그리고 이 중심적 질서로부터 여전히 개인과 개체적인 민족의
자유는 충분히 보장되기를 바랄 수 있을 것이다.

《부분과 전체》(베르너 하이젠베르크 지음, 김용준 옮김, 지식산업사, 2005, 303쪽)

양자역학이라는 무대의 주인공

하이젠베르크(1902~1976)는 독일의 이론물리학자이다. 뷔르츠부르
크에서 태어나 뮌헨대학교에서 박사 학위를 받았다. 닐스 보어의 원
자 모형에 관심이 많았던 그는 1926년부터 코펜하겐대학교에서 보
어의 조수로 있으면서 불확정성의 원리를 발견하고, 이후 양자역학
의 행렬역학을 고안한 공로로 1932년 노벨 물리학상을 받는다. 원
자 수준의 미시 세계를 설명하지 못하는 고전물리학을 대체할 새로
운 패러다임이 요구되던 시기에 그는 관찰에 대한 새로운 철학인 비
결정론을 제시하여 기존에 암묵적으로 통용되던 고전적인 인과율

을 붕괴시키는 데 기여했다.

히틀러 집권 이후 그 전까지 유태인 물리학자들의 업적을 인정하고 가르치던 그에게 비판이 쏟아졌고, 어쩔 수 없이 그도 나치에 협력하여 2차 세계대전 중 독일의 핵무기 개발 프로젝트에서 핵심적인 역할을 맡는다. 그러나 결국 그 프로젝트는 별다른 성과를 내지 못했고, 당시에 그가 얼마나 진심으로 협력했는지에 관해서는 지금까지도 논란이 되고 있다. 1969년에 발간된 자서전 《부분과 전체》에는 그 당시 자신이 독일이라는 '부분'이 아닌 인류라는 '전체'를 고려해야 한다는 입장을 취했다는 내용이 나온다. 어쨌든 전쟁이 끝난 직후 받은 조사에서 무혐의로 판명되어 곧바로 연구에 복귀한 그는 1946년 막스플랑크 연구소의 소장으로 취임하여 평생 이론물리학의 발전을 위해 힘썼다.

20세기 물리학의 패러다임을 바꾼 불확정성의 원리

《부분과 전체》는 하이젠베르크가 불확정성의 원리를 발견하게 되는 과정과 그 후의 윤리적·철학적 사색을 담고 있다. 그는 관찰이란 사물 자체가 아닌 사물의 작용을 보는 것이라고 생각했다. 이러한 '본다'는 것에 대한 철학적 사유는 나중에 불확정성의 원리를 발견하게 되는 계기로 작용한다. 어느 날 원자 내에 전자의 궤도를 상정하면 안 된다는 것을 깨달은 그는 관찰 가능한 양만을 상정함으로써 수학적으로 모순되지 않는 완전한 양자역학을 발견한다. 그러나 아인슈타인은 그에게 관찰이란 현상과 감각의 연관성에 관한 법칙을 알아야 비로소 의미가 있는 것이라고 지적하며, 전자의 궤도가 관찰되지 않는다고 해서 그 존재 자체를 부정하는 것은 어불성설이라고 주장한다. 그는 "이론이 비로소 사람들이 무엇을 볼 수 있는지를 결정한"다고 한 아인슈타인의 말에서 착안하여 전자의 부정확성에 대한 이론, 즉 불확정성의 원리를 증명하는 데 성공한다. 그것은 인과율이 적용되는 고전역학과는 전혀 상반되는 비결정론적이고 확률론적인 새로운 양자역학이었다. 결국 고전물리학은 영구적인 이론이 아니라 특정 시대에 부합한 국지적인 이론에 불과했던 것이다. 이즈음 독일은 정치적으로 불안정해지기 시작했다. 새로운 독일을 건설하기 위한 혁명이란 명목으로 나치가 유태인을 탄압했고, 그에 동의하지 않는 사람들은 점점 입지가 좁아졌다. 그중 한 명이었던 하이젠베르크는 자신이 연구하는 양자역학 역시 아주 조그만 부분만을 변화시켰을 뿐 전체를 바꾼 것이 아니며, 주어진 범위에서 가능한 작은 것을 변화시키는 것이 가치 있는 혁명이라고 주장한다. 2차 세계대전 중에 반강제로 핵에너지를 이용한 무기 개발 연구에 동원된 그는 원자폭탄을 만드는 것이 현실적으로 불가능하다며 군 당국자들을 설득했고, 전후에는 평화를 호소하며 핵무장에 반대하였다.

전체를 포괄할 수 있는 이론은 없다

이 책의 제목은 하이젠베르크의 철학적 사유와 맞닿아 있다. 양자역학과 상대성이론은 고전역학이 더 이상 유효하지 않다는 사실을 증명했지만, 상대성이론이 양자역학을 수용하지 못하고, 그 반대 역시 마찬가지여서 결국 어떤 이론이든 전체를 포괄할 수는 없고, 부분적으로만 가치를 지닌다는 것이 사유의 핵심이다. 그러한 논리의 연장선상에서 그는 수학과 과학만으로는 세상을 온전히 이해할 수 없으며, 언어, 철학, 정치, 윤리 등을 두루 알아야 한다고 강조한다. 그가 발견한 불확정성의 원리 또한 세계의 일부분을 설명하는 규칙일 뿐이다. 그는 어느 시대에도 흔들리지 않는 과학적 진리에 관한 명제를 단호히 거부하고, 과학은 그저 시대적 요구의 산물이라고 말한다.

우리는 그를 통해 과학자의 윤리에 대해서도 생각해 보게 된다. 나치가 집권하자 그는 강의실에서까지 히틀러 만세를 외쳐야 하는 치욕을 경험하는데, 불가피하게 현실과 타협하면서도 내면은 절대 굴하지 않고 훗날을 기약하는 그의 모습에서 과학자로서의 윤리적 책임감을 엿볼 수 있다.

《부분과 전체》는 20세기 이론물리학의 거두인 하이젠베르크의 자서전으로, 주로 그가 다른 사람들과 나눈 토론 내용을 중심으로 구성되어 있다. 그는 여기서 양자역학의 철학적 배경을 설명하고, 자신이 사유한 바를 서술한다. 또 전쟁의 경험과 그 속에서 내린 과학자로서의 결정에 관해 자세히 들려준다. 그의 고백은 철학 없는 과학이 불완전하다는 외침이며, 과학자에게 필요한 것은 무엇보다 윤리 의식이라는 가르침이다.

093

진리 추구에 필요한 자세 :
우상들로부터 벗어나라

프랜시스 베이컨, 《신기관》

인간은 자연의 사용자이자 해석자로서 자연의 질서를 실제로 관찰하고 고찰한 만큼 무엇인가를 할 수 있으며 이해할 수 있다. (⋯) 우리가 학문에 대해 어떤 희망이라도 품고자 한다면, 일정한 단계를 중단이나 두절 없이 연속적으로 상승하는 길, 즉 개별적인 사례에서 저차원의 공리로, 그다음에 중간 수준의 공리로, 계속해서 고차원의 공리로 차차 올라간 뒤, 마지막으로 가장 일반적인 공리에 도달하는 길뿐이다.

근대 철학의 시조이자 영국 경험론의 창시자

베이컨(1561~1626)은 영국의 철학자이자 정치인으로 경험론의 주창자이다. 케임브리지대학교를 나와서 변호사, 검사, 하원 의원 등을 거쳐 1617년 대법관이 된다. 그러나 1621년 뇌물 사건에 연루되어 공직에서 물러난 뒤에는 연구와 저술에만 전념하였다.

이전까지 대부분의 과학자들은 몇 가지 단적인 사례만 갖고 사색을 통해 일반적인 공리를 도출해 내거나 혹은 명확하지 않은 명제를 이용해 삼단논법으로 새로운 명제를 이끌어 내곤 하였다. 그러면서 자신의 학설에 부합하지 않는 사례들은 예외로 처리해 버리는 경우가 비일비재했다. 하지만 베이컨은 자연을 해석할 때 무엇보다 타당한 실험에 의한 올바른 사례들이 많이 필요하고, 그것을 올바른 방법, 즉 '참된 귀납법'을 이용해서 해석해야만 제대로 이해할 수 있다고 주장하였다. 그는 데카르트와 함께 근대 철학의 개척자로 알려져 있으며, 이후 사회계약설을 주장한 토마스 홉스에게 영향을 주었다. 저서로는 《신기관》, 《학문의 진보》, 《새로운 아틀란티스》 등이 있다.

머릿속의 우상들로부터 벗어날 것을 촉구

《신기관》은 두 권으로 구성되어 있다. 1권에서는 먼저 자연을 바르게 해석하기 위해 우리의 머릿속에서 제거해야 하는 우상들에 관해 설명한다. 그것은 '종족의 우상', '동굴의 우상', '시장의 우상', '극장의 우상'으로 인간의 정신을 사로잡고 있는 각종 편견들을 말한다. 종족의 우상은 선입견과 감정이 개입되고, 감각이 무력하기 때문에 생기고, 동굴의 우상은 특정한 학문에 몰두해 왔거나, 특정 시대만을 선호하는 등 한쪽에 치우친 경우에 주로 발생한다. 시장의 우상은 언어가 사물과 결합되면서 혼란이 일어나는 것이며, 극장의 우상은 주변의 부정확한 학설들로 인해 나타나는 것이다. 여기서 벗어나기 위해서는 자연을 해석할 때 타당한 실험에서 나온 사례들로부터 출발할 것과 항상 중용을 지키는 자세를 가질 것을 저자는 강조한다.

다음으로는 자연에 대한 올바른 해석과 학문의 진보를 위해 필요한 논증 방법들을 설명한다. 그 당시에 주로 사용되던 방법은 오로지 사례들의 단순 나열을 통해서 일반적인 명제를 세우고, 이로부터 중간 수준의 공리를 이끌어 내는 것이었다. 그러나 이렇게 하면 오류가 생길 가능성이 컸고, 실제로도 그랬다. 베이컨은 올바른 해석을 위해서는 수익을 위한 실험보다 원인을 발견하고 공리를 세우는 데 도움이 되는 실험(계명 실험)을 최대한 많이 하는 것이 중요하고, 관찰 결과와 사례들을 모아 기록(실험지와 자연지)으로 남긴 다음 일정한 기준에 따라 분류, 정리(사례표), 정돈하는 작업이 필요하다고 말한다. 이렇게 수집·분류된 개별 사례들을 통해 낮은 차원부터 높은 차원의 공리까지 차례로 이끌어 내어 일반적인 공리에 도달해야 한다는 것이다.

2권에서는 '열'에 대한 탐구 과정을 예로 들면서 앞서 소개한 올바른 해석 방법을 어떻게 적용할지를 자세히 설명하고, 그 외에 각종 특권적 사례들을 제시한다.

귀납법이 가지는 효용과 한계에 대한 고찰

베이컨이 살았던 시대에는 학문의 목표 자체를 제대로 설정하지 못하거나 목표를 똑바로 세워도 잘못된 방법과 억측으로 인해 틀린 학설을 만들어 내는 경우가 많았는데, 그것은 전부 시간 낭비에 불과했다. 이 책에서 그는 학문의 목표를 설정하고, 일반적인 진리에 도달하는 방법과 그때 주의할 점들을 각 단계마다 구체적인 예를 들어 설명한다. 그리하여 방대한 개별 사례들 사이에서 헤매거나 부족한 사례로부터 일반적인 진리를 도출하기 위해 불필요한 사색을 하는 데 시간을 허비하지 않도록 했다. 또한 올바른 방법에 따라 일반적인 진리를 찾아낸 경우에는 실용적인 공리를 얻을 수 있다는 희망을 주었다. 이로써 그는 동시대인들에게 자연을 해석하고 발견하는 데 효과적인 방법을 제시한 것이다.

오늘날에도 베이컨의 방법론은 상당한 도움을 준다. 그러나 많은 양의 개별 사례들을 일정한 순서와 기준에 따라 분류하고, 그 본성을 파악하기만 하면, 자연의 법칙이 저절로 발견될 것이라는 그의 생각은 지나치게 순진한 것으로 여겨진다. 다시 말해 그의 이론은 과도하게 경험(실험)에만 의존하는 한계를 지니고 있었다.

《신기관》은 우리가 자연을 탐구할 때 흔히 범하는 오류가 네 가지 '우상' 때문에 일어난다는 사실과 함께 어떻게 하면 그로부터 벗어날 수 있는지를 알려 준다. 또 우리가 자연을 해석하거나, 새로운 진리를 얻고자 할 때 필요한 방법들을 구체적인 사례를 통해 제시하고 있다. 경험과 관찰을 중시한 베이컨의 이론은 이후 근대 철학의 한 줄기를 형성하였다.

인문학과 자연과학의 경계를
허물어뜨린 통섭적 사고

제러미 리프킨, 《엔트로피》

결국 우리 개개인의 존재는 생명의 유지와 사회에 대한 집단적 정신이라는 형태를 통하여 영원히 존속되는 것이다. 우리에게 남겨진 유한한 재산을 되도록 잘 간수하고 생성 과정을 지배하는 자연의 리듬을 되도록 존중하려면, 우리보다 먼저 존재했고, 또 나중에 존재할 모든 생명에 대해 본원적인 사랑을 나타내야만 한다. 이 두 가지 책임과 임무를 자각하는 것이야말로 에너지를 '식민형태'에서 '결정형태'로 인도하고 사회를 크게 전환시키기 위한 첫걸음이다. 즉 우리 각자가 세계의 '보호자'라는 자각이 필요한 것이다.

《엔트로피》(제레미 리프킨 지음, 최현 옮김, 법우사, 1999, 268쪽)

문명에 관한 새로운 패러다임을 제시한 미래학자

리프킨(1945~)은 미국 콜로라도에서 태어났다. 펜실베이니아대학교에서 경제학을 전공한 후 터프스대학교에서 국제관계학으로 석사학위를 받았다. 대학에서 베트남 전쟁에 반대하는 운동에 참여했던 그는 1977년 테오 하워드와 함께 경제동향연구소를 설립하여 환경 및 기후변화와 관련된 국내외의 공공 정책들을 다루는 한편 초창기 생명공학 산업을 강도 높게 비판하는 내용의 《누가 신을 대신할 수 있는가》를 펴냈다. 1980년에 출간한 《엔트로피》에서는 물리학 법칙에 근거하여 현대 문명의 지속 가능성에 대한 회의적인 전망을 내놓아서 큰 반향을 일으켰으나, 과학 이론을 제대로 이해하지 못한 상태에서 자의적으로 해석했다는 비판을 받기도 했다. 1992년에는 그린피스 등의 환경 단체들과 더불어 육식 반대 운동을 벌였으며, 《육식의 종말》이란 책을 썼다. 1994년부터 모교에서 강의하며 꾸준히 저술 활동을 해 온 그는 《노동의 종말》, 《소유의 종말》, 《수소 경제》, 《3차 산업혁명》 등의 저서로 매우 유명하다.

그의 장점은 읽기 쉬우면서도 설득력 있는 문체에 있는데, 일반인이 이해하기 힘든 내용은 최대한 자제하고, 유명한 격언이나 일화를 인용하여 논리를 전개하기 때문에 독자는 자기도 모르는 사이에 저자가 하는 말에 수긍하게 된다. 수년째 미국의 〈LA 타임스〉와 영국의 〈가디언〉을 비롯한 전 세계의 권위 있는 신문에 매달 칼럼을 쓰고 있으며, 최근에는 각국 정부와 지자체들을 위해 지속 가능한 경제에 관한 연구 용역을 수행해 왔다.

인류가 직면한 위기 : 화석 에너지의 고갈

이 책은 우선 엔트로피가 무엇인지를 밝히고, 현대사회가 당면한 문제와 그것을 극복하기 위해 필요한 노력에 관해 설명한다. 저자는 물리학의 열역학 법칙을 통해 엔트로피라는 개념에 접근하는데, 한마디로 요약하면 "우주의 전체 에너지양은 일정하고, 전체 엔트로피(무질서도)는 항상 증가하려고 한다"는 것이다. 이는 곧 모든 에너지가 쓸 수 없게 되어 버린다는 것을 뜻한다.

오늘날 인구는 점점 늘어나고, 그에 따라 필요한 에너지도 기하급수적으로 증가하여 머지않아 현재 사용 중인 에너지는 전부 고갈될 것으로 예상된다. 그런데 역사를 돌아보면, 기존의 에너지원이 바닥을 드러내기 시작할 때 인류는 곧바로 다른 에너지원을 개발하는 과정을 반복해 왔다. 하지만 앞서 설명한 엔트로피 법칙에 의해 새로 개발된 에너지원은 전보다 효율이 낮을 수밖에 없으며, 결국 언젠가는 모든 에너지가 고갈되고 말 텐데, 그 경우 큰 혼란이 발생할 것이다.

그렇다면 과연 어떻게 해야 할 것인가. 에너지원을 바꾸면 효율이 감소하므로 바꾸지 않는 것이 최선이며, 그러기 위해서는 사실상 무한한 에너지원을 사용하는 것이 바람직한데, 저자는 그것이 바로 태양에너지라고 말한다. 태양이 운동을 끝내기 전에 지구는 멸망할 것이기 때문에 인류에게 있어 태양은 무한한 에너지원이라고 할 수 있다. 따라서 저자는 태양에너지로의 전환이 시급하게 요구된다고 주장한다.

인문학과 자연과학의 경계를 허물어뜨린 통섭적 사고

《엔트로피》는 20세기에 일어난 과학의 급격한 발전이 새로운 것에 대한 호기심과 변화를 포용하는 성숙한 태도에서 비롯되었다면서, 이를 바탕으로 앞으로는 기존과 다른 세계관이 필요해질 것이라고 주장한다.

과학기술이 발전하면 당연히 사회도 진보할 것이라는 통념과는 달리 사실은 그 반대일 수 있으며, 우리가 사용하는 에너지가 사회나 권력과 맞물린 문제라는 예리한 지적은 자연과학과 인문학을 넘나드는 저자의 폭넓은 식견으로부터 나온 것이다. 이 책에서 리프킨은 지금까지 더 빠르고, 더 많은 일을 하는 방향으로 기술이 발전해 왔다면, 앞으로의 기술은 이와 다른 방향으로 나아갈 필요가 있다고 역설한다. 그렇지 않으면 갈수록 높아지는 엔트로피로 인해 사회질서가 무너져서 인류는 몰락의 길을 걷게 될 것이기 때문이다. 이미 충분히 위협적일 정도로 엔트로피가 높아진 현실에서 그에 대한 해결책으로는 태양에너지와 같은 재생에너지나 유기농 농경 기술의 개발 등이 있다고 그는 제시한다.

《엔트로피》가 나온 지 30년이 넘은 지금 그러한 대안들은 상당 부분 현실로 이루어졌고, 그와 관련한 연구와 개발이 계속해서 활발하게 진행 중이다. 아마도 이 책이 이런 흐름을 만들어 내는 데 숨은 기여를 했을 것이다. 아직도 기술 만능주의에 빠져 미래를 낙관하는 사람이 있다면, 이 책을 꼭 읽어 봐야 할 것이다.

《엔트로피》는 물리학의 개념을 사회학에 도입하는 새로운 학문 방법론을 소개한다. 화석 에너지의 고갈 위기에 직면한 현대사회의 문제점을 분석하며, 주 에너지원을 반영구적인 태양에너지로 교체할 것을 대안으로 제시한다. 이 책에서 전망한 미래는 오늘날 그대로 현실이 되었으며, 인류는 위기에서 벗어나기 위해 그의 대안을 실천에 옮기고 있다.

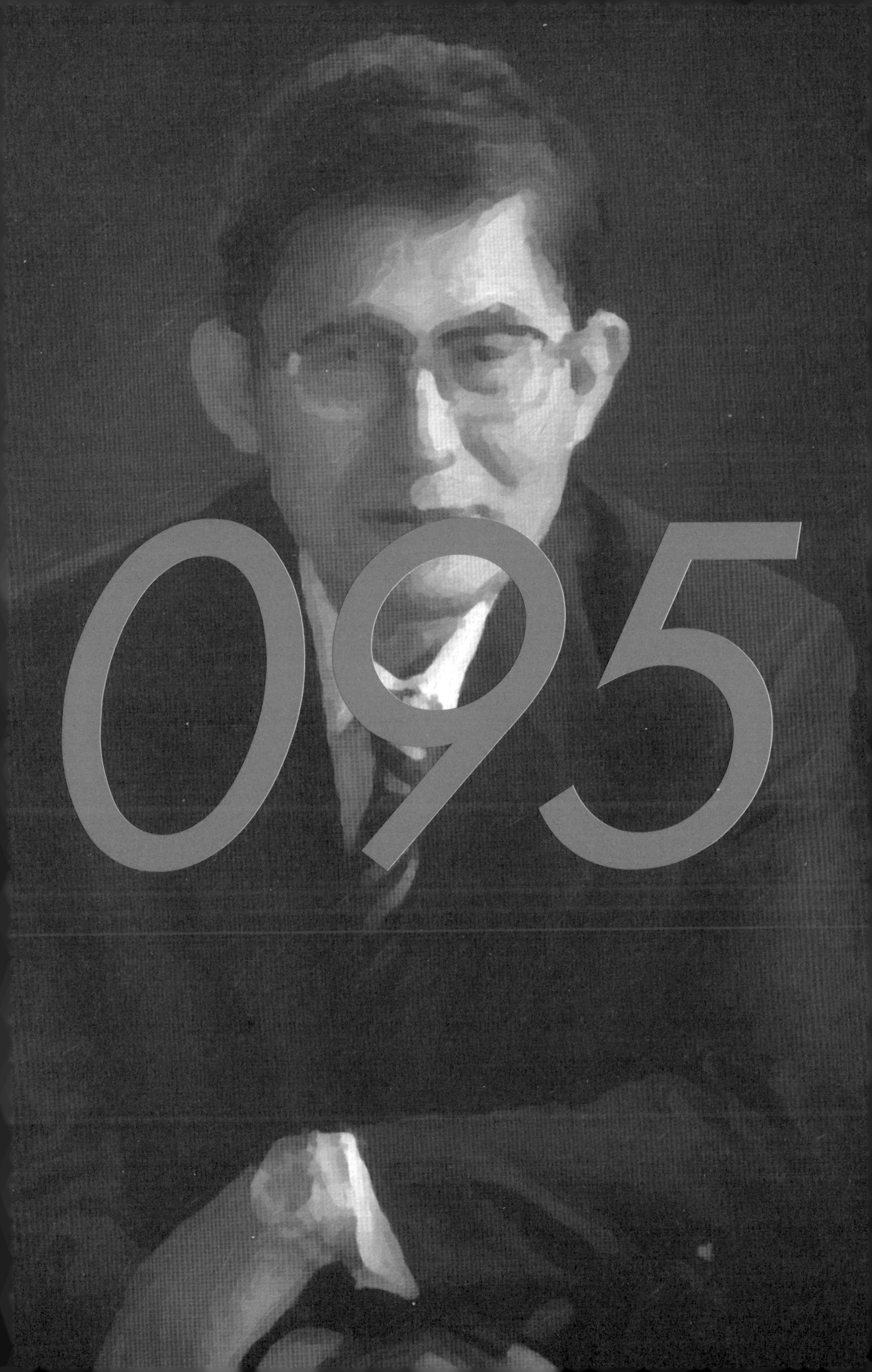
095

진화생물학은
인간의 유전적 본성을
이해하는 열쇠

이병훈,《유전자들의 전쟁》

결국 나의 강의 경험을 통해 볼 때 자연은 결코 순수하지 않았다. 아니 우리가 자연을 탐구함에 있어 자연이 순수함으로 포장되기를 바라는 인간 중심주의적 기대와 척도 자체를 버려야 한다는 깨우침이 내가 좀 더 실질적으로 얻은 소득이 아닐까 생각된다. 자연은 결코 우리의 도덕규범이나 가치관에 따라 짜맞춰진 작품이 아니다. 그러나 과학은 자연의 생물계가 아주 혼란스럽고 '부도덕'하게 보일지라도 스스로 태어나고 빚어진 자연 그대로의 모습을 연구하고 진실로서 받아들여야 한다. 여기에 이념과 사상을 얽어 씌우는 일은 하나의 비과학적인 난센스일 뿐이다. 바로 자연 자체와 문화적 구속은 구별되어야 한다는 말이다.

《유전자들의 전쟁》(이병훈 지음, 민음사, 1994, 14-15쪽)

한국 사회생물학의 개척자

이병훈(1936~)은 서울대학교 생물학과에서 석사 학위를 받고, 고려대학교에서 박사 학위를 받았다. 미국 하와이 이스트-웨스트센터에서 박물관 관리 과정을 수료했다. 프랑스 국립자연박물관 방문연

구원, 한국생물다양성협의회 회장, 국립자연박물관 설립 추진위원회 상임위원장 등을 역임했고, 하은생물학상과 한국과학저술인협회 저술상을 받았다. 저자는 1992년 미국의 생물학자 에드워드 윌슨의 《사회생물학》을 번역 소개한 이래, 사회생물학을 국내에 소개하는 작업을 했다. 《유전자들의 전쟁》은 사회생물학을 소개하기 위한 작업의 일환으로서, 국내 일간지에 7개월간 연재한 '행동으로 본 동물 세계'를 다듬고 10여 편을 추가해 완성한 사회생물학 입문서이다. 저자는 《사회생물학 대논쟁》(김동광 등 엮음, 이음, 2011)에서 "한국에서는 사회생물학을 어떻게 받아들였나? – 도입과 과제"를 씀으로써 사회생물학에 대한 국내외 논쟁을 소개하는 등 이 분야에 대한 연구를 계속하고 있다.

사회생물학론을 소개하는 입문서

국내에서는 미개척 분야의 하나인 사회생물학에 남다른 관심을 기울여 온 저자는 이 책에서 인간 행동의 뿌리를 동물에서 찾아야 한다고 주장한다. 동물의 행동 양태는 인간을 보는 거울이 될 수 있으며 인간 행동의 생물학적 기초를 철저히 인식해야 올바른 사회제도를 세울 수 있다고 주장한다. 사회생물학은 동물의 행동과 인간의 진화적 관계를 찾아보려는 문제의식에서 출발하는데, 동물행동학을 기본으로 유전자 집단생태학, 진화생물학을 아우른다. 이 책은 동물 사회의 계급, 동성애에 관한 새로운 관점, 자신만의 번식을 꾀하는 이기적 유전자 등 사회생물학의 최신 이론들을 소개한다. 또한 모든 개체는 유전자의 운반체에 불과하며 인간도 예외가 아니라는 사회생물학 이론을 기술하고 있다.

사회생물학의 관점에서 인간과 동물은 어떻게 다른가? 이 질문에 대해 저자는 지배와 피지배, 의사소통, 계층과 분업 등 인간의 사회적 행동 양상은 기본적으로 동물 사회와 유사하다고 보고 있다. 이같은 사회적 행동의 뿌리가 생물학적 특징에 기초를 두고 있기 때문이다. 반면 인간 사회의 양상은 동물 사회보다 복잡하고 문화나 제도의 제약을 받는다.

그러면 이타 행동, 우애, 박애 등은 인간만의 특성일까? 저자는 이렇게 질문을 던지고는 다음과 같은 사례로 그 답을 제시한다. 동물계에서도 이타 행동을 자주 볼 수 있다. 다람쥐 떼 사이에 갑자기 독수리나 매 등이 나타나면 다람쥐 중 한 마리가 큰 소리를 질러 다른 동료들을 도망가게 하는데, 경보를 울린 다람쥐는 결국 포식자에게 발각되어 잡히고 만다. 이같이 자기희생으로 남을 살리는 것을 행동생물학에서는 이타적 자살이라고 부른다. 인간 사회에서 잘못 투척된 수류탄에 몸을 던져 사병들을 구하는 장교의 용기도 같은 행동이다.

이 책에서 말하는 사회생물학에서는 생물들이 각자의 유전자를 증식하기 위한 전략에서 이런 행동을 취한다고 본다. 우리가 칭송해 마지않는 모성애도 자기의 유전자를 남기려는 전략적 선택에 불과하다는 것이다. 그러나 동물은 선택의 여지가 없이 본능에 따라 근친을 우선으로 이타 행동을 보이지만, 인간은 도덕이나 문화에 따라 이타 행동을 하는 경우가 많다고 이 책은 구분하여 설명한다.

인간의 모든 행위는 유전자 보존을 위한 것인가

《유전자들의 전쟁》에서 소개한 사회생물학은 자연과학과 인문사회과학 사이의 다리 역할을 하는 학문으로서 인간의 언어, 도덕, 윤리 등의 생물 진화적 뿌리를 탐구한다. 그것은 동물의 공격성, 위장술, 생식, 이타 행위들을 관찰하면서 인간의 행동을 비교하는 재미를 준다. 분자유전학의 발전으로 지지를 받고 있는 사회생물학의 최근 이론은 생명체의 생활 현상과 번식 행위 일체는 유전자 증식 확산을 위한 전략의 하나로 보고 있다. 이 가설은 비인간적 이론이라는 일부의 비판이 있지만, 다윈의 진화론이 수용되기까지 100년이라는 시간이 필요했다는 점을 상기할 필요가 있다. 사회생물학이 제시하는 학설들은 현실을 냉정하게 관찰한 결과 도출된 것이다. 따라서 이 이론은 인간의 유전적 본성을 이해하는 과정에서 문제를 해결하는 지혜는 물론 그것을 위한 새로운 지평을 엿볼 수 있다.

《유전자들의 전쟁》은 유전자를 중심으로 한 일관된 패러다임으로 사회생물학을 소개한 책이다. 하나의 과학으로서의 생물학의 테두리를 넘어 인간의 윤리와 종교, 문화까지도 생물학의 원리와 논리를 통해 설명하고 있으며, 사회생물학의 기원과 진화를 밝히고 있다.

유전자공학을 탄생시킨
분자생물학의 결정판

━━━━━ **제임스 왓슨,《유전자의 분자생물학》**

우리는 다윈 학설을 통해 40억 년도 더 전에 가장 단순한 생명체인 세균을 닮았을 간단한 형태의 생물체가 지구상에 최초로 존재했다는 사실을 깨닫는다. 그런 작은 세균의 존재는 생명의 본질을 매우 작은 생명체에서도 찾아낼 수 있음을 알려 준다. 진화론은 더 나아가 생명의 기본 원리가 모든 생명체에 적용된다고 주장한다.

DNA의 이중나선 모델을 발표한 분자생물학자

왓슨(1928~)은 미국의 분자생물학자이자 유전학자, 동물학자이다. 미국 시카고에서 태어나 시카고대학교를 졸업한 뒤 인디애나대학교에서 박사 학위를 받았다. 1953년부터 캘리포니아 기술연구소에서 연구원으로 활동했으며, 1956년에는 하버드대학교 생물학 교수로 임용되었다. 왓슨이 유명해진 것은 동료 프랜시스 크릭과 함께 DNA의 이중나선구조를 발표하면서이다. 그는 DNA의 분자구조 해명과 유전정보 전달에 관한 연구 업적을 인정받아 1962년 노벨생리의학상을 수상했다. 1968년 왓슨은 소설의 형식을 빌어 DNA

의 연구 과정을 밝힌 《이중나선》을 출간했다. 이 책은 1998년에 '모던 라이브러리' 선정 20세기 100대 논픽션의 일곱 번째 서적으로 꼽혔으며, 2012년에는 미 의회도서관 선정 미국을 만든 88권의 책 중 하나로 꼽혔다. 《유전자의 분자생물학》은 분자생물학에 관한 이론서인데, 현재까지 많은 대학에서 분자생물학의 교과서로 활용되고 있다. 왓슨은 현대의 분자생물학 분야를 대표하는 학자로서 우뚝 서 있다.

분자 수준에서의 생명 현상을 이해하고 규명하다

《유전자의 분자생물학》은 분자생물학에 대한 일종의 교과서로서 읽히고 있다. 이 책은 처음 쓰였던 시절부터 지금까지 과학 분야에서 새로운 사실들이 발견될 때마다 내용을 수정해서 현재 제7판까지 나왔다. 제7판을 기준으로 책의 내용은 여섯 부분으로 나뉜다.

첫 부분은 유전학의 아버지라 불리는 멘델의 유전법칙의 내용이다. 부모로부터 자손에게 형질을 유전시키는 한 쌍의 유전자와 유전자가 핵산으로 이루어져 있음을 알아내기까지의 과정을 보여 준다. 다음으로 인체의 DNA나 단백질 분자 등 고분자 구조와 분자 간의 화학적인 결합, DNA와 RNA의 구조, 단백질의 구조를 설명한다. DNA에서 RNA, RNA에서 단백질이 만들어진다는 법칙은 왓슨의 동료인 크릭이 발표한 이론으로 센트럴도그마라는 분자생물학의 중심설이 된다. 세 번째 부분은 유전체의 구조와 염색질, 뉴클레오좀, DNA의 복제 과정, DNA 변이와 수복, DNA의 재조합 과정을 설명한다. 네 번째 부분에서는 유전체의 발현을 논한다. DNA가

RNA로 전사되는 절차를 알려 준 후 RNA에서 유전정보를 가지고 있지 않는 인트론 부분이 잘려 나가 엑손 부분만이 남는 스플라이싱 과정을 설명한다. 이후 RNA를 단백질로 번역하는 과정이 나오는데 이 또한 센트럴도그마의 순서에 따라 설명되고 있다. 다음으로 DNA, RNA를 이용해 단백질을 만드는 데 사용되는 유전암호를 알려 주며, 마지막으로 생명의 기원과 초기의 진화를 논한다. 다섯 번째 부분에서는 RNA의 조절을 배우게 된다. DNA에서 RNA를 통해 단백질을 만들어 내는 과정에서 RNA의 발현을 조절함으로써 단백질의 합성을 조정하여 세포 기능에 변화를 줄 수 있는데, 이 과정은 원핵생물과 진핵생물에서 조금 다르다.

이 책에서는 우선 상대적으로 간단한 원핵생물의 전사조절을 배운 다음 진핵생물의 전사조절을 배우게 된다. 그다음에 이런 RNA의 전사조절에서 중요한 역할을 담당하는 조절 RNA를 소개하며, 염색체의 조절이 개체 발생과 진화 과정에서 어떻게 나타나는지 소개한다. 마지막으로는 시스템생물학을 소개하는데, 시스템생물학은 다양한 분야에서 얻은 생물학적 데이터를 참고하여 전체적인 생명체 네트워크 구조를 알아내 생명 현상의 모델링을 시도하는 생물학의 분야이다.

이해하기 쉬운 분자생물학 교과서

유전자의 기능을 분자구조를 통해 규명함으로써 왓슨은 복잡해 보이는 생명 현상을 '물질의 화학과 물리학적 작용이 곧 생명'이라는 명제로 바꿔 놓았다. 생명체는 신비하게 작용하지 않으며, DNA

를 생산하는 물질 기계이고, 생명체를 이루는 기본 부품의 주인공이 바로 DNA라는 기계론적 생각에 이르렀다. 왓슨 이후 과학자들은 빠른 속도로 유전자의 역할을 밝혀 냈고, 나아가 생명체의 모든 유전 정보를 통틀어 읽으려는 시도까지 했다. 왓슨의 업적은 인간의 수명, 암의 정복, 유전자 정보 코드, 동물 복제 등 다양한 신개척 분야의 출발점이 되었다. 실제로 왓슨은 인간의 유전자 전부를 규명하려는 인간 게놈 프로젝트에도 깊이 관여했다. 이 책은 현재까지도 많은 대학에서 사용되는 분자생물학 교과서로서, 그림과 도표 등을 이용하여 분자생물학에 대한 깊은 지식을 이해하기 쉽게 제공한다.

분자생물학 교과서라 일컬어지는 《유전자의 분자생물학》은 유전자 구조와 유전자가 생물체에서 발현되기까지 어떤 과정을 거치는지를 설명하고 있다. 저자가 6년간 하버드대학교에서 강의한 내용을 토대로 한 저서로, 유전자공학을 탄생시킨 분자생물학의 결정판이다.

097

이기적인 유전자가
모든 생명의 원동력

리처드 도킨스, 《이기적 유전자》

진화를 바라보는 가장 좋은 방법은 '가장 낮은 수준에서 일어나
는 선택의 관점에서 보는 것'이라는 나의 신념을 주장하지 않을
수 없다.

《이기적 유전자》(리처드 도킨스 지음, 홍영남·이상임 옮김, 을유문화사, 2010, 52쪽)

신과 종교를 부정하는 다윈의 계승자

도킨스(1941~)는 영국의 동물행동학자이자 진화생물학자이다. 옥스
퍼드대학교에서 동물학을 전공한 그는 1967~1969년에 미국 버클리
대학교에서 강의를 했으며, 그 후 다시 옥스퍼드로 돌아와 2009년
에 정년 퇴임할 때까지 교수로 재직하였다. 1976년에 출간된《이기
적 유전자》에서 자연선택에는 '유전자의 이기성'이 작용한다는 주장
을 펴 학계와 사회에 일대 충격을 안겼다. 왕성한 저술과 강연으로
현재 전 세계에서 대중들에게 가장 영향력 있는 학자 중 한 명으로
자리매김한 그는 무신론적 입장에서 창조론을 단호하게 비판하여
논란에 휩싸이기도 했다. 저서로는 표현형의 효과가 개체 자신의 신
체만이 아닌 주변 개체와 환경에까지 영향을 미치고 발현된다는 내

용의 《확장된 표현형》과, 신은 존재하지 않으며 지적 설계론은 허구라는 사실을 과학적으로 논증하는 《눈 먼 시계공》, 《만들어진 신》 등이 있다.

유전자는 이기적이다 : 집단선택설의 이론적 파산

이 책은 세 부분으로 구성되어 있는데, 처음에는 유전 현상과 진화에 대한 일반적인 내용이 나온다. 생명이 어떤 식으로 발생했는지, 또 그 생명들의 진화는 어떠한 메커니즘에 따라 이루어졌는지를 밝히고, 유전자의 모습과 역할에 대해서 이해하기 쉽게 설명한다.

다음으로는 진화생물학의 화두인 자연선택의 단위, 즉 생존경쟁에서 살아남는 단위는 무엇인가라는 문제를 고찰한다. 그 당시 논쟁에서 가장 뜨거웠던 이슈는 생물의 이타적인 행동이었는데, 이는 집단 조절 기능의 역할을 가정하지 않고서는 설명이 불가능해 보였다. 꿀벌이 벌집을 지키기 위해 자살 공격을 하는 것이나 동물들이 위험을 감수하면서까지 경계의 울음소리를 내서 주변 동료들에게 위험을 알리는 것은 집단을 위한 개체의 자기희생으로 여겨졌던 것이다. 그러나 이에 대해 도킨스는 유전자의 관점에서 볼 때 그런 이타적인 행동이야말로 오히려 가장 이기적인 것이라고 역설한다.

이 책에서 진행되는 논의는 바로 여기서부터 출발한다. 그러한 사례들이 사실은 자신의 유전자를 복제할 확률을 높이기 위한 이기주의의 발로에 불과하다는 주장을 입증하기 위해 그는 톰슨가젤이나 꿀벌 등을 예로 든다. 그러나 인간에 관해서는 이상할 정도로 언급을 피하는데, 그것은 인간이 이기적인 동물로 규정되는 것에 대한 독자들의 거부감을 세심하게 고려한 탓이다. 만약 인간도 유전자의 생존만을 우선시한다고 하면, 다른 생물들과 달리 문화나 관습 같은 차별적인 면은 어떻게 설명할 것인지의 문제가 남는다.

그리하여 마지막에 가서 유전자와는 구분되는, 문화적 행동 양식의 전달 단위로서 밈(meme)이라는 개념을 새롭게 도입한다. 그에 따르면 음악, 패션, 광고, 건축 양식 등이 바로 밈에 의해 전달되는 것들로, 모방을 통해 사람에게서 사람으로 전해지며 하나의 문화를 형성하게 된다. '복제된 것'이라는 뜻의 그리스어에서 나온 밈은 이제 다양한 사회 현상과 문화를 설명하는 유용한 개념으로 자리 잡았다.

진화생물학을 대중화시킨 혁혁한 공로

《이기적 유전자》는 1960년대부터 이어져 온 자연선택의 최소 단위에 관한 논쟁에 혁신적인 답을 제시하였다. 그러나 이 책은 단순히 진화생물학의 오랜 과제를 해결한 것 이상의 의의를 지닌다. 도킨스는 이전까지 학계에서 불가능하다고 여겨졌던 일을 마침내 해냈는데, 그것은 어려운 전문용어를 철저히 배제한 채로 난해한 이론을 설명하는 것이었다. 그는 일상에서 흔히 접하는 여러 사물과 현상에 빗대어 논지를 전개함으로써 일반인도 그 내용을 쉽게 이해할 수 있도록 했다.

책이 처음 출간되고 30년이 지난 지금, 진화생물학자들에게 이 책은 이미 하나의 이론적인 영역이 되었으며, 더 나아가 토마스 쿤이 이야기한 정상 과학의 지위까지 넘보면서 그 위상을 더욱 공고히 하고 있는 상황이다. 따라서 장차 진화생물학을 연구할 생각이 있다면, 먼저 이 책을 읽어 보지 않으면 안 된다. 하지만 굳이 전공자가 아니라도 진화론에 호기심을 가진 사람은 누구나 이 책을 통해 이해하기 어려웠던 점들에 대한 명쾌한 해답을 얻을 수 있을 것이다.

《이기적 유전자》는 다윈의 《종의 기원》과 비견될 정도로 모든 학문 분야에 큰 영향을 미친 책이다. 자연선택의 단위가 유전자이며, 유전자의 본질은 이기적이라는 저자의 주장은 일종의 지적 혁명으로서 학계는 물론이고 사회적으로도 많은 논란과 파장을 불러일으켰다.

진화론의 기원에
자리한 원전

────── 찰스 다윈, 《종의 기원》

자연선택은 흔히 개개의 생물의 이익에 의해, 또한 그 이익을 위해 작용하므로 육체와 정신의 모든 천성은 완성을 향해 나아가려는 속성이 있다. 개개의 생물은 제각각의 구조를 가지고 있고, 서로 아주 다르며, 매우 복잡한 연쇄를 통해 서로 의지하고 있지만, 그런 생물들 모두 지금 우리 주위에서 작용하는 다양한 법칙에 따라 만들어졌음을 고찰해 보는 것도 흥미로운 일이다. 그러한 법칙을 일반적으로 살펴보면 (…) 우리가 생각할 수 있는 가장 고귀한 목적인 고등동물의 탄생이라는 직접적인 결과가 도출된다. (…) 생명은 몇 가지 혹은 한 종류에 모든 능력과 함께 불어넣어졌으며, 이 행성이 확고한 중력의 법칙에 의해 회전하는 동안 단순한 발단에서 지극히 아름답고 놀라운 형태로 끊임없이 태어났고, 지금도 태어나고 있다.

신보다는 자연과 생명에 대한 호기심이 더 컸던 청년

다윈(1809~1882)은 영국의 생물학자이자 박물학자이다. 그는 성공회 신부가 되길 바라는 아버지의 뜻에 따라 케임브리지 대학교 신학대에 입학했으나 정작 본인은 박물학에 더 관심이 많았다. 졸업을 앞두고 읽은 알렉산더 폰 훔볼트의 《남아메리카 여행기》에 크게 감명받아 자신도 자연과학에 기여하고 싶다는 바람으로 1831년 비글호에 승선한다. 약 5년간 남아메리카와 남태평양의 여러 섬들, 오스트레일리아 등지를 두루 항해하는 동안 그는 꾸준히 지질학을 연구하고, 각종 화석과 생물들을 수집했다. 특히 갈라파고스 제도에 사는 거북과 새들이 동일한 종임에도 환경에 따라 조금씩 차이를 보이는 점이 그의 주목을 끌었다. 돌아온 후 그는 각종 논문을 통해 조사 결과를 학계에 보고했고, 그것을 정리하여 여러 권의 연구서를 펴냈다. 이후에도 런던 교외의 자택에 머물면서 연구에 전념한 끝에 1859년 자연선택설을 정립한 《종의 기원》을 출간할 수 있었다.

생명은 창조되는 게 아니라 스스로 진화하는 것

다윈은 비글호에서 내리기 전에 이미 생명은 진화하는 것일지도 모른다는 추정에 이르렀다. 그러나 이 같은 가설을 과학적으로 입증하지 못하면 이전의 라마르크나 다른 학자들과 마찬가지로 비판받을 것이 뻔했다. 그래서 그는 20여 년에 걸친 연구를 통해 자신의 이론을 정교하게 가다듬은 뒤에야 이를 발표했고, 당시 학계에 엄청난 반향을 불러일으켰다.

자연선택설의 핵심은 크게 세 가지로 요약할 수 있는데, 우선 첫째는 '변이'다. 동일한 종이라 하더라도 각각의 개체가 서로 다른 기질을 갖는 까닭은 바로 변이가 발생하기 때문이다. 세상에 태어난 모든 개체들이 다 안전하게 살아남을 수 있는 것은 아니므로 이러한 변이는 환경에 적응하는 방향으로 이루어진다. 예를 들어, 인류는 수천 년 전부터 식물을 기르면서 자신들이 선호하는 특징을 지닌 개체를 골라 그 씨앗을 뿌렸는데, 다윈은 이와 유사한 현상이 자연계에서도 발생할 것이라고 추측했다. 다시 말해, 종은 자연에서 선택되어 진화해 간다는 것이다.

둘째는 '생존경쟁'이다. 수많은 개체들이 서로 경쟁하는 과정에서 환경에 보다 적합한 변이 기질을 가진 개체가 그렇지 않은 개체보다 생존 확률이 더 높고, 자손을 번성시킬 가능성이 크다. 수백, 수천의 알을 낳는 동물들의 경우에도 부화에 성공해서 성체로 자라는 개체의 수는 극히 적은데, 다윈은 이 사실로부터 생존경쟁이 진화의 촉진제라는 것을 이해하였다.

끝으로 '유전'이다. 생존에 유리한 변이 기질을 가진 개체가 자연에서 살아남으면 그 형질은 자손에게 유전될 수 있고, 다시 그 자손들에게 유사한 변이가 반복적으로 일어난다. 이러한 현상이 몇 세대에 걸쳐서 거듭되어 종 전체가 변화하기에 이르고, 결국에는 새로운 종이 발생하게 된다.

진화론의 끊임없는 진화

모든 생물은 상당수의 유전자를 서로 공유하고 있다. 이는 생물들이 공통된 조상에서 비롯되었다는 사실을 인정하지 않고서는 설명할 수 없지만, 19세기 중반까지만 해도 창조론에 비해 진화론은 상대적으로 근거나 논리가 부실했다. 이에 다윈은 본인이 직접 관찰하고 수집한 자료를 토대로 연구를 거듭해 자연선택설을 핵심으로 한

《종의 기원》을 내놓았다. 이 책은 근대적인 진화론의 시발점이 되었지만, 노예제도를 혐오했던 저자의 의도와는 달리 서구 열강의 식민지 정복에 이론적 근거로 악용되기도 했다.

오늘날 다윈의 이론은 비단 생물학에만 한정되는 것이 아니라, 현대 사회의 변화 양상을 설명하는 도구로서 그 가치를 더욱더 인정받고 있다. 우리는 진화론을 통해 사람들이 왜 경쟁하고, 집단을 형성하며, 사랑하는지 알 수 있다. 또한 현상의 분석에 그치지 않고, 그다음 단계나, 혹은 현재 단계에서 어떤 선택이 최선의 결과를 만들 수 있는지도 어느 정도 짐작할 수 있다. 이처럼 진화론은 철학, 경제학, 정치학, 사회학, 의학 등 타 분야로의 적용 범위를 넓혀 가면서 여전히 진화를 계속하고 있다.

다윈은 《종의 기원》에서 당시로서는 획기적이었던 진화론을 주창했고, 미래의 연구 방향까지 비교적 정확히 예측했다. 유전의 구조나 지사학적 연대와 같이 그때는 미처 알지 못한 점도 많았지만, 진화의 양식, 성 도태, 복잡한 구조의 기원, 종 분화 등 이후 진화생물학이 풀어 온 대부분의 과제들이 이 책에 담겨 있다. 다윈 이후의 학자들은 그저 그의 발자취를 뒤따랐을 뿐이라고 해도 과언이 아닐 정도로 이 책을 읽지 않고서는 생물학 자체를 이해할 수 없다.

카오스
과학의 영역에서
일상의 차원으로

──── 제임스 글리크, 《카오스》

카오스는 모든 과학자들에게 자신들이 공통 작업의 참여자라는 것을 일깨워 주는 일련의 개념이다. 물리학자든 생물학자든 아니면 수학자든 간에 이들은 단순하고 결정론적 계들이 복잡성을 발생시킬 수 있다고 믿었다. 반면 전통 수학에서는 그 계가 너무나 복잡하여 단순한 법칙에 따를 수 없다고 생각했다. 따라서 전문 분야를 막론하고 이들의 임무는 복잡성 그 자체를 이해하는 것이었다.

《카오스》(제임스 글릭 지음, 박래선 옮김, 동아시아, 2013, 429쪽)

과학의 대중화를 위해 힘쓴 언론인

글리크(1954~)는 〈뉴욕 타임스〉의 과학 담당 기자로 1980년대 〈과학적 패러다임의 변화〉에 관한 연재 기사를 썼다. 20세기 물리학의 주류는 소립자 물리학이었는데, 고에너지나 극한의 공간과 시간의 영역에서 벌어지는 일들을 주로 다루었다. 그러나 이는 너무나 추상적인 개념이어서 여기에 반기를 들고, 물리학을 다시 인간의 차원으로 되돌리려는 움직임이 일어났고, 그 결과 나온 것이 바로 카오스 이론이었다. 《카오스》는 이러한 전개 과정을 상세히 짚으면서 고도의 수학 이론을 응용하는 카오스 이론을 쉽게 풀어 설명한 책이다.

무질서 속의 질서, 불규칙 속의 규칙성

카오스 이론이 있기 전에 과학에는 하나의 가정이 존재했는데, 그것은 우리가 아는 관측값이 정확할수록 참값에 가까운 답을 얻을 수 있다는 것이었다. 엄밀성과 타당성이 지배하는 과학계에서도 이는 당연하게 여겨졌고, 기상학자였던 에드워드 로렌츠 역시 마찬가지였다. 그러나 그는 바람에 대한 연구를 하면서 해수면 온도를 소수점 여섯 자리까지 입력해 계산한 결과와 반올림하여 소수점 세 자리까지만 입력한 결과가 전혀 다르게 나온다는 사실을 발견했다. 이렇게 초기 조건에 극히 민감하고 불규칙적인 결과를 보이는 현상을 '나비효과'라고 하는데, 이것이 카오스 이론의 단초가 되었다. 이러한 현상의 원인은 물체의 운동을 표현하는 방정식에 선형적으로 표현되지 않는 비선형항이 포함되어 있기 때문이다. 지난 수세기 동안 복잡한 비선형계는 거의 연구되지 않았으며, 되도록 무시하거나 선형항을 통해 근사치를 구하곤 하였다.

카오스 현상들은 언뜻 아무런 규칙이 없어 보인다. 동역학적인 운동의 형태를 나타내는 위상공간에서 카오스를 표현하면, 유한한 공간 안에 지났던 길을 다시 지나지 않는 불규칙적인 무한한 길이의 궤적이 그려진다. 이처럼 복잡성을 띠는 카오스적인 형태에서 미국의 수리물리학자인 파이겐하움은 불규칙 속의 규칙성을 발견한다. 그것은 바로 보편성, 즉 항상 존재하는 구조들이 있으며, 큰 구조와 작은 구조가 축척의 관계를 지닌다는 것이다. 폐포, 눈송이, 핏줄, 액체 방울, 강, 나무뿌리, 심지어 타이어와 콘크리트의 접촉면 사이에서 발견되는 형상들에서도 이것이 확인되는데, 자연계에서 나타나는 이 같은 기하학적인 요소를 프랙탈이라고 한다. 만델브로트의 소수 차원 도입에 의해 조명된 프랙탈은 대수적으로 푸는 것이 불가능하다고 여겨졌던 카오스를 기하학적으로 해명할 수 있는 가능성을 열었다.

카오스가 발견되기 훨씬 이전부터 자연은 단순한 물리법칙에 의해 카오스를 형성해 왔다. 비선형 방정식을 풀기란 매우 어렵고, 거의 불가능하다고 여겨져 왔다. 하지만 자연계에서 발견되는 카오스 속의 보편성은 비선형계에 통용되는 특성을 보임으로써 카오스 연구의 토대가 되고 있다.

카오스 이론은 현재 심장박동, 호흡, 안구 운동, 생물 개체 수의 변동, 인공지능 등등 분야를 가리지 않고 광범위하게 적용되고 있으며, 일상생활과 밀접한 관련이 있는 현상들에 대한 기존의 해석을 뒤엎고 있다.

과학의 영역을 일상의 차원으로 확장시킨 이론

20세기 물리학의 혁명이라고 불리는 카오스 이론은 기존의 과학 교과서를 다시 쓰게 만들 만큼 급진적인 이론이었다. 그 당시 물리학계에는 어떤 실체가 있으면, 그보다 더 간단한 실체가 존재한다는 환원주의적 경향이 만연했기 때문에 엄청난 거금을 들인 입자가속기 등을 활용한 소립자 물리학이 주류를 이루었다. 그러나 카오스 이론은 과학자들이 보기에 너무나 당연해서 그때까지 논의되지 않았던 혈관의 분포나 눈송이의 모양 등을 과학적 연구의 대상으로 만들었으며, 그처럼 물리학의 범위를 대거 확장시키는 동시에 현실과 동떨어져 있던 물리학을 다시금 인간 세계로 끌어내리는 역할을 하였다. 또한 기존에 연구되지 않은 흔한 자연현상들과 거기에 숨어 있는 비선형계를 기하학적인 해석을 통해 설명하려고 시도했다. 이 책은 이러한 사실들을 과학자가 아닌 일반인의 시각에서 알기 쉽게 설명하고 있다.

우리는 수많은 자료와 통계를 보고도 규칙성이 보이지 않으면 무심히 지나치는 경우가 많다. 대다수의 사람들은 어느 순간 데이터에 변동이 생겨도 예전의 과학자들이 그랬듯 오차로 간주하고 굳이 해석하려 하지 않는다. 그러나 규칙성이 전혀 없어 보이는 홍역 발생 비율이나 웹사이트 방문자 수 등도 카오스 이론을 통해 예측 가능하다는 논문이 발표되고 있는 현실에서 이 이론은 불투명한 미래에 대한 답을 우리에게 제공해 줄 수 있을 것이다.

《카오스》는 과학 담당 기자가 카오스 이론의 출현과 발전 과정을 알기 쉽게 설명해 놓은 교양서이다. 카오스 이론은 불규칙성 속의 규칙성을 설명하는 이론으로서 기존 물리학의 한계를 뛰어넘으려는 시도라고 할 수 있으며, 현재 자연과학뿐만 아니라 사회 전 분야에서 광범위하게 응용되고 있다.

현재와 미래의 갈림길에서
어느 쪽을 택할 것인가

신영식, 《하나뿐인 지구》

요즘 우리는 매우 빠른 속도로 지구의 자원을 낭비하고 환경을 파괴하고 있어서 지구와 인류의 앞날이 걱정이 아닐 수 없습니다. (…) 이제부터라도 우리 모두는 작은 것부터 소중히 하고, 사랑하고, 치료함으로써 건강한 지구로 다시 되살려야 합니다. 아이들이 맑은 시냇물에서 물장구치고, 자연의 품에서 마음껏 뛰노는, 그런 행복한 날이 어서 오기를 기대하면서 말입니다. 여러분! 꼭 기억하세요. 지구는 하나뿐입니다.

《하나뿐인 지구》(신영식 지음, 파랑새어린이)

누구보다 치열하게 환경문제를 고민했던 만화가

신영식(1949~2006)은 서라벌대학교 서양화과에 재학 중이던 1971년 〈소년한국일보〉 만화 공모전에서 수상한 이후 각종 신문, 잡지에 만화를 연재하였다. 그는 1980년대 중반 구상 중이던 역사 만화의 자료 수집을 위해 전국을 돌아다니는 과정에서 환경 파괴가 심각하다는 사실을 깨닫고는 1989년 지금의 환경운동연합의 전신인 공해추방운동연합에 가입해 본격적으로 환경운동에 나섰으며, 특히 반핵운동에 많은 힘을 쏟았다. 잡지 〈보물섬〉에 연재한 〈지구가 죽어

가고 있다〉 시리즈는 국내 최초의 환경 만화로 알려져 있으며, 1998년 출간된 《하나뿐인 지구》 역시 어린이와 청소년을 대상으로 환경오염의 실태를 알리고, 환경보호의 중요성을 강조하는 만화이다. YMCA 우수 만화 특별상을 받기도 한 이 작품은 내용을 추가, 보완하여 2005년 개정판이 나왔다. 그 외에 대표작인 《짱뚱이》, 《돌배군》 시리즈를 비롯해 《깡통박사 찌노》 등의 작품이 있다.

다양한 환경문제들의 원인과 해결 방안

《하나뿐인 지구》는 구체적인 사례를 통해 독자들이 환경문제에 쉽게 접근하도록 구성되어 있다. 새만금 간척 사업이나 체르노빌 핵발전소 사고와 같이 규모가 큰 사건들부터 산성비, 강물 오염 등의 일상화된 문제들은 물론, 소음 피해, 노동환경, 쓰레기 분리수거처럼 우리가 생활 속에서 맞닥뜨리는 일들까지 다양한 사례가 총망라되어 있어 입문서로서도 손색이 없다. 도중에 전문용어가 나올 때는 자세한 설명을 덧붙이고, 필요한 경우에는 정확한 수치를 제시하여 독자들의 이해를 돕는다.

이 책에는 '온산병'에 관한 내용이 나오는데, 그것은 우리나라 최초의 공해병으로 1980년대 초 울산의 온산읍 주민들에게서 발병하였다. 그곳에는 1974년부터 공업단지가 조성되어 중화학 공장들이 주로 들어섰으며, 지금도 170여 개가 가동 중이다. 그러나 초기에는 거기서 발생하는 각종 유해가스와 위험 물질들이 제대로 관리되지 않아 그 지역의 대기와 물, 농작물을 오염시켰으며, 그로 인해 주민들은 신경통, 전신 마비 등의 증세를 보이기 시작했다. 결국 1985년

정부는 공해 피해를 인정하고, 주민 1800여 명을 다른 지역으로 이주시켜야 했다.

또한 저자는 일반적으로 환경문제와 무관하다고 여겨지는 사안에 대해서도 그 관련성을 밝혀서 우리의 경각심을 일깨운다. 예를 들어 사회구조 변화에 따른 농촌의 고령화 현상이 환경 파괴로 이어진다는 지적이 그것인데, 농촌 청년들이 자꾸 도시로 빠져나감에 따라 발생하는 인력 부족으로 인해 농약의 과다한 사용이 불가피해진다는 것이다. 이는 단기간에 생산 증가를 가져와 가격 하락의 원인이 되었고, 그 결과 농사를 포기하는 농민이 늘어나면서 다시 가격 상승이 일어났다. 그러자 부족한 공급을 충당하기 위해 정부가 값싼 외국 농산물을 수입하기로 하면서 농촌의 사정은 더욱 어려워지는 악순환이 반복되었던 것이다.

이처럼 이 책은 환경에 초점을 맞춰 오늘날 우리 사회의 여러 가지 문제들을 살펴보고, 그 해결책을 모색한다.

현재와 미래의 갈림길에서 어느 쪽을 택할 것인가

이 책의 주제를 한마디로 요약하면, 당장의 이익보다 먼 미래를 생각하자는 것이다. 무분별한 개발로는 결코 지속 가능한 발전을 이룰 수 없으며, 미래를 내다보고 생태계를 보호하는 것이 장기적으로는 더 큰 이득이라는 것이 저자의 주장이다. 그는 새만금을 간척하기보다 기존의 갯벌을 유지하는 것이 지역사회와 생태계에 더 유익하다고 말하는 한편, 러시아 체르노빌의 비극이 우리나라에서도 얼마든지 재연될 수 있다고 경고한다. 또 중금속이나 화학물질을 다루는 공장에 대한 규제를 철저히 하여 환경 파괴를 막고 공해병을 예방하는 동시에 노동환경을 개선해야 한다고 주장한다.

현대사회는 이미 환경 파괴에 대한 불감증이 도를 넘어 '발전을 위해서 어느 정도의 파괴는 용인되어야 한다'는 시각이 만연해 있다. 이런 상황에서 어린이와 청소년도 환경문제의 심각성을 쉽게 이해할 수 있도록 만화로 설명한다는 점이 이 책의 큰 장점이다. 그러나 만화라고 해도 여기서 다루는 내용들은 결코 가볍지 않으며, 지금보다 환경오염이 더 심각해질 미래를 살아갈 다음 세대에게 무엇이 문제이고, 어떻게 해야 할지를 알려 주는 훌륭한 길잡이가 되는 책이다.

《하나뿐인 지구》는 만화가이자 환경운동가인 저자가 환경문제의 심각성을 환기시키고, 현대사회의 방향 전환을 촉구하기 위해 그린 작품이다. 자연은 소유하는 게 아니라 잠시 빌려서 사용하는 것이라는 반성적 인식을 바탕으로 작은 것부터 소중히 여기는 마음을 실천하면, 지구를 되살릴 수 있다고 이 책은 말한다.

비행청소년 01

EBS 명강사와 함께하는
SKY 고전 100선

대학으로 가는 길

초판 1쇄 발행 **2014년 4월 7일**
초판 4쇄 발행 **2020년 1월 21일**

지은이 **이진희·김하규·김동린**

펴낸이 **홍석** | 전무 **김명희**
기획위원 **채희석** | 책임편집 **김재실** | 교정교열 **송인욱**
디자인 **노승환** | 일러스트 **송진욱**
마케팅 **홍성우·이가은·이송희** | 관리 **김정선·정원경·최우리**

펴낸곳 **도서출판 풀빛** | 등록 **1979년 3월 6일 제8-24호**
주소 **03762 서울특별시 서대문구 북아현로 11가길 12 3층**
전화 **02-363-5995**(영업), **02-362-8900**(편집) | 팩스 **02-393-3858**
홈페이지 **www.pulbit.co.kr** | 전자우편 **inmun@pulbit.co.kr**

© **이진희·김하규·김동린, 2014**

ISBN **978-89-7474-743-5 44010**
ISBN **978-89-7474-760-2 44080** (세트)

이 책의 국립중앙도서관 출판시도서목록(CIP)은
서지정보유통지원시스템 홈페이지(seoji.nl.go.kr)와
국가자료공동목록시스템(www.nl.go.kr/kolisnet)에서 이용하실 수 있습니다.
(CIP제어번호 : CIP2014006093)

책값은 뒤표지에 표시되어 있습니다.
파본이나 잘못된 책은 구입하신 곳에서 바꿔드립니다.